Arbeitsfeld Kinderkirche – heute und morgen

Eberhard Dieterich/Volker Horstmeier (Hg.)

Arbeitsfeld Kinderkirche heute und morgen

Berichte
Beispiele
Anregungen

Verlag Junge Gemeinde
Stuttgart

Bildnachweis

Titel: Oben links: epd-Bild-Stuttgart-Lachmann; rechts außen und unten: epd-Bild-Stuttgart-Zeller; links Mitte: epd-Bild-Stuttgart-Hildenhagen; Mitte (Kinderzeichnung): Luise Goodwin; links unten: epd-Bild-Stuttgart-Kirschner

Innenteil: Seite 13: epd-Bild-Stuttgart-Lachmann; Seite 33 und 73: epd-Bild-Stuttgart-Zeller; Seite 121 und 179: epd-Bild-Stuttgart-Kirschner; Seite 151 (Kinderzeichnung): Luise Goodwin; Seite 199, 202, 203, 204, 205 und 206: H. Herken, Villigst

Umschlag und Typografie: Dieter Kani, Stuttgart
Gesamtherstellung: Ebner Ulm

ISBN 3-7797-0302-5

Inhalt

Zum Geleit

Eines der neuen Lieder zum Tagungsmotto »Licht auf meinem Weg« (siehe Seite 201) wurde bei der Gesamttagung für Mitarbeiter im Kindergottesdienst in Dortmund (vom 3.–11. Mai 1986) besonders gern gesungen. Jede der drei Strophen endet mit den gleichen Textzeilen:

»Licht der Liebe, Lebenslicht,
Gottes Geist verläßt uns nicht!«

Die Mitarbeiterinnen und Mitarbeiter im Kindergottesdienst stimmten wohl immer wieder spontan dieses Lied an, weil sie spürten, diese Liedzeilen drücken aus, was uns bei dieser Tagung bewegt:

Beim Gottesdienst der Kinder sind Mitarbeiterinnen und Mitarbeiter nötig, die für sich selbst glauben, Gottes Geist, der Geist Jesu Christi, seine Hoffnungs- und Lebensbotschaft verlassen uns nicht.

Sie fragen dabei: Wie können wir das immer glauben?

Und sie fragen sich zugleich: Wie können wir dazu beitragen, daß Kinder beginnen, das zu glauben?

Beide Fragen bestimmten das Programm der Gesamttagung. Damit diese Tagung in Dortmund 1986 aber nicht nur »einmaliges« Erlebnis bleiben muß, wurden für dieses Buch Vorträge und Praxisbeispiele gesammelt, die diese

Fragen zu beantworten versuchen und die besondere Beachtung fanden. Das Buch will denen, die dabei waren, zum Nachlesen und zur Weiterarbeit dienen. Es wendet sich aber auch an die, die nicht teilnahmen, damit sie nachlesen können, was vielen wichtig wurde.

Die gleichen Fragen bewegen alle, die mit Kindern unterwegs sind im Kindergottesdienst oder im Leben des Alltags – die Mitarbeiterinnen und Mitarbeiter, die Pfarrerinnen und Pfarrer ebenso wie die Eltern und Erwachsenen, die Kinder liebhaben.

Das Buch ist weit mehr als eine Dokumentation von Beiträgen einer Tagung. Seine verschiedenen Abschnitte sind Lebenshilfe und Arbeitshilfe zugleich für alle, die mit Kindern leben, sie verstehen wollen und mit ihnen »Licht« für diesen gemeinsamen Weg suchen.

Ich hoffe und wünsche für dieses Buch, daß es vielen dabei hilft.

Frankfurt a. M., im Juni 1986

Pfarrer Gerhard Bars
1. Vorsitzender des Gesamtverbandes
für Kindergottesdienst in der EKD

Arbeitsfeld Kinderkirche – heute und morgen

Mit Kindern unterwegs sein zu einer Kirche von morgen –
das ist Kindergottesdienst.
Den Kindern den Glauben erzählen,
gemeinsam erleben, wie uns ein Licht aufgeht
und sich immer neu in Bewegung bringen lassen –
so ist Kindergottesdienst beschaffen.

Auf diesem Weg in der Kinderkirche brauchen alle, die dort mitarbeiten, auch Ruhepausen, um Kräfte zu sammeln, sich auf ihre Aufgaben zu besinnen, neue Anregungen zu bekommen und sich wieder neu auf den Weg zu machen.

Die Gesamttagung »LICHT AUF MEINEM WEG«
für Leiter und Mitarbeiter im Kindergottesdienst in der
Evangelischen Kirche in Deutschland,
vom 8.–11. Mai 1986 in Dortmund,
war eine solche Gelegenheit zum Aufatmen und Aufbrechen.

Wie bei den vorangegangenen Gesamttagungen fragten wir uns:
Wo sind wir angelangt?
Wohin sind wir unterwegs?

Die in diesem Band aus der Fülle der Referate, Arbeitsgruppen und sonstigen Veranstaltungen festgehaltenen Berichte und Beispiele möchten etwas diesen Weg der Kinderkirche markieren, Wegweiser sein und zum einen oder anderen Schritt ermutigen.

Es ist uns in Dortmund deutlich geworden:
Der Weg des Kindergottesdienstes ist eingebettet in die gemeinsame Bewegung und Entwicklung der Kirche. Kinderkirche hat Anteil an der ökumenischen Weite der Christenheit, an ihren Hoffnungen und an den akuten Befürchtungen und Bedrängnissen. Kinderkirche geht aber zugleich beispielhaft den Weg zu einer Kirche von morgen.

In Dortmund erfuhren wir auch:
Auf dem ARBEITSFELD KINDERKIRCHE engagieren sich viele,
voller Eifer und Fantasie, angesteckt davon,
Kindern Glauben zu erzählen,

mit ihnen Glauben zu leben und zu feiern.
Hinter all dem aber steht die staunende Gewißheit:

> *»Herr, dein Wort ist meines Fußes Leuchte*
> *und ein Licht auf meinem Wege.«* Psalm 119,105.

Wir wünschen uns, daß etwas von diesem Licht auch durch dieses Buch in die Kindergottesdienst-Helferkreise und Kinderkirchen ausstrahlt.

Wir danken den vielen Referenten und Arbeitsgruppen-Leitern und -Leiterinnen, die uns ihr Manuskript anvertraut haben, und hoffen auf wohlmeinendes Verständnis, wenn ihr Beitrag nicht aufgenommen werden konnte, weil ein Buch anderen Gesetzen folgt als ein Vortrag, eine Arbeitsgruppe, ein Fest oder ein Gottesdienst.

Wir danken dem Gesamtverband für Kindergottesdienst in der EKD, daß er die Herausgabe dieses Buches befürwortet, und dem Verlag Junge Gemeinde, Stuttgart, daß er Mühe und Arbeit nicht gescheut hat.

Wir freuen uns auf aufmerksame und kritische Leser.

Stuttgart/Villigst, im Juni 1986

Eberhard Dieterich und Volker Horstmeier

Halleluja – Kanon zu vier Stimmen

Text und Melodie: Hans-Jürgen Hufeisen, Stuttgart

*) So lange die vierte Reihe singen, bis alle diese singen. Dann fängt der Kanon wieder an.

Grundlage der Musik ist die Idee von Joh. Pachelbel aus dem 17. Jahrhundert. Zu diesem Kanon kann jederzeit das Original hinzugespielt werden: Kanon für 3 Violinen und b.c. (In dem Fall müssen die Kanonstimmen der Sänger nach D-Dur transponiert werden.)

I

Mit Kindern unterwegs: zu einer Kirche von morgen

Mit Kindern auf dem Wege zu einer Kirche von morgen

Karl Ernst Nipkow

Das mir gestellte Thema hat zwei Brennpunkte:

— erstens die Aufgabe, *mit Kindern*, d.h. gemeinsam mit ihnen als Jugendlicher oder Erwachsener einen generationenübergreifenden *Weg* zu gehen,
— der zweitens ein Weg zu einer *Kirche von morgen* sein soll.

Über das erste ist schon viel, über das zweite fast nichts in der Literatur zum Kindergottesdienst nachzulesen. Zwar ist immer wieder intensiv über den Gottesdienstcharakter und die Stellung in der Ortsgemeinde nachgedacht worden, aber nicht über den größeren Bezugsrahmen, in den der Kindergottesdienst samt Ortsgemeinden eingebettet ist, eben die Kirche im ganzen. Ein Freund und zugleich Experte bestätigte meinen Eindruck von der Literaturlage und schrieb mir: »Du mußt Dir halt die Freiheit nehmen, eine Utopie für das Reich Gottes zu schildern« (Hans-Bernhard Kaufmann).

Ist aber nicht damit das Thema eine Versuchung? Können wir etwas Genaues über die Kirche der Zukunft wissen? Dürfen wir uns überhaupt anmaßen, Gottes Wegen mit der Kirche und mit uns vorgreifen zu wollen? Wir müssen uns selbst warnen. Trotzdem ist es zu verantworten, *zum einen* Vermutungen darüber anzustellen, wie wohl der Weg der Kirche gemäß den jetzt ersichtlichen Tatsachen wahrscheinlich verlaufen wird, und *zum zweiten* theologisch zu bedenken, wie er, wenn wir mit unseren schwachen Kräften etwas dazu tun können, gemäß dem Herrn dieser Kirche verlaufen sollte.

1. Die Dringlichkeit des Kindergottesdienstes in der Kirche von morgen

---

THESE 1: Da es unwahrscheinlich ist, daß Kinder ihre Ersterfahrungen mit christlichem Glauben und Leben in Zukunft wieder stärker im Elternhaus werden machen können, ist der Kindergottesdienst heute und erst recht in der Kirche von morgen als kirchliches Angebot mit der zum Teil neuen Aufgabe, nämlich Erstinformationen und Ersterfahrungen zu ermöglichen, dringend erforderlich.

Es gibt eine Fülle empirischer Daten dafür, daß die *Koalition* zwischen Familie und Kirche immer brüchiger wird.[1] Die Kirche ist an sich gerade auf die Familien angewiesen, denn das kirchliche Leben pflanzt sich wesentlich durch die Geschichte des Familienverbandes fort, dadurch nämlich, daß Menschen in dieser Geschichte der Gründung und Erweiterung der Familie Erwartungen an die Kirche herantragen und so der Kirche Gelegenheit geben, ihrerseits ihre Sache heranzutragen und durch die Familie die Botschaft der Kirche an die nächste Generation zu übertragen.[2] Der äußere Bestand der Kirche und die äußeren Bedingungen für die Weitergabe des Glaubens an die nächste Generation hängen an der Bereitschaft der Eltern, ihre Kinder taufen zu lassen, sie christlich zu erziehen und die Kirche durch Kindergottesdienst, Konfirmandenunterricht, Konfirmation, Religionsunterricht und kirchliche Jugendarbeit mitwirken zu lassen.

Heute nun zeichnet sich immer deutlicher ab, daß gerade die für die zukünftige Lage der Kirche wichtigen speziellen Befragungsgruppen in den neueren Erhebungen: die *jüngeren* Menschen, die Befragten mit *höheren formalen Bildungsabschlüssen* und die in *Großstädten* Wohnenden ihre *»innere und äußere Kirchenbindung« lockern*.[3] »Auf eine Formel gebracht: Je niedriger das Lebensalter, je höher der formale Bildungsstand, je größer der Wohnort des jeweiligen Befragten, desto kritischer die Einstellung zur kirchlichen Sozialisation und desto geringer die Bereitschaft, sie auch aktiv zu fördern.«[4]

Als Beleg kann das deutliche Gefälle in der *Beurteilung von Taufe, kirchlichem Kindergarten und Kindergottesdienst* gelten. »Je intensiver, je verbindlicher, je mehr Eigenbeteiligung gefordert wird – desto geringer ist die Zustimmung. Die Kindertaufe wird von 88 Prozent bejaht. 76 Prozent würden es begrüßen, wenn ihr Kind den Kindergottesdienst besucht. Einen kirchlichen Kindergarten vorziehen würden noch 55 Prozent, ihr Kind zum Kindergottesdienst ausdrücklich ›hinschicken‹ dagegen nur 37 Prozent.«[5] Insgesamt ist der Gottesdienstbesuch nach der neuesten EKD-Statistik weiter rückläufig; dies gilt auch für den Kindergottesdienst-Besuch, wo die Teilnahme je Sonntag gegenüber 1963 um 70 Prozent zurückgegangen ist.[6]

Bevor wir hieraus noch eine zweite Folgerung ziehen, eine missionarische (siehe unten These 2), ist zunächst lapidar festzuhalten, daß die Kirche dankbar die Einrichtungen fördern sollte, die wie der kirchlich getragene Kindergarten Kindern ab 3 Jahren, der Kindergottesdienst Kindern ab 4 und der Grundschulreligionsunterricht Kindern ab 6 Jahren Gelegenheiten anbieten kann, Erstbegegnungen und Ersterfahrungen mit dem christlichen Glauben und christlicher Lebenspraxis zu machen. »Ich habe Kinder in meiner Gruppe, die können noch nicht einmal das Vaterunser.«[7] In dieser Aussage eines katholischen Katecheten spiegelt sich, was mit *Erstverkündigung, Erstinformation, Erstbegegnung, Ersterfahrung* gemeint ist.

Die besondere Chance und Aufgabe des Kindergottesdienstes ist als nächstes im Vergleich mit dem kirchlichen Kindergarten und dem Grundschulreligionsunterricht zu bestimmen.

Auch der *kirchliche Kindergarten* versammelt schon recht kleine Kinder, und zwar in nicht geringer Anzahl. Durch Reformen (Religionspädagogisches Förderprogramm, siehe die Veröffentlichungen des Comenius-Instituts u. a.) ist ferner die Kompetenz der Erzieher und Erzieherinnen zur christlichen Erziehung zu verbessern versucht worden. Leider aber fühlen sich nach wie vor viele Kindergärtnerinnen in religiöser Hinsicht überfordert. Unbeschadet ihrer systematischen pädagogischen (und auch ggfs. religionspädagogischen) Gesamtausbildung werden sie im Kindergartenalltag nicht so kontinuierlich wie Kindergottesdiensthelfer vorbereitet (werden sie diese tatsächlich?) und haben den Pfarrer nicht als Begleiter zur Hand. Außerdem müssen sie auf die unterschiedliche Zusammensetzung der Kinder mehr Rücksicht nehmen.

Der *Grundschulreligionsunterricht* kann immer noch die meisten Kinder ansprechen, aber er setzt nicht so früh ein. Die Teilnahme ist zwar konstanter, die Unterweisung systematischer möglich; sie wird außerdem von relativ gutausgebildeten Religionslehrern verantwortet. Doch trotz reformpädagogischer Methoden, die der Grundschulreligionsunterricht mit der Kinderarbeit gemeinsam hat (Spielen, Gestalten), herrschen *Unterrichts*verfahren vor, die seine Stärke, aber auch seine Grenze markieren.

DER KINDERGOTTESDIENST setzt wie der kirchlich getragene Kindergarten früh ein. Er kann Elemente der Kindergartenarbeit aufnehmen (und hat dies auch in der zurückliegenden Reformepoche lebhaft getan); er kann zugleich unterrichtliche Elemente einbauen (hier gibt es aufgrund der Herkunft aus der Sonntagsschulbewegung eine alte Tradition).

Aber über beides hinaus ist der Kindergottesdienst zum einen die *gemeindenächste* Form in der Ermöglichung von Ersterfahrungen, zumal er stets auch die Chance hat, im Wechsel mit Familiengottesdiensten und mit der Teilnahme der Kinder an ausgewählten Gemeindegottesdiensten, Gemeinde für die Kinder ›erfahrungsdurchlässig‹ zu machen.

Er hat zum anderen sein klares Proprium in der Feier des *Gottesdienstes*. Man könnte sein Proprium auch so bestimmen: Er verbindet Unterweisungselemente (hier dem Religionsunterricht nahestehend) und Elemente des Spielens und Gestaltens sowie der Gemeinschaftserfahrung in der Gruppe (hier dem Kindergarten nahestehend) mit der Gottesdienstfeier als seinem Zentrum.

Vor 25 Jahren wurden Konzeptionen des Kindergottesdienstes entwikkelt, die sich sehr voneinander unterschieden, aber dadurch jeweils auf ihre Weise einseitig waren.[8] Seitdem hat sich eher eine eklektisch, d. h. durch Auswahl und Verbindung entstandene *gottesdienstliche-liturgische-katechetische-erziehliche Mischform* entwickelt. Dies ist zum Teil nicht befriedigend;

vielleicht ist aber auch in dieser Verbindung gerade die Stärke des Kindergottesdienstes zu sehen und die Suche nach einer einzigen Hauptfunktion ein Fehlweg.

Das Plädoyer für die besondere Dringlichkeit des Kindergottesdienstes (und der anderen genannten Einrichtungen) birgt eine *Gefahr*: Je aktiver diese Einrichtungen, desto passiver das Elternhaus. Eltern könnten sich mit noch ruhigerem Gewissen entlastet fühlen. Darum ist Kindergottesdienst ohne *Elternarbeit* unverantwortlich. Aber das ist schon bei früheren Gelegenheiten von Vertretern der Kindergottesdienstarbeit oft genug betont worden.[9] Die neuen Anstöße zu einer integrierten Gemeindebildungsarbeit, auch Gemeindepädagogik genannt, geben viele praktische Hinweise, nicht zuletzt zu diesem Aspekt.[10]

2. Die Kirche von morgen als missionarische Kirche

THESE 2: Der schleichende, in großstädtischen Regionen dramatische Zerfall volkskirchlicher Selbstverständlichkeiten muß dazu veranlassen, die Kirche von morgen als aktiv werbende, einladende missionarische Kirche zu erneuern und sie damit an ihren ursprünglichen Auftrag zu erinnern mit der Folge, daß auch kirchliche Mitarbeiter und andere Laien ihren Gaben gemäß missionarische Kompetenz entwickeln.

Theologisch gesehen erinnert These 2 die Kirche an ihren ursprünglichen Auftrag der Sendung in die Welt, »damit die Welt glaube« (Joh 17,21). Wird es gelingen, daß die Kirche von morgen, eine Kirche der Minderheit, eine der *aktiven Minderheit* wird?

Wieder müssen wir uns gleich zu Anfang warnen lassen: »Nichts von dem, was wir als einzelne, als Kirchen oder als Gesellschaft vollbringen, wird als solches in der Lage sein, das messianische Zeitalter heraufzuführen.« Dennoch gilt zugleich: »Wir bekennen Christus in der Perspektive des kommenden Reiches Gottes. Sein Geist ist der Geist des neuen Zeitalters. Diese Vision macht uns nüchtern und hoffnungsvoll zugleich.«[11] Geschickt zur Mission ist nur, wer sich von der Verheißung tragen läßt. Die zitierten Sätze von der Vollversammlung des Ökumenischen Rates der Kirchen 1975 in Nairobi wie überhaupt die Theologie der ökumenischen Bewegung, der ich auf meinem Lebensweg viel verdanke, weist in diesem Sinne ermutigend nach vorn.

Welchem *Missionsverständnis* wird im einzelnen zu folgen sein? Ein Planungspapier des Kirchenamtes der EKD, das vor wenigen Wochen veröffentlicht worden ist, wirft die Formel von der »missionarischen Kompetenz«

mit folgender Begründung in die Diskussion:

»Mit dem Rückgang des Anteils getaufter Christen an der Bevölkerung tritt neben die indirekte Missionsaufgabe seit vielen Jahrhunderten in unserem Land erstmalig wieder die der offenen, echten Mission an etwa einem Viertel bis einem Drittel der Bevölkerung. Diese neue Lage wird aller Voraussicht nach zu Phänomenen führen, wie sie gegenwärtig etwa in der DDR beobachtet werden können.«[12] Das aber heißt, daß es sich um eine missionarische Aufgabe handelt, die anders ist als die in der klassischen Mission. »Denn das Missionsfeld ist nicht eine vorchristliche, sondern eine spät- und nachchristliche Kultur, in der Christentum und Kirche seit langem ›einheimisch‹, in wie immer abgeblaßter Form in die allgemeinen Traditionsbestände ›eingewandert‹ sind. Christliche Mission begegnet in unseren Breiten sozusagen immer schon ihren eigenen, im ›Langzeitgedächtnis‹ der Gesellschaft gespeicherten Folgen und muß sich mit ihnen auseinandersetzen« (a.a.O., S. 26). Jene geschichtlichen Folgen und Wirkungen sind nämlich keineswegs immer rühmlich, vielfach ist das Gegenteil der Fall.

Mission heißt darum, zusammen mit dem auszurichtenden Evangelium zu *ehrlicher Rechenschaftsabgabe über die am Evangelium schuldig gewordene Kirche* bereit zu sein. Selten ist das Evangelium als eine uneingeschränkt froh machende, befreiende, versöhnende Botschaft weitergesagt worden. Positiv formuliert hat Mission als **erstes** *selbstkritisch* und *evangeliumsgemäß* zu sein.

Die hier gemeinte Wendung zur missionarischen Aufgabe ist auf dem Hintergrund des schleichenden Zerfalls der volkskirchlichen Selbstverständlichkeiten formuliert worden. Das darf nicht zu Lieblosigkeit gegenüber der volkskirchlichen Christlichkeit führen. Wir kennen alle die negativen Begriffe in diesem Zusammenhang: »Kirche ohne Entscheidung«, »Gewohnheitschristentum«, »Traditionschristen«, »Taufscheinchristen«, »Abständige«, »Randständige« usw. Da liegt es denn nah, die neue Missionsaufgabe zum Werkzeug eines Abgrenzungs- und Ausgrenzungsdenkens zu machen. Wir vergessen dann meist, uns zu fragen, welche übermächtigen, überindividuellen gesellschaftlichen und kirchlichen Einflüsse dies Gewohnheitschristentum heraufgeführt haben (siehe oben den Hinweis auf die Kirche, die in ihrer Mission ihren eigenen Folgen begegnen wird).

Positiv gewendet: Die missionarische Kirche von morgen wird **zweitens** grundsätzlich von einem vollen *Ja zu allen Mitgliedern der Volkskirche* ausgehen und außerdem im buchstäblichen Sinne des Wortes *offen für jeden* sein müssen. Nur dies verträgt sich auch mit dem Rechtfertigungsglauben.[13] Hier lag darum auch die Stärke der Volkskirche: Sie war tolerant, ein Ausdruck von Freigabe und damit Freiheit.[14]

Wer sich ökumenisch umsieht, erkennt ferner, wie vielfältig Christsein heute gelebt wird. Ich habe gelernt, die Vielzahl der Konfessionen, unbeschadet der notwendigen Suche nach Einheit, als Reichtum zu betrachten.

Außerdem schließt auch die eben betonte freiheitliche Orientierung, die nicht zuletzt einer freiheitlichen Wahrheitssuche und -vergewisserung zu dienen hat, ein Ja zu individuell geprägter Religiosität ein.

Mission in der Kirche von morgen kann nicht auf zwanghaft empfundene Vereinheitlichung des religiösen Denkens gerichtet sein. Gerade lebendiger persönlicher Glaube ist individuell geprägter Glaube. Darum achtet Mission **drittens** die *persönliche Lebens- und Glaubensgeschichte*.

Im Sinne des ökumenischen Lernens voneinander sollten wir als in der westlichen Hemisphäre lebende Christen ferner berücksichtigen, daß Mission *zwei Grundformen* hat, die schon im Neuen Testament sichtbar werden:

— Mission als aktiv werdendes *Hinausgehen* zu den Menschen
— und Mission als christliche Gottesdienst-, Glaubens- und Lebenspraxis, die für andere Menschen so anziehend und darum unaufdringlich einladend ist, daß sie neugierig werden und von sich aus *herkommen*.

Wir denken bei Mission meist nur an das erste Modell, an vielleicht sogar sehr aktivistisch anmutende Evangelisations- und Missionsmethoden mit viel Einsatz von audiovisuellen Medien und anderen. Demgegenüber geht es im *Johannes*evangelium darum, daß an der Art und Weise, wie die Christen eine liebende Gemeinschaft sind, ein Abbild der Einheit von Vater und Sohn, die Welt erkennen soll, daß Gott in dieser Gemeinschaft gegenwärtig ist (Joh 17,21–23). *Matthäus* versteht Mission als Lehre, die von dem neuen Gottesvolk weitergesagt wird, die Lehre, daß das Gesetz der Juden erfüllt und der wahre Berg Zion Wirklichkeit geworden sei.[15] Jesaja hatte davon gesprochen, daß die Völker zum Berge Zion wallfahrten werden, angezogen von Israel und seinem Lobpreis (Jes 2,2–3; Jes 60,1–3). Für Matthäus ist Jesus Christus der neue Berg Zion, der personalisierte Zion, zu dem nun – nachdem alle, die zunächst eingeladen waren, nicht gekommen sind, schlimmer noch, die einladenden Boten getötet haben (siehe das Gleichnis vom Hochzeitsmahl, Mt 22,1–14) – als erste jene für die Juden verabscheuungswürdigsten Gestalten aus der heidnischen Umwelt kommen, jene drei Magier aus dem Osten, die für jüdisches Denken aufgrund ihres Sternenglaubens die Verkörperung der Gotteslästerung und des Ungehorsams gegen Gott waren (Mt 2,1–12). Sie finden den Weg zu dem Ort, wo das Licht der Welt aufgegangen ist.

Halten wir darum **viertens** fest: Mission ereignet sich *aktiv werbend* und (!) *einladend wartend*.

DER KINDERGOTTESDIENST darf sich angesprochen fühlen: Wenn er so lebendig gestaltet wird, mit Phantasie und Hingabe, daß sich dies herumspricht und er Kinder und über sie ihre Eltern anzieht, dient er der missionarischen Aufgabe.

Von *Lukas* können wir schließlich lernen, daß Mission und Diakonie sowie Mission und Liturgie zusammengehören. Lukas betont das Kommen Jesu zu den Armen, Ausgestoßenen und Unterdrückten (dazu noch These 5).

Er verweist ebenso auf die Bedeutung des *Gottesdienstes*. Das Lukasevangelium beginnt mit einem Gottesdienst, der nicht zu Ende geführt wird. Zacharias, der Mann Elisabeths, der die ihm verheißene Geburt eines Sohnes, des späteren Täufers Johannes, nicht fassen und glauben kann, verliert die Sprache. Die Leute warten im Vorhof des Tempels darauf, daß er sie segnet; er kommt heraus, kann aber nicht sprechen (Lk 1,22). Am Schluß des Lukasevangeliums nun führt Jesus den Gottesdienst mit seinem Segen zu Ende. Das Lukasevangelium schließt mit einem Gottesdienst, und der Segen Jesu ist nun der universale Segen (Lk 24,50–53). Während Jesus aufgehoben wird, fällt der Segen nicht nur auf den Vorhof des Tempels, sondern auf den ganzen Kosmos.

> *Und es geschah, als er sie segnete, schied er von ihnen und fuhr auf gen Himmel. Sie aber beteten ihn an und kehrten zurück nach Jerusalem mit großer Freude und waren allezeit im Tempel und priesen Gott* (Lk 24,51–53).

Aus diesen und anderen Stellen erkennen wir, daß nicht zuletzt **fünftens** *Mission im Gottesdienst verwurzelt* ist. Das erste Wort ist nicht »geht«, sondern »wartet«, »bleibet« – so die Weisung Jesu an seine Jünger nach den Erscheinungen vor ihnen:

> *Ihr aber sollt in der Stadt bleiben, bis ihr ausgerüstet werdet mit Kraft aus der Höhe* (Lk 24,49).

Die *missionierende Gemeinde* ist zunächst immer die *Gott preisende Gemeinde*. Mission wird in diesem Sinne Ausdruck des Überflusses der Freude im Gottesdienst. Wenn es nur um aktivistische Verwirklichung von Programmen geht, sind wir weit weg von Lukas.

Nochmals darf sich der KINDERGOTTESDIENST angesprochen fühlen. Er hat in den letzten Jahren begriffen, daß Gottesdienst den Charakter von *Fest und Feier* als Ausdruck des Gotteslobes und der geschenkten Gemeinschaft haben sollte.[16] Dies ist festzuhalten; dies sollte sich weiter herumsprechen und ansteckend neugierig machen. Danach erst wäre darüber nachzudenken – um Kindergottesdiensthelfer nicht zu überfordern! –, wie die missionarische Seite im Sinne des ersten Modells der aktiv werbenden Kirche aussehen könnte.

Da gehört dann zur missionarischen Kompetenz, Mut zu haben, sich als Christ in einer immer weniger durch sichtbares christliches Verhalten geprägten Kirche zu exponieren und zu zeigen. Dazu gehört auch, Mut und Fähigkeit zu haben, sich als Christ sprachlich zu artikulieren. Dazu gehört schließlich, nicht zu resignieren, sondern immer wieder neu einzuladen.[17] Anregungen, wie dies konkret und auf neue Weise geschehen könnte, sind vor vier Jahren auf der letzten Tagung des Gesamtverbandes genannt worden.[18]

3. Die Kirche von morgen als experimentierende Kirche in Bewegung und Vielfalt

THESE 3: Die Kirche von morgen sollte eine Kirche in Bewegung sein dürfen, die einzelnen Menschen, Gruppen, Kreisen und christlichen Initiativen Spielraum gibt und Mut zuspricht zu experimentierender christlicher Glaubens- und Lebenspraxis einschließlich neuer Wege im Kinder- und Erwachsenengottesdienst.

Angesichts des kirchlichen Lebens, wie es heute ist, hat man zwischen *»Kirche als Institution«* und *»Kirche als Bewegung«* unterschieden.[19] Mit dem zweiten sind die Christen gemeint, die in Gruppen, Kreisen und Initiativen neue, zum Teil alte, an alte Traditionen und Impulse anknüpfende (erneuernde) Wege gehen: jüngere und ältere Christen in der evangelikalen Bewegung unserer Tage, in der charismatischen Gemeindeerneuerung, in der Friedensbewegung, Christen auf der Suche nach neuen Formen kommunitären Lebens, Jugendliche in der Taizé-Bewegung, Kirche als Kirchentag.

Christliche Bewegungen gab es immer wieder in der *Kirchengeschichte*: Die Reformation wurde zu einer Bewegung, der Pietismus war eine Bewegung. Zuvor sind im Mittelalter beispielsweise die Bewegung des Franz von Assisi zu nennen und die mystischen Bewegungen. Im Grunde steht auch am Ursprung des Christentums eine Bewegung: die Jesusbewegung. Bewegungen verdankt die Kirche ihre Anstöße zur Erneuerung, zumindest zu kritischer Selbstbesinnung.

Warum wird es gerade in der Zukunft auf die lebendigen Gruppen und Kreise ankommen? Hierzu nur aus pädagogischer Sicht dies:

In einer spät- und nachchristlichen Gesellschaft mit schwächer werdenden Traditionen, durch die nicht mehr so wie früher Kinder von der *Kindheit* an in die Kirche und ihre Glaubensüberlieferung hineinwachsen, werden Berührungschancen und Erstbegegnungen mit christlichen Lebensvollzügen im *Jugend- und Erwachsenenalter* noch wichtiger werden, als sie es jetzt schon sind.

Ferner ist damit zu rechnen, daß der missionarisch überzeugende »Funken« eher durch *Erfahrungen innerhalb informeller Gruppierungen und Kreise* als in Institutionen wie dem Religionsunterricht oder Konfirmandenunterricht überspringen wird. Die unverzichtbaren Leistungen dieser Institutionen liegen woanders.[20]

DIE KINDERKIRCHE kommt unter dieser Perspektive zweifach in den Blick. Klaus Stolzmann hat die *Kindergottesdiensthelferschaft* eine *»Laienbewegung«* genannt. »Ihre Zahl wächst beständig, trotz schwindender Kinderzahlen.«[21] Kindergottesdiensthelfer könnten daher in einer Ortsgemeinde mit anderen Mitarbeitern zusammen engagiert und einfallsreich zur Gemeindeerneuerung beitragen, wenn sie als Partner respektiert werden und sich nicht zu sehr anpassen müssen. In diesem Sinne werden heute die Helfer »Mitarbeiter« genannt. Freilich, als »Bewegung« erleben sie sich vielleicht so richtig nur auf einer solchen Gesamttagung, wo Tausende zusammenkommen. Im Gemeindealltag sind sie plötzlich wieder allein und können nicht viel »bewegen«. In der Tat wird schwerlich ein einzelner in unseren Gemeinden etwas wirkungsvoll anstoßen können. Nichts ist darum so notwendig wie ein regelmäßig zusammentreffender, gemeinsam planender und sich zurüstender *Gesamtmitarbeiterkreis*.

Zweitens ist der *Kindergottesdienst* bis heute als ganzes ein *Experimentierfeld* geworden und damit ein Beleg für die These, daß die Kirche die Kraft hat, Erneuerungen zu ermöglichen. Viele Gemeindeglieder haben wahrscheinlich durch einen Kindergottesdienst oder durch einen von Kindern mitgestalteten Familiengottesdienst zum erstenmal konkret sehen dürfen, daß es zu den liturgischen Formen des Gemeindegottesdienstes auch Alternativen gibt. Auf ihre Weise hat sich die Kinderkirche die Freiheit zu diesen Alternativen genommen, zu einer »Liturgie mit Lied, Spiel, Tanz, Trommel«, wie es ein Buchtitel vor einigen Jahren zusammenfassend formuliert hat.[22]

Machen wir uns aber auch die *Gefahren* von These 3 bewußt: die Gefahr, daß aus dem Plädoyer für eine »Kirche in Bewegung« ein absolut genommenes »Gesetz« mit liebloser Verachtung der sog. »Kerngemeinde« wird, sofern dieser irgendwelche Veränderungen schwerfallen, die Gefahr, daß die Unterscheidung der Geister unterbleibt und die eigene Begeisterung vorschnell mit dem Heiligen Geist verwechselt wird, sowie schließlich die Gefahr, daß zwischen den christlichen Gruppen und Strömungen Mangel an Toleranz herrscht und gerade diese »in Bewegung« befindlichen Christen alles andere als ein die Außenstehenden anziehendes Vorbild abgeben.

Umgekehrt kann es aber auch sein, daß die erwachsenen Kirchenmitglieder oder Kirchengemeinderäte alle Reformversuche, auch die zur Veränderung des Kindergottesdienstes, nur an ihren alten Gewohnheiten messen und ihrerseits nicht unterscheiden können, ob sie damit noch das Wesentliche des christlichen Glaubens und der christlichen Kindergottesdienstpraxis verteidigen oder sekundäre Merkmale und Formen, über die man theologisch mit Fug und Recht anderer Meinung sein kann. Dann sind es die konservativen Traditionalisten, die ein »Gesetz« aufrichten.

4. Die Kirche von morgen als theologisch artikulations- und sprachfähige Kirche

THESE 4: Die Kirche von morgen wird in erhöhtem Maße eine theologisch wache Kirche sein müssen, weil die Weitergabe des Glaubens nur noch unter den Bedingungen des modernen Wahrheitsbewußtseins erfolgen kann. Darum reichen bloße Gemeinschaftserfahrungen nicht aus und sind die Fragen und Zweifel der Menschen, auch schon der Kinder, ernst zu nehmen.

Eben war von der »Unterscheidung der Geister« die Rede. Schon angesichts der von uns grundsätzlich befürworteten Vielfalt christlicher Strömungen mit ihren unterschiedlichen Auffassungen und oft stark voneinander sich unterscheidender Verhaltensweisen, besonders hinsichtlich politischer und ethischer Konsequenzen, ist theologische Gedankenarbeit notwendig, gleichsam zur *innerchristlichen*, innerkirchlichen und innertheologischen Klärung.

Mit Sicherheit werden aber auch die von *außen*, von den rationalen, aufgeklärten Denkformen der Zeitgenossen ausgehenden *Anfragen* an die »Vernunft der Religion«[23] bzw. die »Vernunft des Glaubens«[24], nicht nachlassen, sondern sich wohl eher noch verstärken. Die Flucht in den Irrationalismus »neuer religiöser Bewegungen« – hier zeigt sich einmal mehr die Ambivalenz des Phänomens der »Bewegungen« – ist kein Argument dafür, daß die theologische Bemühung um die Wahrheitsfrage nur eine akademische Angelegenheit sei.

Im Gegenteil ist es ebenso aufschlußreich wie bedenklich, wie niedrig manche nichtchristlichen und christlichen neuen Bewegungen die dogmatischen Eintrittsschwellen ansetzen, um möglichst viele Mitglieder zu gewinnen. Meist genügt ein gefühlvolles religiöses Engagement mit der Hingabe an die Gemeinschaft; die Einschwörung auf die verbleibenden dogmatischen Inhalte gelingt dann um so leichter. Dieser Weg führt jedoch eher zu sektiererischen Gruppenbildungen als zu einer Religion, die sich universal verständlich machen kann.[25]

Bloße religiöse Gemeinschaftserfahrungen wie auch Prozesse des Glaubenlernens, die nur auf der Einladung zum Mitmachen überhaupt beruhen, können außerdem die *eigenen Zweifel* nicht ausräumen. Diese werden in der Gruppe eher zugedeckt; wer ehrlich sagt, daß er Schwierigkeiten hat, läuft leicht Gefahr, als Klein- oder gar Ungläubiger etikettiert zu werden.

Ehrliches Nachdenken kann angst machen, gewiß. Helfen aber brüchige Beweise, die wir uns theologisch zurechtgelegt haben, um unsere dogmatischen Gewißheiten nicht zu gefährden? Soziale Abstützungen sind dann notwendig, man wird von anderen mitgetragen. Aber niemand kann einem die persönlichen Glaubensprobleme abnehmen, und vor allem: Niemand darf sie dem anderen von vornherein als unerlaubt streitig machen.

Glaube in der Kirche von morgen wird *persönlich durchdachter* und immer wieder auch *persönlich durchlittener* Glaube sein. Die begleitende Hilfe hierbei sieht anders aus als in manchen Zirkeln, wo es gilt, in kompakter Weise ein Paket von Satzwahrheiten für wahr halten zu müssen.

IM KINDERGOTTESDIENST geht diese Seite einer Kirche von morgen beide an, die Helfer und die Kinder. Schon die *Kinder* haben nach meinen Beobachtungen genau dieselben schwierigen, elementaren Fragen, die sich bei einer Auswertung von über 1200 Äußerungen Jugendlicher zur Gottesfrage im Alter von 16 bis 20 Jahren ermitteln ließen. In diesem Alter werden sie teils schonungslos, teils verzweifelt-traurig vorgebracht und führen in den meisten Fällen zu den typischen Einbruchsstellen des Gottesglaubens in der Jugendzeit.[26]

Es ist erstens die Frage nach Gott und dem Leben als unerklärlich leidvollem Leben (»Warum mußte dieses Kind von 10 Jahren sterben?« – so fragen schon Acht- bis Zehnjährige).

Zweitens die Fragen ach dem Anfang von allem Leben und dem Ende des Lebens, dem Tod und was danach kommt.

Drittens die Frage nach der Existenz Gottes selbst (»Woher wissen wir wirklich, wenn wir beten, daß wir zu Gott sprechen?«).

Viertens die Zweifel an der Glaubwürdigkeit der Menschen, die von Gott und Jesus Christus reden (»Woher weiß der Pfarrer, daß Jesus wiederkommt?«).

Diese Fragen bilden ein Gefüge mit notwendiger innerer Logik.

Es ist sachgemäß, daß bei jeder der letzten Gesamttagungen das Thema der Fragen der Kinder in einem Referat behandelt worden ist. Ich unterscheide zwischen der Sammlung von *»Kinderfragen«*, um sich über sie zu wundern und sie wie exotische Phänomene zu behandeln, und der Aufmerksamkeit auf *»elementare Fragen von Kindern«*, die äußerst ernst zu nehmen sind. Neue Veröffentlichungen nehmen sich langsam auch der schwierigsten christologischen Fragen an, beispielsweise der Aufgabe, wie mit Kindern über Tod und Auferstehung geredet werden soll.[27] Dies ist dringend erforderlich, denn Überlegungen über die mehr formalen methodischen Gesichtspunkte der Gesprächsführung, der Kunst des Erzählens, der Formen spielerischen Gestaltens usw. reichen an dieser Stelle nicht aus. Sie bewirken wohl, daß das älter gewordene Kind den Kindergottesdienst in freundlicher Erinnerung behält; es könnte jedoch zugleich rückblickend feststellen, daß seinen aufkeimenden Glaubenszweifeln ausgewichen worden ist. Folglich braucht der KINDERGOTTESDIENST:

Erstens Mut zu einem Klima, in dem Kinder ihre *Fragen stellen dürfen.* Vor 25 Jahren konnte es sein, daß in Veröffentlichungen nur von »Rückfragen« die Rede war, die offensichtlich der Helfer oder der Pfarrer stellen sollte. Daß die Kinder selbst fragen werden oder dürfen, kam nicht in den Blick.[28]

Zweitens braucht der Kindergottesdienst heute – und erst recht morgen – die ständige theologische und seelsorgerliche *Hilfe für die Helfer*, damit sie nicht »hilflose Helfer« sind. Hier – im Felde der elementaren dogmatischen Probleme – liegt die schlechthin wichtigste Aufgabe des Pfarrers; dafür ist er ausgebildet. Vieles andere sollte er delegieren können. Verständlicherweise werden nicht wenige Jungen und Mädchen Kindergottesdienstmitarbeiter, um selber noch mehr Klarheit in ihren persönlichen Glaubensfragen zu gewinnen. Darum dürfen sie nicht überfordert werden. Wenn wir ehrlich sind, sind auch für uns Ältere, theologische Fachleute eingeschlossen, die oben genannten elementaren Anfragen schwierige Fragen. Elementare Fragen sind im Grunde Bitten, die Bitte, daß man die Frage wenigstens ein Stück weit mit aushalten möge. Mit definitiven Ja- oder Nein-Antworten ist meistens nicht gedient.[29]

Kindergottesdienst in der Kirche von morgen wird zur *Weggenossenschaft gemeinsamen Fragens und Suchens* und so wohl erst ein Weg zu einer ehrlichen, kompetenten, artikulations- und sprachfähigen Kirche.

Wichtig noch eine Einschränkung: Der Kindergottesdienst hat seinen spezifischen Schwerpunkt nicht auf der gedanklichen Ebene. Primär ist für die in These 4 behandelte Seite des Ganzen der Religionsunterricht zuständig. Wohl aber muß der Kindergottesdienst auf dem Weg zu einer Kirche von morgen mit wachsender Aufmerksamkeit um diese Seite wissen. Es kommt auch unausweichlich schon auf ihn ein Beitrag zur kognitiven Klärung der Fragen der Kinder zu, der Fragen der Helfer und Mitarbeiter ohnehin.

5. Die Kirche von morgen als Kirche bei den Menschen »unten«

THESE 5: Als Kinderkirche erinnert der Kindergottesdienst die Kirche von morgen daran, daß ihr vornehmster Ort im Sinne des biblischen Zeugnisses bei den Menschen »unten« ist.

Kirche als Mission, als Sendung – an welche Menschen ist die Kirche gewiesen?

Kirche in Bewegung, in der Kraft des Geistes, als sich erneuernde Kirche – im Blick auf welche christliche Lebenspraxis soll hauptsächlich der Weg gehen?

Grundsätzlich gilt das Evangelium allen Menschen. Aber die Bibel hat gleichwohl ein spezifisches Gefälle, da im Alten wie im Neuen Testament Gott seinen Ort bei den Menschen unten sucht. Sein Wille geht auf ein Reich der Gerechtigkeit und des Friedens. Seine Propheten protestieren gegen gottlosen Unfrieden und menschenverachtende soziale Ungerechtigkeit. Deutlich wird im Alten Testament betont, daß Jahwe oft gerade auf seiten derer ist, die »wenig« haben oder vermögen (z. B. Ps 37,16f.).[30]

Unter den Evangelisten ist besonders Lukas daran gelegen, daß die Herrschaft Gottes nicht nur ein innerliches Herzensereignis im individuellen Glauben ist und eine Umkehr einschließt – das tut sie freilich auch (siehe allein die von Lukas in der Apostelgeschichte in den Vordergrund gerückten Bekehrungsgeschichten) –, sondern auch Folgen für die sozialen und politischen Herrschaftsstrukturen hat:

Machthaber stürzt er von ihrem Thron,
und Niedrige hebt er hoch hinauf.
Hungrige sättigt er mit Gütern,
und Reiche läßt er leer ausgehen (Lk 1,52f.).

Im Alten wie im Neuen Testament führt die Herrschaft Gottes eine Umwertung der Werte herauf. Dies wird bei Matthäus in seiner Gemeindeordnung (Mt 18) besonders unterstrichen. In diesen Zusammenhang nun stellt schon Jesus und sieht auch die Gemeinde die *Kinder*.

IN DER KINDERKIRCHE wird die Kirche gefragt, ob sie Anwalt für die Kinder sein will. Im Blick auf die Kinder und gerade auch die Kleinsten unter ihnen wird sie zugleich gefragt, wie sie es überhaupt mit den Schwachen, Hilflosen und noch Leistungsunfähigen hält, die auf andere angewiesen sind und die sich alles schenken lassen müssen.

Mit den Kindern lernt die Kirche nicht nur, wie eine *kindergerechte Gemeinde*, sondern auch wie eine *menschengerechte Gesellschaft* aussehen sollte.

Von den Kindern lernt die Kirche Demut,
um der Kinder willen Protest.

Diese Sichtweise ist von einer romantischen Verklärung des Kindes ebenso weit entfernt, wie sich schon in der Antike Jesu Verhalten zu den Kindern von der Schwärmerei für die Unschuld des Kindes abhob[31] und darum auch von kindertümelnden Haltungen heute unterschieden werden muß.

Anwaltschaft für die »Kleinen« (Mt 18,6.10.14) wie überhaupt die Menschen »unten« ist darum erstens mit sozialer Gerechtigkeit zusammen zu buchstabieren und hat so eine wichtige soziale Dimension.

Anwaltschaft für die Kleinen und Geringen umschließt zweitens die Achtung der Würde des Menschen und reicht so in die Dimension der Menschenrechte und den Kampf gegen ihre Verletzung.[32] Wenn man die Kirche daran hindert, muß sie um der Wahrheit des Evangeliums willen zur Widerstandsgemeinschaft werden.

6. Die Kirche von morgen als Lern- und Trostgemeinschaft

THESE 6: Eine Kirche mit einer Pluralität christlicher Bewegungen und Gruppen (These 3), die sich noch dazu der missionarischen Herausforderung (These 2) und der geistigen Auseinandersetzung und selbstkritischen Rechenschaftsabgabe stellt (These 4) sowie entschiedener Position bezieht (These 5), ist darauf angewiesen, daß alle Glieder zu einem gemeinsamen Leben- und Glaubenlernen bereit sind.

Die Kirche von morgen braucht die Kirche als Lerngemeinschaft, aber auch als Trostgemeinschaft.

Bei dem gezeichneten Bild der zukünftigen Situation der Kirche werden die Spannungen im Außenverhältnis zur Welt wie im Innenverhältnis innerhalb der Kirche selbst nicht geringer, sondern eher größer werden. Aber nur eine vollständig angepaßte Kirche ist spannungslos. Eine Kirche dagegen, die sich aus ihren Ursprüngen erneuert und die um der Verstehbarkeit ihrer ursprünglichen Glaubensüberlieferung willen in Interpretation und Sprachgebung mit der Zeit geht, muß Spannungen hervorrufen und lernen, Gegensätze auszuhalten (siehe bereits im Neuen Testament selbst die Konflikte in Korinth und die Art und Weise, wie der Apostel Paulus die »Starken« und »Schwachen« zum gemeinsamen Lernen anhält).

Der Ruf nach einer lernenden Kirche geht auf die 70er Jahre zurück und hat verschiedene Quellen.[33] Nachdrücklich ist auf der letzten Vollversammlung des Ökumenischen Rates der Kirchen 1983 in Vancouver diese Perspektive unterstrichen worden.[34] Zum einen ist gemeinsames Leben- und Glaubenlernen *theologisch* notwendig, weil das Streben nach *Einheit der Kirche* geboten ist. Alle sollen sich einem Haupt zugehörig wissen und in Jesus Christus eins sein, um so eine geschwisterliche Kirche zu bilden. Diese Einheit schließt jedoch die oben umrissene Vielfalt nicht aus, sondern gerade ein: Das Denkmodell ist das der *konziliaren Gemeinschaft*, die immer wieder so Konsens zu suchen strebt, wie dies früher die Kirche auf ihren großen Konzilien versucht hat; es ist nicht das Modell einer erzwungenen Homogenität[35].

Als Aufgabe von besonderer Brisanz zeigt sich dieser abschließende Aspekt in *sozialwissenschaftlicher* Perspektive, wenn man sich den beschleunigten *gesellschaftlichen Wandel* vor Augen führt, der besonders auffällig als *Wertwandel* in Erscheinung tritt, mit zum Teil erdrutschartigen Veränderungen etwa in der Sexualmoral.[36] Hierdurch werden viele ältere Menschen in ihrem Verhältnis zu jüngeren irritiert. Man versteht einander nicht mehr.

Ratlosigkeit erfaßt nicht wenige Eltern. Die Meinungen gehen zwar darüber auseinander, ob man nur vom »Generationsgegensatz« oder gar vom »Generationenkonflikt« sprechen soll. Dramatisierungen führen nicht weiter. Emotionale und pauschale Verurteilungen der Jugend sind erst recht völlig fehl am Platz.

In dieser Situation hat auch die Kirche einen Anlaß, über ein Lernen nachzudenken, das die Generationen übergreift. Inzwischen geht die Formel vom *»gemeinsamen Leben- und Glaubenlernen«* in beiden Kirchen um, besonders in der evangelischen und katholischen Religionspädagogik.[37]

DER KINDERGOTTESDIENST hat eine besondere Chance, hierzu beizutragen, denn in ihm wirken Kinder, Jugendliche, jüngere und ältere Erwachsene zusammen – drei und mehr Generationen.

Bisher galt in der geschichtlichen Entwicklung, daß die Kinder von den Erwachsenen zu lernen haben. Heute erkennt man auch, daß Erwachsene von Kindern lernen können und sollten. Das letzte Buch des Alten Testaments, der Prophet Maleachi, schließt mit der Vision:

> *Siehe, ich will euch senden den Propheten Elia, ehe der große und schreckliche Tag des Herrn kommt. Er soll das Herz der Väter bekehren zu den Söhnen und das Herz der Söhne zu ihren Vätern, auf daß ich nicht komme und das Erdreich mit dem Bann schlage* (Mal 3,23.24).

Zu Beginn des Neuen Testaments nimmt Lukas genau diese Verheißung wieder auf. Der Engel spricht zu Zacharias über Johannes den Täufer:

> *Er wird vor ihm (dem Volke Israel) hergehen im Geist und in der Kraft Elias, zu bekehren die Herzen der Väter zu den Kindern und die Ungehorsamen zu der Klugheit der Gerechten, zuzurichten dem Herrn ein Volk, das wohl vorbereitet ist* (Lk 1,17).

Für die praktische Arbeit lassen sich hieraus viele Folgerungen ziehen:

Oft ist schon hervorgehoben worden, daß es darauf ankomme, daß Kinder, Jugendliche und Erwachsene in der Kindergottesdienstarbeit *gemeinsame Erfahrungen* machen – in Spiel und Feier, im gemeinsamen Hören und Gespräch.

Klar wird auch gesehen, daß sich die Kinderkirche nicht isolieren darf, sondern durch Familiengottesdienste und ihre Durchlässigkeit zu normalen Gemeindegottesdiensten an der *gottesdienstlichen Verbindung zwischen den Generationen in der Gemeinde* arbeiten muß.

Ich möchte drittens noch hervorheben, wie wichtig es wäre, *gemeinsame Themen* zwischen den Generationen ausfindig zu machen. Gerade die oben kurz erwähnten elementaren Grundfragen und -zweifel scheinen alle Generationen das ganze Leben hindurch gemeinsam zu begleiten und zu belasten. Konkret heißt dies, daß etwa zur gleichen Zeit für Kinder, Jugendliche und

Erwachsene in der Ortsgemeinde ein oder zweimal im Jahr besonders zentrale Themen behandelt werden sollten, wobei jede Generation weiß, daß auch die andere zur selben Zeit mit diesen Fragen umgeht. Abschließend (oder auch bereits zu Eingang) könnte man an einem Spätnachmittag (damit auch die Väter Zeit haben) Gelegenheit geben, alle Generationen gemeinsam zu versammeln, um sich über die gewonnenen Einsichten auszutauschen: Sachlich, zeitlich und räumlich laufen in diesem Modell die Linien zusammen.

Vom »Lernen« kann allerdings auch zuviel die Rede sein. Der Begriff vom »lebenslangen Lernen« darf nicht zu einer Zwangsvorstellung werden, zu einem bedrückenden neuen Gesetz, als müßte man immerfort lernen. Noch dazu könnte der Begriff »Lernen« mit schlechtem, verschultem Lernen verwechselt werden. Dies alles ist nicht gemeint. Außerdem müssen wir eine grundsätzliche Grenze ziehen. Unser Leben darf nicht total pädagogisiert werden.

Menschlicher Umgang miteinander geschieht in noch ganz anderer Weise: im gemeinsamen Stillwerden, im gemeinsamen Gebet, in gemeinsamer Meditation, im unscheinbaren gemeinsamen Sich-Trösten.

Hier liegen die Quellen der Kraft für den Weg mit Kindern zu einer Kirche von morgen – und wir brauchen viel Kraft und Trost in einer Welt nach Tschernobyl, um trotz allem beten zu können:

Von guten Mächten wunderbar geborgen,
erwarten wir getrost, was kommen mag:
Gott ist mit uns am Abend und am Morgen
und ganz gewiß an jedem neuen Tag.

(Dietrich Bonhoeffer)

Anmerkungen

1. Vgl. den Abschnitt »Familie und Kirche – Ende einer Koalition?« bei *Norbert Mette:* Voraussetzungen christlicher Elementarerziehung. Vorbereitende Studien zu einer Religionspädagogik des Kleinkindalters, Düsseldorf 1983, S. 35f. Dazu zuvor schon *Gerhard Schmidtchen*: Was den Deutschen heilig ist. Religiöse und politische Strömungen in der Bundesrepublik Deutschland, München 1977, S. 189: »Es sieht so aus, als fiele die Familie als koalierende Institution der Kirche für die religiöse Sozialisation aus.«

2. Bei der Prüfung der Lebensstadien unter der Frage, »in welchen biographischen Situationen und Zusammenhängen die Kirche normalerweise ›vorkommt‹ . . .«, zeigt sich, »daß es letztlich zwei Vergesellschaftungsformen sind, die den Rahmen abgeben für Beziehungen und Kontakte zur Kirche: Familie und Gruppe . . . Kirche und Religion sind in Gestalt der Amtshandlungen an den Wendepunkten in der Geschichte des Familienverbandes verankert, dazu haben die eigenen Kinder eine Vermittlungsfunktion« (*Johannes Hanselmann* u. a. [Hg.]: Was wird aus der Kirche? Ergebnisse der zweiten EKD-Umfrage über Kirchenmitgliedschaft, Gütersloh 1984, S. 54f.).

3. Zu den Begriffen der »inneren« und »äußeren« Kirchenbindung s. *N. Mette*: a.a.O., S. 36ff., bzw. 38ff.

4. *Johannes Hanselmann* u. a., S. 197.

5. A.a.O., S. 194.

6. Vgl. die neueste EKD-Statistik zur Teilnahme an den Haupt- und Kindergottesdiensten in den Jahren 1963, 1973 und 1984 (idea-Spektrum Nr. 16 vom 16. 4. 1986, S. 2). Der hauptsächliche Rückgang zeigt sich zwischen 1963 und 1973 (52 %). Bezogen auf die Zahl der Kirchenmitglieder im Alter von 5 bis unter 10 Jahren

ist prozentual insgesamt ebenfalls ein Rückgang festzustellen, zwischen 1973 und 1984 dagegen auch eine gewisse Verbesserung des Kindergottesdienstbesuches (Teilnehmer je Sonntag 1963: 32 %, 1973: 14 %, 1985: 21 %).

7. Vgl. den Titel des Artikels von *Ernst Werner*: »Ich habe Kinder in meiner Gruppe, die können noch nicht einmal das Vaterunser.« Die Bedeutung der Erstverkündigung in der Katechese – Impulse zur Begleitung katechetischer Mitarbeiter, in: KatBl 109 (1984), 6, S. 474–476.

8. *Walter Herrenbrück* konzipierte »in reformierter Sicht« den Kindergottesdienst einseitig als *»Unterweisungsgottesdienst«*, den er im Vergleich zum Gemeindegottesdienst nicht als gleichwertig ansah. Unterweisung stand für ihn unter dem »Gesetz«; die unmittelbare »Verkündigung« des »Evangeliums« sollte ausdrücklich nicht zum Auftrag des Kindergottesdienstes gehören; sie wurde den Kindern vorenthalten (Der Gottesdienst der Kinder, in: *Walter Wiese* [Hg]: Der Kindergottesdienst. Begründung und Gestaltung, Stuttgart 1961, S. 38ff.).

Gert Otto vertrat ein *ausschließlich liturgisch-gottesdienstliches Verständnis* und wollte alle katechetisch-unterrichtlichen Elemente ausgeschieden wissen (Zur Theorie des Kindergottesdienstes, in: *W. Wiese*, a.a.O., S. 119ff.).

Kurt Frör begründete »in lutherischer Sicht« ein *gottesdienstlich-erziehliches* Konzept und betonte, daß Kindergottesdienst ein Stück »kirchliche Erziehung« sei: »Das Kind soll in der Mitte der gottesdienstlichen Gemeinde leben lernen« (Der Gottesdienst der Kinder, in: *W. Wiese*, a.a.O., S. 11ff., Zitat S. 24). Alle drei Konzeptionen nahmen übrigens auf die Eigenart des Kindes gar nicht oder nur wenig Rücksicht, am ehesten noch *K. Frör*.

Ebenso einseitig blieben umgekehrt die Vorschläge *Ingrid Adams*, für die im »Mittelpunkt« aller Überlegungen »die Kinder und deren Bedürfnisse bzw. Interessen« stehen sollten und der Kindergottesdienst, »wie alle Kinderarbeit«, eine »sozialtherapeutische Funktion« haben sollte (Aufgaben und Ziele des Kindergottesdienstes, in: *Comenius-Institut* [Hg.]: Aufgaben und Ziele des Kindergottesdienstes, München 1972, S. 68ff., Zitat S. 68 [Kindergottesdienst heute, H. 1]).

9. Zum Beispiel von *Wolfgang Longardt*: »Unser Ziel kann nur dann erreicht werden, wenn ein Kindergottesdienst dieser Konzeption eingebettet ist in die gesamte Gemeindearbeit, einschließlich Kindergarten-, Kinderstuben-, Jungschar- und Eltern-Arbeit. Sonst ist unser Bemühen nur punktuell, ja, ohne Eltern-Arbeit manchmal unverantwortlich« (Aufgaben und Ziele des Kindergottesdienstes, in: *Comenius-Institut* [Hg.]: Aufgaben und Ziele des Kindergottesdienstes, Münster 1972, S. 10 [Kindergottesdienst heute, H. 2]).

10. Vgl. u. a.: Zusammenhang von Leben, Glauben und Lernen. Empfehlungen zur Gemeindepädagogik, vorgelegt von der *Kammer der EKD für Bildung und Erziehung*, Gütersloh 1982, bes. S. 78ff. und 93ff.

Besonders erwähnt sei noch aus der Diskussion zu diesem Referat der Hinweis auf gute Erfahrungen mit »Familienfreizeiten« sowie der Bericht über eine »Elterngruppe, die sich aus den Eltern (Müttern, vereinzelt Vätern) zusammensetzt, die ihre Kinder zum Kindergottesdienst bringen, weil sie noch nicht allein kommen können und/oder der Weg zu weit ist. Diese Eltern bilden bei der Einzelkatechese eine eigene Gesprächs-, Mal- oder Bastelgruppe. Sie haben viel Spaß, zusammen mit den Kindern zu lernen, und werden morgen (am 11. 5. 1986, dem Abschlußtag der Gesamttagung) in unserer Gemeinde den Kindergottesdienst halten, während der Helferkreis hier in Dortmund ist«!

11. Beide Zitate aus dem Bericht der Sektion I, Bekenntnis zu Christus heute, der 5. Vollversammlung des Ökumenischen Rates der Kirchen 1975 in Nairobi, in: *Hanfried Krüger/Walter Müller-Römheld* (Hg.): Bericht aus Nairobi 1975. Ergebnisse – Erlebnisse – Ereignisse, Frankfurt/M. 1976, S. 16.

12. *EKD-Kirchenamt,* Studien- und Planungsgruppe: Strukturbedingungen der Kirche auf längere Sicht, Hannover Dezember 1985, S. 25 (Manuskriptdruck).

13. »Es geht entscheidend darum, der Sendung der Kirche den weitestmöglichen Horizont offenzuhalten, die Freiheit des Rechtfertigungsglaubens zur Darstellung zu bringen und die Einheit der Kirche als lebendiges Geschehen und Vielfalt zu bewahren« (*Johannes Hanselmann:* Gelebte Religion als Frage an kirchenleitendes Handeln, in: *Johannes Hanselmann/Dietrich Rössler:* Gelebte Religion, München 1978, S. 47.)

14. *Trutz Rendtorff:* Theologische Probleme der Volkskirche, in: *Wenzel Lohff/Lutz Mohaupt* (Hg.): Volkskirche – Kirche der Zukunft? Leitlinien der Augsburgischen Konfession für das Kirchenverständnis heute. Eine Studie des Theologischen Ausschusses der Vereinigten Ev.-Luth. Kirchen Deutschlands, Hamburg 1977, bes. die Abschnitte: Freiheit als Thema reformatorischer Ekklesiologie, S. 118–123, und: Die Folgen der Freiheit für die Kirche als Institution, S. 123–126.

15. Vgl. hierzu und zum folgenden *Hans-Ruedi Weber*: ... was ich euch ins Ohr sage, das predigt von den Dächern, Mission im Matthäus-Evangelium, Kassel 1975, S. 31ff., bes. S. 33. Auch für Matthäus bedeutet Mission darum »nicht nur, hinauszugehen, sondern auch, so anziehend zu sein, daß die Menschen kommen« (S. 95).

16. *Wolfgang Longardt:* Aufgaben und Ziele des Kindergottesdienstes, in: *Comenius-Institut,* a.a.O., (Anm. 9), S. 10–25; *ders.:* Neue Kindergottesdienstformen, Bd. 1 und 2, Gütersloh [2]1974; *ders.:* Kinder haben nicht nur Ohren, in: *Eberhard Dieterich/Gerd Schenk* (Hg.): Arbeitsfeld Kinderkirche. Berichte, Beispiele, Anregungen, Stuttgart 1979, S. 86–94; ders.: Gottesdienst feiern »mit Herzen, Mund und Händen«, in: *Eberhard Dieterich/Klaus Stolzmann* (Hg): Wachsen wie ein Baum. Neues vom Arbeitsfeld Kinderkirche, Stuttgart 1982, S. 142–150; s. ferner die Beiträge von *Erhard Griese* u. *Erhardt Wichmann* zur Liturgie als Fest und Feier, in: *Comenius-Institut* (Hg.): Liturgie mit Lied, Spiel, Tanz, Trommel, Münster 1975 (Kindergottesdienst heute, H. 8).

17. *Klaus Stolzmann:* Aufgaben des Kindergottesdienstes in den 80er Jahren, in: *Eberhard Dieterich/ Klaus Stolzmann* (Hg.): Wachsen wie ein Baum..., a.a.O., S. 47.

18. A.a.O., S. 47. – Man denke auch daran, daß die Kinder selbst zu »Missionaren« werden können; »jedes kann ein ›Türgriff‹ sein in einer Familie«, so eine Teilnehmerin in der Diskussion zum Referat. Besonders gut ist es, wenn Eltern ihr Kind in einer Rolle erleben, wenn es etwas vorführt, etwa bei Spielen, bei denen Mitarbeiter und Kinder zusammenwirken (geeignet z. B.: Noahgeschichte).

19. »Neben der ›Kirche als Institution‹, aber nicht unverbunden mit ihr, hat sich inzwischen eine Art ›Kirche als Bewegung‹ etabliert – ein breites, fließendes Spektrum von kaum oder nur sehr lose organisierten, an bestimmten Themen besonders engagierten Gruppen meist jüngerer Christen« (*Johannes Hanselmann* u. a. [Hg.]: Was wird aus der Kirche?, a.a.O., S. 23).

20. Die Ausbildung des Verhältnisses zu Kirche, Religion und Glauben hängt auch von Faktoren ab, die Problemeinsichten fördern: Bildung und Wissen. Hier ist besonders die Schule der »Ort, wo – sofern angeboten – die Chance besteht, über Kirche zu informieren und damit auch über die mit der Konfirmation getroffene ›Entscheidung‹«. Vgl. die Einschätzungen *Andreas Feiges*: Erfahrungen mit Kirche. Daten und Analysen einer empirischen Untersuchung über die Beziehungen und Einstellungen Junger Erwachsener zur Kirche. Hannover 1982, S. 13ff., 24ff., Zitat S. 33.

21. Aufgaben des Kindergottesdienstes in den 80er Jahren, in: *Eberhard Dieterich/Klaus Stolzmann* (Hg.): Wachsen wie ein Baum..., a.a.O., S. 48.

22. Vgl. oben Anm. 16.

23. Von evangelischer Seite vgl. *Dietrich Rössler*: Die Vernunft der Religion, München 1976.

24. Von katholischer Seite vgl. *Rudolf Englert*: Glaubensgeschichte und Bildungsprozeß. Versuch einer religionspädagogischen Kairologie, München 1985, S. 500ff.

25. Vgl. *Karl Ernst Nipkow:* Volkskirche und neue Religiosität, in: Funk-Kolleg Religion, Bd. 2, hg. von *Peter Fiedler* u. a., Gütersloh/Düsseldorf 1985, S. 250ff., bes. S. 252f., s. ferner ausführlicher *Karl Ernst Nipkow:* Volkskirche und neue Religiosität, in: Studientexte Funk-Kolleg Religion, Weinheim/Gütersloh/ Düsseldorf 1985, S. 407–426.

26. Vgl. zur Gottesfrage in Kindheit, Jugendzeit und Erwachsenenalter, besonders aber zu den Problemen Jugendlicher, meine Studie: Erwachsenwerden ohne Gott? Gotteserfahrung im Lebenslauf, Birkacher Beiträge zu einer evangelischen Pädagogik, 1986, H. 3 (zu beziehen über das Päd.-Theol. Zentrum der württembergischen Landeskirche, Haus Birkach, 7000 Stuttgart 70).

27. *Thomas Hofer, Ekkehard Langbein, Rosemarie von Orlikowski, Gunnar Urbach:* Wenn das Weizenkorn in die Erde fällt. Mit Kindern über Tod und Auferstehung reden, Gütersloh 1985 (GTB – Kindergottesdienst 647).

28. Vgl. *Walter Herrenbrück:* Der Gottesdienst der Kinder (in reformierter Sicht), in: *Walter Wiese,* (Anm. 8), S. 57.

29. Vgl. hierzu mein religionsdidaktisches Elementarisierungskonzept, in: *Karl Ernst Nipkow:* Grundfragen der Religionspädagogik, Bd. 3: Gemeinsam leben und glauben lernen, Gütersloh 1982, S. 185–232, bes. S. 204 (GTB 756).

30. *F. Thiele:* Art.: Groß/Klein: Theol. Begriffslexikon zum NT, Bd. 1, Wuppertal [3]1983, S. 619.

31. *Hans-Ruedi Weber:* Jesus und die Kinder, Hamburg 1980, S. 121. Insgesamt zeigen die griechisch-römischen und jüdischen Texte, daß in der antiken Welt das Kind nicht als solches geachtet wurde. Es ging darum, aus den Kindern nützliche Erwachsene und Bürger zu machen. Die Juden sahen zwar in der Geburt eines Kindes, besonders eines Jungen, Gottes Segen; die Kinder waren aber eigentlich nur als Schulkinder wichtig, die die Thora zu lernen hatten (H.-R. Weber, S. 108–120).

32. Diese Zusammenhänge sind eindringlich auf einer Tagung in Bad Boll anläßlich des Internationalen Jahres des Kindes 1979 behandelt worden (Plädoyer für eine kindgerechte Gesellschaft. Zum Internationalen Jahr des Kindes 1979, Evang. Akademie Bad Boll 1978). Vgl. bes. den Abdruck der »Erklärung der Rechte des Kindes« vom 20. November 1959 durch die Vollversammlung der Vereinten Nationen, S. 12f.

33. So stand 1974 die Synode des Bundes der Ev. Kirchen in der DDR unter dem Motto »Die Kirche als

Gemeinschaft von Lernenden«. In der westdeutschen Religionspädagogik habe ich 1975 diese Perspektive in die Diskussion zu bringen versucht (*K. E. Nipkow:* Grundfragen der Religionspädagogik, Bd. 2: Das pädagogische Handeln der Kirche, Gütersloh 1975, ³1984 [GTB 106]).

34. Schon das Eröffnungsreferat des Generalsekretärs *Philip Potter* definierte die Kirche u. a. auch als »Gemeinschaft von Lernenden«; s. *Walter Müller-Römheld* (Hg.): Bericht aus Vancouver 1983. Offizieller Bericht der Sechsten Vollversammlung des Ökumenischen Rates der Kirchen, Frankfurt a. M. 1983, S. 218f. Vgl. ferner den Bericht der entsprechenden Fachgruppe zu »Lernen in Gemeinschaft«, S. 119ff.

35. *Ernst Lange:* Die ökumenische Utopie oder Was bewegt die ökumenische Bewegung? Stuttgart/ Berlin 1972.

36. Vgl. hierzu schon *Gerhard Schmidtchen*: Was den Deutschen heilig ist. Religiöse und politische Strömungen in der Bundesrepublik Deutschland, München 1977, S. 13f.

37. Vgl. auf evangelischer Seite *Karl Ernst Nipkow*: Grundfragen der Religionspädagogik, Bd. 3: Gemeinsam leben und glauben lernen, Gütersloh 1982, sowie die in Anm. 10 genannten gemeindepädagogischen Empfehlungen der Bildungskammer der EKD.

Vgl. auf katholischer Seite zuletzt *Konrad Baumgarten/Paul Wehrle/Jürgen Werbick* (Hg.): Glauben lernen – Leben lernen, Festschrift für Erich Feifel zum 60. Geburtstag, St. Ottilien 1985. In diesem Jahr (1986) stand auch die Synode der Ev.-Luth. Kirche in Bayern unter dem Motto: Gemeinsam leben, glauben, lernen.

II

Mit Kindern unterwegs: Kindergottesdienst heute und morgen

Die liturgische Gestaltung des Kindergottesdienstes

Dieter Trautwein

I – 1. Biblisch-theologische Grundlagen für »Gottesdienst« und »Liturgie«

Die *eine* und gar einheitliche liturgische Gestaltung des Kindergottesdienstes, die allein biblisch begründet wäre, gibt es nicht. Aber es gibt grundlegende Aussagen für das »daß« der gottesdienstlichen Versammlung, für ihre Notwendigkeit. Mit den beiden Begriffen »Gottesdienst« und »Liturgie« haben wir es im Neuen Testament schwer:

Nach Römer 12,1ff. scheint es klar zu sein: Der Gottesdienst der versammelten Gemeinde ist nur ein Übergangs- oder Durchgangsstadium hin zum Gottesdienst des ganzen Lebens. *»Durch die Barmherzigkeit Gottes«,* es kann auch übersetzt werden: *»Unter Berufung auf die Barmherzigkeit Gottes«,* was immer wieder in der versammelten Gemeinde geschieht, gilt es, *»daß ihr eure Leiber hingebt als ein Opfer, das lebendig, heilig und Gott wohlgefällig ist. Das sei euer vernünftiger Gottesdienst.«* Vom »logischen« Gottesdienst, der folgerichtig sich aus der erfahrenen Barmherzigkeit ableitet, ist in diesem Apostelwort die Rede.

Die Phase der regelmäßig erneuerten Berufung auf die Barmherzigkeit Gottes ist für Christen doch wohl unerläßlich. Zumal der Christus am Abendmahlstisch ein eindeutiges *»Das tut zu meinem Gedächtnis«* (1. Kor. 11,24 u. 25) gesprochen hat. Was muß demnach alles zu seinem Gedächtnis in der Gemeinschaft der Seinen geschehen, damit der logische, dem Wort Gottes und dem Wort Christi entsprechende Gottesdienst des Lebens zustande kommt?

Auch der Begriff der Liturgie wird im Neuen Testament selten gebraucht und nur einmal auf gottesdienstliches Geschehen im engeren Sinne bezogen. In Apostelgeschichte 13,2 heißt es: *»Als sie aber dem Herrn* dienten *und fasteten, sprach der Heilige Geist...«* Liturgie ist ein Dienst, bei dem mit Gottes Dienst gerechnet wird, zum Beispiel mit dem Sprechen des Heiligen Geistes, der die großen Taten Gottes aus der Vergangenheit in die Gegenwart und die Zukunft fortführt.

Gottesdienst und Liturgie der versammelten Gemeinde sind darum auf jeden Fall ein »Wort-Antwort-Geschehen«! Ohne solchen Gottesdienst kann es keinen Anschluß an die Tradition, die Überlieferung, das Her-Kommen der

Kirche geben. Ohne Gottesdienst darum auch kein weiteres Vor-Kommen von Kirche.

Wir werden sicher noch die eine oder andere Bibelstelle finden, die ebenfalls den christlichen Gottesdienst begründet. Wir kennen vor allem die Verheißung Jesu aus Matthäus 18,20:

»Wo zwei oder drei versammelt sind in meinem Namen, da bin ich mitten unter ihnen.«

Aber wie bereits erwähnt, ist da der unüberhörbare »Gottesdienst-Befehl« Jesu: *»Das tut zu meinem Gedächtnis . . .«* Diese Einladung Jesu ist in der Erinnerung an das letzte Mahl – und die vielen Mahlfeiern an den Tischen der Menschen, die Jesus prägte – in der frühen Gemeinde umgehend befolgt worden. Die Tradition, die sich eingestellt hat und uns überliefert ist, heißt:

»Sie blieben aber beständig in der Lehre der Apostel und in der Gemeinschaft und im Brotbrechen und im Gebet.«

Gehört aber das Folgende nicht auch zum Gottesdienst, wenn es heißt: *»Alle aber, die gläubig geworden waren, waren beieinander und hatten alle Dinge gemeinsam«* (Apg 2,42ff.)? Dann allerdings gibt es dort in der Apostelgeschichte noch einen wichtigen Rückverweis, über den wir heute nicht mehr so leicht hinwegkommen wie eine (man erlaube mir den schrecklichen Ausdruck) »judenfreie« Kirche vergangener Jahrhunderte:

»Und sie waren täglich einmütig beieinander im Tempel und brachen das Brot hier und dort in den Häusern, hielten die Mahlzeiten mit Freude und lauterem Herzen und lobten Gott und fanden (freilich dann nicht für immer!) *Wohlgefallen beim ganzen Volk. Der Herr aber fügte der Gemeinde täglich hinzu, die gerettet wurden«* (V. 46f.).

Wenn wir ausführlicher über den Gottesdienstbegriff nachdenken könnten, müßte geklärt werden, wie sehr und wie weit auch der Kindergottesdienst ein solcher missionarischer, werbender Gottesdienst zu sein hat. Es müßte auch verhandelt werden, wie sehr in ihm an die gute jüdische Tradition der Tempel- und der Sabbat-Gottesdienste anzuknüpfen ist, die ja mit der Zerstörung des Tempels nicht für immer aufgehört haben (wie manche Christen blind gegenüber dem lebendigen Judentum noch immer meinen).

2. Von der Erfahrung mit biblisch-liturgischen Gesängen

Die eben bedachten »Hinter-Gedanken« vergessen wir nicht, wenn wir unser Thema nun primär von den Elementen biblischer Liturgie her angehen. Die Bibel ist voller Liturgie, im Alten wie im Neuen Testament. Wer die Bibel verstehen will, muß der nicht ihr gottesdienstlich-liturgisches Leben mitleben?

Da sind die Psalmen mit ihrem Reichtum. Aber auch eine große Zahl von Hymnen, von verdichteten Lobgesängen im Neuen Testament. Da sind Akklamationen zu finden, biblische Beifallsbekundungen, Kurzbekenntnisse wie das *»Herr ist Jesus Christus zur Ehre Gottes des Vaters«* in Philipper 2,5 ff. Da finden wir fest formulierte gottesdienstliche Gruß- und Segensworte. Eine Fülle von Liturgie, die noch immer lebendig ist! Und wir sind gefragt, ob wir ohne sie, ohne ihren Vollzug leben und Christ sein können. Wir – zusammen mit den Kindern.

Nun will ich auch sagen, warum ich es wagte, ein solches Referat über die liturgische Gestaltung des Gottesdienstes zu übernehmen und hier Vorschläge zu machen:

Bei einem unserer Frankfurter Missionstage wirkten auch wieder mehrere Pfarrer aus unseren Partnerkirchen in Afrika und Asien mit. Zum Schluß baten wir sie, den Segen in ihrer Sprache zu sprechen. Als Pfarrer Hendricks Mavunduse aus Zimbabwe die Arme hob und Shona den Segen sang, kamen wir ins Staunen: Der sang ja *»Die Gnade unseres Herrn Jesus Christus und die Liebe Gottes ...«* mit der gleichen Melodie, die wir früher immer im Kindergottesdienst gesungen hatten. Ein Afrikaner brachte uns ein Stück eigener, tief sitzender biblischer Liturgie zurück.

Eines Tages kam unser Austauschpfarrer aus Ghana, Joseph Quartey, zu mir: »Helfen Sie mir doch einmal dieses kurze Lied aus meiner Kirche zu übersetzen. Das möchte ich bei meinen Besuchen in Gottesdiensten und Gruppen mit den Leuten singen.« Seitdem habe ich selber gelernt zu singen: »Herr, du bist überall ...« Ein Lied ganz aus biblischem Geist, das man auch in der afrikanischen Sprache lernen sollte: »Oda ni oofe fee ...«

Herr, du bist überall

(Text und Melodie: trad. aus Ghana; deutsch: J. Quartey und D. Trautwein)

Zuvor schon hatte Pfarrer Lyonga aus Kamerun bei einem Missionstag mit uns geübt: »Preisen laßt uns Gott den Herrn ...« (siehe Seite 40). Wir lernten es auch, uns zu diesen liturgischen Gesängen zu bewegen. Das sind Lieder für die ganze Gemeinde und gewiß auch für die Kinder!

Als ich mit Pfarrer Mavunduse zusammen beim Wittenberger Kirchentag 1983 auf dem berühmten Marktplatz zum Abschluß auf dem Podium solche Lieder aus Afrika sang, waren vor allem viele Kinder begeistert dabei. So sehr, daß die Behörden uns mahnten, wir hätten die erlaubte Zeit überzogen.

II. Gottesdienstliche Erfahrungen in Vancouver

Inzwischen hatte ich im Gottesdienstausschuß für die 6. Vollversammlung des Ökumenischen Rates in Vancouver mitgearbeitet. Unsere Entdeckung dort: Mit kurzen biblisch-liturgischen Stücken, musikalisch in den Ausdrucksformen vieler Kirchen und Kulturen, können wir den ökumenischsten Gottesdienst gestalten, den es gibt! Seit wir dort unsere einfach und doch reichgestalteten Morgengottesdienste gefeiert haben, bewegt mich die Frage, ob dieser Gottesdienst in seinen Grundelementen nicht auch für Kindergottesdienste vorbildlich sein kann.

Diesen in Vancouver gefeierten Morgengottesdienst möchte ich hier kurz vorstellen. Die einzelnen Schritte will ich noch einmal benennen, denn unsere »Andacht«, die diesem Referat vorausging (siehe Seite 40ff.), hielt sich im wesentlichen an diesen Ablauf:

Der tägliche Gottesdienst

nach der Art der bei der 6. Vollversammlung des Ökumenischen Rates in Vancouver gestalteten kurzen Morgengottesdienste

1 ANSINGEN – gemeinsames Lied zum Beginn – meditative Instrumentalmusik

2 ANRUFUNG DES DREIEINIGEN GOTTES
gesungene Doxologie (»Heilig, heilig ...«)

3 SÜNDENBEKENNTNIS IN FORM VON PSALMTEXTEN
»Schlüsselworte« in verschiedenen Sprachen – dazu mehrfach »Kyrie eleison«

4 EINZUG MIT BIBELBUCH UND LICHT (dabei noch weiter Kyrie-Gesang)
Schriftlesung, Schlüsselworte daraus in verschiedenen Sprachen – dazu jeweils Gloria- bzw. Halleluja-Gesang. Anschließend Stille oder kurze gesprochene Meditation zum Text.

5 FÜRBITTENGEBETE zu verschiedenen Anliegen und in verschiedenen Sprachen, dazu jeweils gesungenes »Kyrie eleison«
Vaterunser

6 SENDUNG UND SEGEN mit Lied zum Auszug

Bei meinem Studium auf der Ökumenischen Hochschule in Bossey im Jahr 1952/53 hatte ich den Traum, es müsse doch eine für uns Christen aus den verschiedensten Kirchen gemeinsame biblisch begründete und aus biblischer Liturgie geformte Gottesdienstpraxis geben. Damals wurden wir streng angewiesen, nur ja keine solchen »Vermischungen« zu versuchen, wir hatten unterschieden voneinander lutherische, orthodoxe, anglikanische, reformierte und sonstige »freikirchliche« Gottesdienste zu feiern, boshaft gesagt: sie einander vorzuführen. Das hat sich mit Vancouver geändert. Auch ein vorher sehr kritischer orthodoxer Metropolit versicherte mir hinterher: Er habe sich zum erstenmal in diesen Morgengottesdiensten angenommen und zu Hause gefühlt.

III. Der Entwurf für eine Kindergottesdienstliturgie entspricht der Grundstruktur alter und neuer Gottesdienstgestaltung

Leider hatte ich selber in den letzten Jahren wenig Gelegenheit, Kindergottesdienste mitzugestalten. Als Stadtjugendpfarrer in Frankfurt habe ich aber sieben Jahre lang immer wieder mit Jugendlichen an der Gestaltung von Gottesdiensten gearbeitet. In meiner Dissertation über den »Lernprozeß Gottesdienst« (Burckhardthaus-Verlag 1972) habe ich eine wichtige Entdekkung festgehalten: Die neuen Gottesdienste, die wir gestalteten, konnten gar nicht etwas total Neues sein. Der alte christliche Gottesdienst in Gestalt der Messe, ob römisch-katholisch, lutherisch oder uniert, hat wie jeder neue Versuch fortschreitende, kommunikativ sinnvolle Grundelemente und Phasen. Alten und neuen Mustern des Gottesdienstes liegt eine sehr menschliche Erfahrungs- und Erlebnisstruktur zugrunde. Kann das für Kinder in Ihren Gottesdiensten anders sein?

Pfarrer Paul Martin Clotz hat im Materialheft 45 der Frankfurter Beratungsstelle für Gestaltung mit dem Titel »Liturgie im Kindergottesdienst« 14 Jahre später diese Erkenntnis ebenfalls unterstrichen und für seinen Entwurf der Kindergottesdienstliturgie die Konsequenzen daraus gezogen.

Die gegenüberliegende Seite zeigt eine Aufstellung, die die »Grundstruktur« des überlieferten Gottesdienstes sowie den Entwurf von Paul Martin Clotz und meinen Vorschlag nebeneinander aufzeigt.

Die fünf Phasen der Grundstruktur finden Sie bei Clotz und auch bei mir wieder. Ich orientiere mich an den Erfahrungen von Vancouver, vor allem an den Erfahrungen mit den biblisch-liturgischen Kurzgesängen. Ich hätte es leichter gehabt, den Abschnitt II aufzugliedern und wäre damit deutlicher im alten Schema geblieben. Ich möchte aber durch meine Gliederung dazu auffordern, die historische Trennung zwischen »Katechumenenmesse« und »Gläubigenmesse«, zwischen Predigtteil und Sakramentsteil des Gottesdienstes zu überwinden. Wort und Sakrament sind eine unzertrennliche Einheit.

Grundstruktur des Gottesdienstes

I Versammlung/ Eröffnung

Musik
Rüstgebet
Gebetsstille
Einführung

II Anrufung

Psalm/Lied
Bittruf (Kyrie)
Lobpreis (Gloria in excelsis)
Kollektengebet

III Verkündigung und Bekenntnis

1. Schriftlesung
Lied
2. Schriftlesung
Glaubensbekenntnis
Predigt
Bekenntnis (offene Schuld oder neue Glaubenszeugnisse)
Abkündigungen
Fürbitten

IV Abendmahl

(Gabengebet)
Lobpreis
(Lobgebet und Dreimalheilig)
(Erinnerung und Anrufung des Heiligen Geistes)
Vaterunser
Einsetzungsworte (Gebet zum Abendmahl)
Friedensgruß
Christe, du Lamm Gottes
Austeilung Dankgebet

V Sendung

Abkündigungen
Dankopfer
Fürbitten/Vaterunser
Sendungswort
Lobruf
Segen

Kindergottesdienst A (Clotz)

I Zusammenkommen und Beten

Sich sammeln und den Raum betreten
Anfangskreis/Namensrunde
Erzählrunde
Eingangslied
Das Zusammensein begründen
Psalm
Gebet
Lied

II Hören und Antworten

Was heute dran ist
Verkündigung
Lied
Antworten:
Text oder Thema entfalten und vertiefen
Den anderen davon berichten
Bekenntnis
Kollekte

III Feiern

Geburtstag oder Mahlzeit

IV Bitten und Segen

Fürbittgebet
Vaterunser
Segen
Schlußlied
Verabredung und Verabschiedung

Kindergottesdienst B (Trautwein)

I Zusammenkommen, das Miteinander Begründen und Feiern

▶1 Loblied zur Sammlung
Begrüßung – Warum wir feiern
2 Musik, die zur Stille verhilft
3 Wir berufen uns auf den dreieinigen Gott . . .
4 Wir singen und beten an: Heilig . . .

II Klagen, Loben, Fragen, Bitten, Hören, Bedenken, Danken, Feiern, Bekennen

5 Was wir zu loben und zu klagen haben (Gruppen/große Kreise)
6 Schon vor uns haben Menschen Gott gelobt, Schuld und Angst geklagt Psalmworte . . .
▶ 7 Bittruf dazu, mehrfach wiederholt
8 Wir freuen uns darüber, daß Gott uns sein Wort gibt . . .
Schrift und Licht zu Gesang hereintragen
9 Lesung / Erzählung / Spiel
▶10 Halleluja-Gesang antwortet
11 Geschichte/Thema wird in Gruppen besprochen, gestaltet, gemalt
12 Die gehört/gespielte Geschichte wird gefeiert, etwa als Mahl der Agape (Liebe Christi), wird in Liedform (mit Bewegungen) wiederholt, in Prozession durch den Raum gefeiert, auch Umzug nach draußen . . .
▶13 Ein Dank- und Credolied hilft zum Bekennen

III Wünsche und Gaben sammeln, Fürbitte üben, Verabredungen treffen

14 Wünsche für andere und uns selbst (Geburtstagskinder) sammeln, die Gaben bedenken für andere
15 Fürbittenwünsche und Kollektengabe in Prozession nach vorne bringen
▶16 Fürbitten mit je erneutem Bittruf
17 Vaterunser
18 Was wir uns merken, wozu wir uns verabreden

IV Segen erbitten, Abschied und Auszug feiern

19 Sendungswort – Segensbitte
▶20 Verabschiedung und Lied zum Auszug

Diese Einheit sollte gerade im Kindergottesdienst von Anfang an den Kindern vertraut gemacht werden.

Noch einmal betone ich, daß es für diese Liturgie besonders wichtig ist, bereits den Kindern zu vermitteln, daß wir in der Weltkirche Jesu Christi teilhaben an der unterschiedlichen kulturellen Ausformung des Gottesdienstes in der Vielfalt ökumenischer Gesänge.

Meine These: *Keine Liturgie mehr in kirchlicher und kultureller Isolation!*

Ein weiterer wichtiger Grund, diese Liturgie für den Kindergottesdienst vorzuschlagen: In Vancouver waren Kinder auch an der Gestaltung der Morgengottesdienste beteiligt. Einen dieser Kurzgottesdienste gestalteten sie für die Erwachsenen. Nicht nur Erwachsene aus aller Welt waren fasziniert von den Gottesdiensten im großen Zelt und von der Einheit von Gottesdienst und Tagesarbeit. Eine Mutter war fast beunruhigt, als sie mir sagte: »Mein Sohn ist geradezu süchtig nach den Gottesdiensten, die hier stattfinden . . .« Ein Sohn im Kindergottesdienstalter!

IV. Die Andacht

Die nachfolgend abgedruckte Andacht war grundlegender Bestandteil des Vortrags von Dieter Trautwein. Bei der Tagung in Dortmund ging sie allerdings dem Referat voraus.

*

1.

Loblied zur Sammlung: »Preisen laßt uns Gott den Herrn . . .«

(Text und Melodie aus Kamerun; deutsch: Irmhild Lyonga/Dieter Trautwein)

Begründung des Zusammenseins unter Bezug auf Römer 12,1
Überleitung zu einem Augenblick der
Stille – mit kurzer *Orgelmeditation*

2.

Anrufung des dreieinigen Gottes
(Liturg – auch im Wechsel mit der Gemeinde möglich)

Wir berufen uns auf den Gott, der das Leben gibt,
der die Menschen liebt,
der uns fröhlich macht.
Wir berufen uns auf Gott, den Vater, den Sohn und den Heiligen Geist!
Wir rufen ihn an.
Wir singen und beten mit allen Menschen, die im Namen unseres Gottes zusammenkommen und feiern:

Alle: »Heilig ist Gott der Herr!«
(Nach der Melodie des Kanons von P. E. Ruppel: »Herr, lehre uns beten!«)

3.

Trautwein: Im Kindergottesdienst könnten wir jetzt schon einmal in die Gruppen auseinandergehen, um uns gegenseitig zu erzählen, was wir Schönes erlebt haben und worüber wir uns freuen und worüber wir Gott zu klagen haben.

Heute: *Gespräch mit Nachbarin oder Nachbar*
über das, was uns freut, worüber wir klagen, welche Fragen uns bewegen . . .

Einige Minuten freies Gespräch.
Die Orgel gibt das Signal zum Gesang des »Kyrie eleison«.

Kyrie eleison

(Russisch-Orthodoxe Liturgie)

Lesung eines 1. Abschnitts von Psalm 57
(Übertragung von H. Raiß, hrsg. vom Evang. Regionalverband, Frankfurt am Main)

Alle: »Kyrie eleison«

Lesung: 2. Abschnitt von Psalm 57

Alle: »Kyrie eleison«
(Das »Kyrie eleison« wird während des Hereintragens von Schrift und Licht weiter gesungen.)

4.

Während des Gesangs werden
Altarbibel und Leuchter (zu Altar bzw. Lesepult) hereingebracht. Es folgt die
Schriftlesung: Matthäus 5,14–17.
Sie wird beantwortet mit dem
Lobruf: »Christ ist erstanden«

Christ ist erstanden

(Musik: Missa Zimbabwe; Textübertragung ins Deutsche: Dieter Trautwein)

Es erfolgt eine *kurze Auslegung*, die sich auch aktuell auf Fragen von Menschen nach dem »Strahlen-Unglück« in der Sowjetunion bezieht und Jesu mutmachendes »Ihr seid das Licht der Welt« als Herausforderung vorstellt: Er will uns und den Kindern nicht einfach die Angst vor dem Spiel mit dem Feuer nehmen. Er will nicht, daß wir das tödliche Feuer verharmlosen, mit dem Kinder und Erwachsene spielen. Er will, daß wir mit dem Licht seiner Liebe und Wärme den Weltenbrand der Selbstzerstörung auf jede nur erdenkliche Weise bekämpfen. Darum sagt er: »Laßt euer Licht leuchten vor den Leuten!«
Ein neu zum biblischen Text formuliertes *Lied* wird gesungen und nimmt die Auslegung auf:

Bewegungsvorschlag zum Lied auf der rechten Seite:

Der Kehrvers wird mit entsprechender Bewegung gesungen (Schritte nach links, Schritte nach rechts ... Bei der letzten Strophe mit Dankgebärde Drehschritte auf der Stelle).

Licht, Licht, Licht, Licht, Licht für die Welt

Ein Lied mit Bewegungen

2. Wer sehen will, braucht Sinne
mit Herz, Gefühl, Verstand,
braucht Licht, das uns erkennen läßt:
Gott reicht uns seine Hand.

Licht, Licht . . .

3. Wenn uns in Angst und Einsamkeit
kein Licht zu leuchten scheint,
dann bitten wir, daß Jesus uns
in seinem Licht vereint:

Licht, Licht . . .

4. Gemeinsam gibt er uns sein Wort:
»Ihr seid das Licht der Welt!
Laßt eure guten Taten sein,
daß Licht ins Dunkel fällt!«

Licht, Licht . . .

5. So gehen uns die Augen auf,
wir sehn, daß Gott nicht ruht.
Wir stimmen in das Danklied ein
für alles, was er tut:

:Dank, Dank, Dank, Dank
für das Licht der Welt!:

(Text: Dieter Trautwein 1986; Melodie: Dieter Trautwein 1977)

5.

Einladung an alle, in Gedanken *Wünsche* zu sammeln, die in *Gebet und Fürbitte* vorkommen sollten (diese könnten auf Zettel aufgeschrieben und mit der Kollekte eingesammelt und nach vorne gebracht werden).

Vorschlag: Aus dem Raum heraus Dank und Bitten zu nennen, als Gebet formuliert oder nur mit Stichwort benannt.

Danach jeweils Gesang des *»Kyrie eleison«* (siehe nächste Seite oben).

Kyrie eleison

»Gesang aus Taizé« – Musik: J. Berthier © Les Presses de Taizé
Deutsche Rechte: Christophorus-Verlag, Freiburg

Das *Vaterunser* schließt sich an . . .

6.

Noch einmal erinnern wir uns, sagen es gemeinsam, geben uns die Hand darauf und beglückwünschen uns:
»Ihr seid das Licht der Welt! . . . So laßt euer Licht leuchten vor den Leuten!« *(Sendungswort)*

Danach *Zuspruch des Segens*:
»Die Gnade unseres Herrn Jesus Christus und die Liebe Gottes und die Gemeinschaft des Heiligen Geistes sei mit uns allen. Amen)
Lied – wie zu Beginn – im Kindergottesdiest *zum Auszug*:
»Preisen laßt uns Gott, den Herrn . . .«

*

Zum Abschluß des Referats wurde das Arbeitsblatt durchgegangen (siehe Seite 39) in Verbindung mit einer Fülle kurzer liturgischer Gesänge zu den einzelnen Stücken. Einige davon sind in der hier wiedergegebenen Andacht und auf den folgenden Seiten abgedruckt. Sie sind alle dem Liederheft der Gesamttagung entnommen und stammen aus:

Dieter Trautwein (Herausgeber): »Die Freude, die wir haben. Lieder und liturgische Gesänge aus der weltweiten Ökumene«; Beratungsstelle für Gestaltung, Eschersheimer Landstraße 565, 6000 Frankfurt a. M. 50.

Dort ist auch das Liturgiebuch des Hessisch-Nassauischen Landesverbandes für Kindergottesdienst erhältlich: »Liturgie im Kindergottesdienst«, Materialheft Nr. 45.

Gleichzeitig sei hingewiesen auf das Liturgiebuch des Württ. Evangelischen Landesverbandes für Kindergottesdienst: »Er gebe uns ein fröhlich Herz. Überlegungen, Vorschläge, Texte für die Liturgie im Kindergottesdienst« (Verlag Junge Gemeinde, Stuttgart).

Masithi – Amen

Deutsch: Singt Amen – Amen! Wir preisen Gott den Herrn!
Singt Amen – Amen, Amen, Amen, Amen!
Amen! Wir preisen Gott den Herrn!

Mündl. überliefert, Satz: S. C. Molefe, deutsch von Dieter Trautwein

Kyrie, Herr erbarm dich unser

Text und Melodie: Missa Zimbabwe

Laßt uns preisen den Tag

(Zwischengesang und Refrain)

(Zwischengesang)

(Zwischengesang und Refrain)

Text: Shona, A. D. Maraire, übertragen ins Deutsche von H. Mavunduse und Dieter Trautwein;
Melodie: A. D. Maraire

Nkosi Nkosi

Text: Original aus Südafrika
Übertragung ins Deutsche: Dieter Trautwein
Musik: G. M. Kolisi

Weitere liturgische Lieder von Dieter Trautwein siehe auch Seite 120 und 146.

Kindergottesdienst mit wenigen Kindern

WOLFGANG LONGARDT

Eine Zeit der zurückgehenden Teilnehmerzahlen im Kindergottesdienst muß nicht immer nur beklagt werden, sie bietet auch so manche Chance intensivierter, auf das einzelne Kind bezogener Zuwendung. Von den Chancen der Kindergottesdienstarbeit in kleinerer Kinderzahl will ich hier berichten.

Die kleinen Praxisschilderungen verdanke ich norddeutschen Gemeinden in Hamburg und Umgebung. Zu den Praxisbeispielen setze ich eigene Leitsätze als Denkanstoß, und ich werde zwischen die praktischen Übungen und kleinen Liedbeispiele auch kurze theoretische Hintergrundskizzen setzen.

Leitgedanke I:

Kindergottesdienst mit kleinerer Kinderzahl eröffnet uns größere Chancen, Wege einer ganzheitlichen Liturgie zu suchen, in denen das einzelne Kind sich persönlich angenommen spürt und sich selbst einbringen kann!

Praxisbeispiel

Ich komme in eine kleine norddeutsche Dorfkirche und beobachte den Beginn des Kindergottesdienstes. Jedes Kind geht zunächst zu einem kleinen Tisch. Dort liegen ca. 25 bis 30 bunte Gesichterscheiben ausgebreitet. Vor Monaten malte jedes Kind mit einem kleinen Spiegel in der Hand sein eigenes Gesicht, so gut es konnte. Jede Gesichterscheibe ist im Durchmesser ca. 15 bis 18 cm groß, und ich sehe, bei einigen ist etwas Wolle als Haar aufgeklebt; lustig sieht das aus. Unten hat jeder an die Gesichterscheiben seinen Namen geschrieben. Auf der Rückseite aber ist je ein Stück Klettband angeheftet, das noch Bedeutung gewinnen wird. Denn nach und nach gehen die Kinder jetzt nach vorn, wo im Altarraum rund um den Altar helle Leinenbänder (ca. 20 cm breit) im Kreis auf dem Fußboden liegen.

Jetzt setzt jeder Ankommende seine Gesichterscheibe neben die eines anderen Kindes, das schon vorher seine Scheibe auf das Band gedrückt hat. Auf den Bändern sind ebenfalls kleine Klettbandelemente, alles haftet mühelos, und eine bunte Reihe von Gesichtern und Namen entsteht.

Gerade kommt noch ein Mädchen ganz neu dazu. Seine kleine Freundin leitet sie an beim Malen der Gesichterscheibe. Dann wird auch die Scheibe des neuen Kindes auf eines der Bänder geheftet. Ich sehe, einige Scheiben für Neue liegen unbemalt bereit. Weil aber auch ein paar Kinder heute fehlen, bleiben andere bunte Gesichter auf dem Tisch unbenutzt.

Jetzt beginnt man mit »Du hast uns, Herr, gerufen«. Man hört das biblische Votum vom einladenden Herrn, der uns liebt und jeden mit Namen kennt. Nun sehe ich, wie die Kinder und Mitarbeiter die Bänder heben und zu einem festen Kreis schließen. Man singt: »Seht auf das Band . . .«

Musik: Detlev Jöcker
Aus dem MC/Liedheftprogramm im Menschenkinder Musikverlag, Am Hagen 5, 4400 Münster

Jetzt werden die ersten Namen vom Band verlesen, man singt dazu: »Jeder ist Gott wichtig, nie zu klein und nichtig, Jens gehört dazu, Karin gehört dazu!«

Nun kreist das Band beim Singen, einer gibt es dem anderen weiter, jeder hält es mit fest. Ich staune, mit welcher Freude und Geschicklichkeit die Kinder gerade jene Stellen dem Nachbarn übergeben, in denen zwei Bandenden zusammengelegt sind: Der Zusammmenhalt soll bleiben. Mir fallen Epheser 4 und Kolosser 3 als neutestamentliche Bildworte vom Band dazu ein. Nach und nach erklingen zum Vers »Jeder ist Gott wichtig« alle Namen der Kinder. Singend kreist Band an Band um den Altar. Weil die Verbundenheit wachsen soll, hebt man dann den Bänderkreis hoch über die Köpfe.

Später, im Schlußteil des Gottesdienstes, wird mit dem Band ein biblischer Dankreigen getanzt. Auch das Vaterunser betet man mit dem Band in der Hand.

Ich beschäftigte mich hinterher lange mit den Eindrücken dieser sinnenhaften Liturgie-Elemente. Hier wird für den 5jährigen wie für den 11jährigen ein Kern des Evangeliums erfahrbar: Annahme, Einladung, Dazugehören. Jenes Kind aus einer Familie, in der der Vater schon dreieinhalb Jahre ohne Arbeit ist und das von vielem aus finanziellen Gründen ausgeschlossen ist, erlebt hier Annahme und Stärkung. Jener Junge aus einer zerrütteten Ehe, mit seelischer Belastung und Alkoholproblemen der Mutter, erfährt hier Zuspruch. Jenes Mädchen mit Schulängsten und vielen Mißerfolgen, das unter den Klassenkameraden oft so am Rande steht, ist hier mitten hineingenommen »um Jesu willen«.

Welch eine liturgische Qualität! Hier hat man bei der Suche nach bibelgemäßer, ganzheitlicher Liturgie eben nicht nur nach verbal kindgemäßen Formulierungen und Wechselreden gesucht, hier ist Liturgie, die mit Leib und Seele mitvollzogen wird. So etwas kann natürlich gerade in kleinerer Kinderzahl seine Chance und seine Bewährung erfahren, aber kann dann als Impuls ausstrahlen; über Familiengottesdienste in verkrustete Erwachsenenliturgien hinein.

Zum theoretischen Hintergrund:

Von vielen sonntäglichen Gottesdiensten der Erwachsenen sagt Helmut Barz, daß in den üblichen Liturgien »die Riten nicht mehr vom ganzen Menschen begangen werden, sondern sie werden nur noch intellektuell mitgemacht. Sehr selten scheint es zu geschehen, daß kultisches Handeln der Kirche den ganzen Menschen, also Leib und Seele, Bewußtsein und Unbewußtes ergreift.«[1]

Wenn Barz in diesem Zusammenhang von einem religiösen Oberflächenleben spricht, bei dem nur noch mit einem Torso, nur mit einem Rest, mit einem Stumpf der Seele umgegangen wird, dann geht mir auf, welch ein Segen solch eine ganzheitliche Liturgie, die im kleinen Kreis gewachsen ist, auch für die Fortbildung der Pfarrer und Mitarbeiter sein kann.

Für ein neues, lebendig pulsierendes liturgisches Geschehen brauchen wir kleine, ausdrucksstarke Kehrverse. Dazu sammelte Dieter Trautwein im Vorjahr in einem der Frankfurter Materialhefte[2] viele kleine Refraingesänge weltweiter Kirche, wie sie z. B. in Vancouver erklungen sind. Unter dem Einfluß der Taizé-Gottesdienste begreifen unsere Kirchenmusiker und Theologen langsam wieder den Wert von kleinen gesungenen Kehrversen, die immer wieder einen Gottesdienst und eine Andacht durchziehen, das Gehörte vertiefen, Antwort geben, zusammenfassen, ja intensivieren. Wir brauchen auch im Kindergottesdienst solche kleinen Refrainmelodien.

Melodien der Weltchristenheit führen aus sterilen Klängen heraus. Wie belebend wäre es für erstarrte, verkrustete Gottesdienste, wenn über liturgische Stücke anderer Ausdrucksformen der Weltkirche Vitalität und ökumenische Weite spürbar würden. Aber dies ist kein neuartiger Hinweis, nein, man findet dafür schon Spuren in frühen Jahrhunderten.

Um den griechischen Christen das Gefühl des Fremdseins in den Gottesdiensten in Rom zu nehmen, erlaubte ihnen Gelasius, so berichtet André Aubry[3], einen Gebetsruf in ihrer Heimatsprache zu singen. So erklang in Rom aus dem Mund der fremdländischen Gäste im Gottesdienst das KYRIE, Ausdruck der betenden Gemeinde vieler Sprachen und der Weite des Evangeliums. Ich denke, heute brauchen wir sie vor allem musikalisch sehr nötig.

Praxisbeispiel

Ich komme in einen kleinen Kindergottesdienst und staune über zwei gebastelte Glocken, die – jede etwa 1,20 m groß – im Altarraum an zwei Dreibeingestellen aus Birkenstämmen aufgebaut sind. Nach Praxis-Impulsen der religionspädagogischen Zeitschrift »was+wie« hat man hier über einem Drahtgestell im Mitarbeiterkreis mit Papierschichten und Kleister schöne Glocken geformt. Schließlich wurden sie geschmackvoll passend zu den Grundfarben des Kirchraums angestrichen. Ich entdecke, daß in den Glocken je ein großer Orffscher Klangstab befestigt ist, mit einem Klöppel in der Hand kann jede Bastelglocke also von einem Kind zum Klingen gebracht werden.

Nun läuten von draußen die Glocken, das nehmen die Kinder in ihrem Lied auf »Glocken rufen groß und klein«.

Aus (auch die beiden Lieder auf Seite 49): W. Longardt/W. Gerts, Kinderbibeltage – »Kinderbibelwochen. Modelle – Anregungen – Bausteine«, Gütersloher Verlagshaus Gerd Mohn, Gütersloh 1985

Viele spielen zu zweit, zu dritt dabei, wie eine Glocke zu schwingen. Jetzt führen die Folgestrophen hin zum Ausklingen, zum Immer-leiser-Werden und Anzünden des Altarlichtes. Nach dem Ausklingen des Glockenspielliedes ist es ganz still, es folgt das Eingangsgebet.

Ich denke: welche Hilfe für alle, die in innerer und äußerer Unruhe hergekommen sind! Welche Hilfe, von der Freude, der Motorik eines Bewegungsspieles immer leiser werdend, von allein nun in die Stille geführt zu werden. In der Tat, hier wird ganzheitlich gearbeitet, das überzeugt.

Ich staune dann noch einmal: Als man in zwei Gruppen auseinandergeht, nimmt eine Gruppe beide Glocken mit. Jetzt fällt mir auf, eine ist farblich etwas dunkler, die andere heller, später merke ich, daß auch die beiden Klangstäbe innen in ihrer Höhe und Farbe verschieden sind. Ich frage: »Was tun die Gruppen mit den Glocken?« – »Das sind doch unsere Gebetsglocken. Jeden Sonntag ist eine Gruppe dran und trägt kleine Gebetssätze zusammen, sie werden aufgeschrieben und dann mit einer PIN-Wandnadel später beim Verlesen am Altar an die Glocke geheftet: Klage-Sätze, Bitt-Sätze, Dank-Sätze.«

In der letzten Viertelstunde, als alle wieder (insgesamt knapp 20 Kinder) im Kirchraum versammelt sind, erlebe ich eine Form des Betens, die gewiß zu ihrer Entstehung das Klima des gegenseitigen Vertrauens, aber auch der kleinen, intimen Teilnehmerzahl braucht. Was gesagt oder vorgelesen wird, heftet man als Zettel an und schlägt innen den Glockenstab. Bei Klage und Bitte den Stab der dunklen Glocke mit seinem tiefen Ton, bei Lob und Dank den helleren Stab der Dankglocke. Schließlich mündet alles in zwei, drei Gebetssätzen des Pastors, und beim Vaterunser hört man dazu die Glocke vom Turm.

Mich haben die Klage-Gebetssätze sehr beeindruckt. War etwas genannt, was einen bedrückt oder traurig macht, antworteten alle singend »Guter Gott, das ist schlimm«, bei Sätzen, die als Bitte formuliert waren, erklang zum Glockenton gesungen: »Guter Gott, hilf uns doch.«

Ich dachte an Kindergottesdienst-Mitarbeiterkreise, die nie loskommen von Gebeten, die sie aus bestimmten Gebetssammlungen heraussuchen. Sprachlich klingt das zwar recht gut, aber wie fern ist vieles vom Kindererleben, und konkrete Klagen fehlen in den meisten Kindergottesdienstgebeten. Ob wir das vielleicht gerade in kleinerer Runde, bei begrenzter Kinderzahl wieder lernen können: auf alter, fast vergessener, biblischer Spur?

Ich staunte über die hier langsam gewachsene Sprachfähigkeit der Kinder. Ja, heute ist das wichtiger denn je, daß im Kindergottesdienst Gebetseinübung geschieht.

Zum theoretischen Hintergrund

In der Gütersloher »Zeitschrift für Gottesdienst und Predigt« (ZGP) schrieb im Vorjahr Bernhard von Issendorf über die sprachlose Gemeinde. »Wir haben zwar das Priestertum aller Gläubigen bedacht, die mündige Gemeinde postuliert, doch für deren Sprech- und Sprachausbildung nichts getan: Unsere Gemeinden sind sprachlos. Sie lernen nicht, im Gottesdienst ihre Not zur Sprache zu bringen, ihrem Dank Worte zu verleihen. Wenn der Pfarrer der Gemeinde Sündenbekenntnis, Gnadenzuspruch, Gebet und Segen abnimmt, vielleicht selbst gut vorformuliert abliest, dann verlernt die Gemeinde das Sprechen, das Beten hat sie in vielen Fällen bereits verlernt. Der *verbesserten liturgischen Sprache entspricht eine zunehmende Sprachlosigkeit der Gemeinden.*«

Zwar hat das Sich-nicht-ausdrücken-Können der Erwachsenengemeinde auch noch andere Gründe geistlichen Mangels, die Issendorf hier nicht nennt, aber es stimmt: Die allzu gut formulierte Liturgiesprache, die schönen, literarisch oft hochstehenden Gebetstexte haben starke Mitschuld am Stummsein der Gemeinde! Kindergottesdienste in der Intimität der kleinen Zahl können hier Keimzellen des Neuen werden, können über Familiengottesdienste wieder Mut machen zum gottesdienstlichen Beten mit eigenen Worten.

Wer weiß schon noch, daß in der alten Katechumenenmesse der Kyrieteil[4] vor allem von den Kindern mit konkreten Bitten und Klagen ausgestattet wurde. Die Klage als legitime Gebetsform will wieder aus den Psalmen entdeckt werden. Wie torsohaft, wie wenig konkret und wie schnell »rauschen die plötzlichen Kyrie-Rufe« im Erwachsenengottesdienst vorbei. In dieser kümmerlichen Schrumpfform darf Liturgie nicht bleiben. Die Ostkirche beginnt noch heute mit einem breiten Kyrie-Teil. Wer Liturgiegeschichte kennt, weiß, daß in den ersten Jahrhunderten 24 Kyrierufe den Gottesdienst ausmachten. Wer nicht Worte zur Klage findet, dessen Dankgebete werden wohl auch wenig konkret und lebensecht ausfallen. Hier sind Gottesdienste der Kinder, gerade solche in kleinerer Zahl, Impuls und Hoffnungsträger.

Leitgedanke II:

Kindergottesdienst mit kleinerer Kinderzahl eröffnet uns größere Chancen, seelsorgerliche Aspekte ernster zu nehmen:

a) ... mit intensiven Übungen der Hinführung zum Erfahren von Stille und Schweigen,

b) ... mit intensiven Übungen zum Überwinden einer »verkürzten Wirklichkeit« (was ist da, ist nicht zu sehen, aber zu spüren?)

c) ... mit intensiven Übungen zur Pflege der Phantasie- und Imaginationskräfte,

d) ... mit intensiven Übungen zur Symbolerfahrung und Pflege der »inneren Bildwelt«,

e) ... mit intensiven Bemühungen in Kleingruppen – und Einzelgesprächen – (oft Nachgespräche evtl. Besuche) zu offenen oder verdeckten Glaubensfragen.

Praxisbeispiel

In einem Kindergottesdienst, in dem Theologen und Mitarbeiter nach mehreren Fortbildungsseminaren ihre Angst und ihre Vorurteile gegenüber dem Märchen verloren haben, erlebe ich das Märchen »Augen für das Unsichtbare«[5], das Kinder offenbar seelisch tief angerührt hat. Seltsamerweise sprudelt nun bei Kindern und Mitarbeitern auch viel mehr Phantasie beim Erzählen. »Vielleicht«, so sagt eine Mitarbeiterin, »waren wir schon seelisch ein wenig verkrüppelt. Märchen mit ihrem Sinn für Unsichtbares, Inneres sind da so hilfreich.«

Theoretischer Hintergrund

Der Religionspädagoge Norbert Mette hat unlängst darauf hingewiesen, daß wir Christen heute leider auch schon viel zu oft in einer »verkürzten Wirklichkeit leben«.

Seelsorge ist heute mehr als in früheren Tagen. Die Gefahr, daß wir seelischen Schaden nehmen, wächst. Die seelische Fähigkeit der Phantasie verkümmert. Phantasie aber hilft beim Übersteigen der vordergründigen Wirklichkeit, sie hilft beim »Transzendieren«.

In Heft 2/86 der Zeitschrift »was+wie« schildert Joh.-Friedrich Konrad, wie hilfreich Märchen zur religiösen Erziehung sind. Und R. Tschirch nennt das Märchen »den heimlichen Gefährten des Glaubens ...« Und warum ist Seelsorge heute als Aufgabe viel weiter zu fassen?

Unsere Seele lebt in Bildern und von Bildern, jeder Traum bestätigt uns dies. Neben den vielen Fernsehbildern, die nur wie eine Art »Unruhepotential« innerlich belasten, brauchen unsere Kinder (und wir auch) biblische Urbilder, Leitbilder, Hoffnungsbilder, die tief in uns eingehen. Hier ist das Wort von der »Vertiefung« angebracht. Aber vertiefen kann nur der, der Mut und Muße hat zur Wiederholung.

Wer im Kindergottesdienst seelsorgerliche Aspekte ernst nimmt, und eine kleinere, intimere Gruppe gibt Chancen dafür, der darf sich im Zeitalter der Bilderflut auch nicht um die Pflege der inneren Bildwelt drücken. So darf sich zum Beispiel die bildhafte Szene der im Chaos bewahrten Noah-Familie tief einprägen. Es ist dabei zuwenig, nur einen Regenbogen aufzumalen, nein, er muß auch »imaginiert« werden. Bei geschlossenen Augen darf ein Regenbogen vor unserem inneren Augen wachsen. Nicht jedes Kind, nicht jeder Mitarbeiter kann dies von vornherein. Unsere innere Bildfähigkeit ist zuweilen schon so deformiert, oder wir sind so konzentrationsunfähig, daß auch diese Übung im weitesten Sinn Seelsorge ist.

Pflege der inneren Bildwelt braucht unser Kindergottesdienst. Neben soviel zerstörerischen Bildern aus Video und Fernsehen, soviel rasch vorbeihuschenden Dingen, gilt es, vielleicht im Kindergottesdienst *einen Monat hindurch immer das gleiche biblische Urbild* anzuschauen und zu besingen. Dann kann man es einmal verhüllen, um zu erproben: Sehen wir es deutlich vor unseren inneren Augen?

Mich erstaunt, wenn weithin jetzt erfreulich viel von der Bedeutung der Symbole für die Glaubensbildung gesprochen wird, ohne daß man zugleich wahrnimmt, welche Chancen uns die Altar- und Kanzelbehänge, die Paramente dafür liefern. Wann denken wir endlich über die Ausdruckskraft der liturgischen Farben neu nach? Die Gestaltkatecheten wie Albert Höfer fordern uns auf: »Nehmt besser wahr, fühlt euch hinein, macht das Angeschaute euch bewußt.«

Die Symbole im Kirchraum, z. B. solche im Urbild des Kreises, erarbeiten wir gerade in der Zeitschrift »was+wie«. Selbst viele Theologen wissen nichts mehr über den Sinn der »Rota«, des runden Fensters über dem Altar oder am Vordergiebel einer Kirche, eines Domes, einer Kathedrale. Das Rad als Vollkommenheitssymbol Gottes erfuhren die Propheten; man lese dies wieder einmal in Daniel 7 und bei Hesekiel 1. Gott brennt glühend rot aus Liebe zu seiner Welt, die rote Liebesfarbe mancher Rota will auch mit Kindern neu bedacht werden.

Alte Pfingstbilder, wie wir sie in der Rissener Pfingstmappe »Pfingsten entdecken«[6] für den Kindergottesdienst aufbereitet haben, zeigen das brennende, glutrote Feuerrad, und die nun ausgesandten Apostel empfangen brennende Fackeln davon. »Im Feuer, im Feuer laßt uns ein Zeichen sehn«, heißt es in einem neuen Familiengottesdienstlied.

W. Longardt

Aus: »Was + wie?« 2/86, Gütersloher Verlagshaus Gerd Mohn, Gütersloh

2. Feuer lodert, schmilzt und glüht, es verwandelt, wie man sieht.
   Feuer, das so vieles schafft, sagt: »Gott hat noch größ're Kraft . . .«
3. Gott schenkt uns Begeisterung, Pfingsten gibt er Kraft und Schwung. Läßt uns Feuer und Flamme sein, sendet Boten groß und klein.

In einer zahlenmäßig kleinen Gruppe kann man mit geschlossenen Augen *Imaginationsübungen* wagen: Welche Erinnerungsbilder vom Feuer steigen in uns auf? Elemente sind ambivalent. Auch die negative Wirkungsseite ist wichtig: Unser Gott, der wie ein verzehrendes Feuer ist, warnt auch, zeigt uns die Grenzen auf: »Bis hierher und nicht weiter heran!« Doch Feuer lädt auch ein, lockt, wärmt, fasziniert. Die vielen lebensbewahrenden Feuer-Erfahrungen lohnt es besonders hervorzuheben.

Wieder gilt es: Das Wahrnehmen und Bewußtmachen ist wichtig. Von ihrer sichtbaren Hälfte her weisen sie auf jene andere, unseren Augen jetzt noch verborgene.

Seit Tillich wissen wir, daß Glaube nicht denkbar ist »ohne die Mitwirkung der unbewußten Elemente in der Struktur der Person«.[7] Helmut Barz ergänzt das im Blick auf intensiven Umgang mit Symbolen in der Kirche: »Die gleichmäßige Betroffenheit von Bewußtsein und Unbewußtem ist gemäß tiefenpsychologischer Erkenntnis eine Voraussetzung für alle prägenden Erfahrungen des Menschen.«[8]

Wollen wir prägende Erfahrungen im Kindergottesdienst, so geht dies nicht nur über die Ebene des Rationalen, des Bewußten, des Abfragbaren. Gut, daß unsere Kirchen so reich sind an wieder zu entdeckenden Symbolen. Über die Symbole kann es gelingen, »für die Tiefendimension des Daseins zu sensibilisieren«. Norbert Mette rät allen, die eine neue Weise religiöser Erziehung suchen, über intensiveres Wahrnehmen und Symbol-Entdecken »den Alltag auf Transzendenz hin zu öffnen«.[9]

In unserer Mitarbeiterfortbildung versuchen wir solche Wege, im Kindergottesdienst mit kleinerer Kinderzahl können wir dann intensiv und gesammelt mit Symbolen umgehen lernen, sie still meditieren.

Praxisbeispiel

Der immer wiederkehrenden Geschichten überdrüssig, begannen einige Mitarbeiterteams in Hamburg und Schleswig-Holstein für die ersten beiden Monate des neuen Jahres eine große, fast unbekannte biblische Fortsetzungsgeschichte vorzubereiten. Unter Anleitung des Evangelischen Zentrums Rissen erschlossen sie die Tobias-Geschichte. Ein unerkannter Engel in Menschengestalt begleitet darin Tobias und seinen kleinen Hund. Am Ende gibt sich der Engel zu erkennen und entschwindet vor ihren Augen. Kinder und Mitarbeiter begeisterten sich an der Tobiasgeschichte. Aber viel wichtiger war, sie merkten: Hier gibt es Chancen, Kindern aus »verkürzter Wirklichkeit« herauszuhelfen.

In einer Gemeinde begann man mit Spielen und Übungen: »Was ist alles da, aber für unsere Augen nicht zu sehen, sondern oft nur zu spüren?« Wo oft nur das Beweisbare, Meßbare in den Elternhäusern als Realität gilt, brauchen Kinder aus seelsorgerlichen Gründen Hilfen zu mehr Wahrnehmung, zum Erahnen anderer Wirklichkeiten als nur der sichtbaren. Die Tobias-Geschichte hat dabei vielen geholfen. Ob sie jemals wieder in einem deutschen Kindergottesdienst-Plan auftaucht?

Theoretischer Hintergrund

In den 70er Jahren prägte Otto Betz den etwas mißverständlichen Begriff der sogenannten »Vorfeldkatechese«, das hat wenig vorangeholfen. Vielleicht sollten wir eher in einer Welt abstumpfender Wahrnehmung von »religiöser Grundsensibilisierung« reden. Was unsere Augen nicht sehen oder was leise ist, aber wichtig für unser Leben, kann man mit Kindern entdecken. Wenn viele glauben, kreativ-phantasievolles Tun sei nur zur Nacharbeit einer biblischen Geschichte im Kindergottesdienst nützlich, so ist solche Ansicht stark ergänzungsbedürftig. Heute wissen wir, nur mit Pflege aller seelischen Fähigkeiten kann der Mensch transzendieren, das heißt die vordergründige Wirklichkeit phantasievoll übersteigen. Phantasie und Imagination sind seelisch-geistige Schöpfungsgaben, die darf man nicht verkümmern lassen.

Leitgedanke III:

Kindergottesdienst mit kleinerer Kinderzahl eröffnet uns größere Chancen, Elternangebote und Elternkontakte zu wagen.

Praxisbeispiel

Eine Pastorin, die zu einer Kur muß, bittet mich, daß ich für diese Zeit mich um ihre Kindergottesdienst-Mitarbeitergruppe kümmere. Am ersten Donnerstag komme ich in einen lebendigen Kreis von acht jungen Mädchen und jungen Frauen. Wir versuchen, in die Josefsgeschichte einzudringen. Ich habe kleine Fingerfilzfiguren, die man sich über die Fingerkuppen ziehen kann, mitgebracht. Als wir gerade eine Szene mit vielfachem Sich-Verneigen und Verbeugen beginnen wollen, öffnet sich die Tür, und zwei junge Frauen kommen herein. Sie finden Platz am runden Tisch, und als ich ihnen auch zwei Filzfiguren geben will, lehnen sie ab: »Nein, wir sind *nur* Mütter hier, keine Mitarbeiter, wir kommen wegen der Geschichten.«

Ich bin einen Moment sprachlos. Dann erzählen sie mir: »Wir kommen, um die Geschichten einige Tage vor den Kindern kennenzulernen. Religionsunterricht hatten wir kaum, der Konfirmandenunterricht war eine Enttäuschung. Hier aber lernen wir, was wir noch nie gelernt haben, und dann können wir mit unseren Kindern gut vorbereitet sprechen.«

Viele Eltern haben heute ein sehr lückenhaftes biblisches Wissen. Darum kenne ich Gemeinden mit einer Eltern-Teerunde parallel zum Kindergottesdienst. Ein Mitarbeiter spricht mit den jungen Eltern über unser Thema. Weil die Kindergottesdienstgruppe überschaubar ist, wird Elternkontakt realisierbar.

In einer anderen Gemeinde erwägen wir vom Kindergottesdienst-Helferteam aus sogenannte »Telegramme an Zuhause«, Sonntagstelegramme mit den wichtigsten Erklärungen und Hilfen zur Kindergottesdienst-Thematik. Ob unsere Verteilblätter nicht eine solche Seite als »Elterntelegramm« nötig hätten? Die Zeiten haben sich geändert. Eltern sind zuweilen neugierig, über die Kinder möchten sie gern etwas »mitlernen«. In den Gemeinden mit überschaubaren Kindergottesdiensten erkennen wir neu unsere Chancen für Brücken in die Elternhäuser. Das seelsorgerliche Besuchen, Reden, Zuhören, Miteinander-Feiern bildet kleine und kleinste Gemeindezellen.

Sicher ist es begeisternd, wenn bei unseren Kinderbibelwochen hundertzwanzig oder hundertfünfzig Kehlen ihr Halleluja singen. Die kleinere Kinderzahl im Kindergottesdienst ist kein Anlaß, entmutigt zu sein. Nein, der intimere Rahmen bietet seelsorgerlich und liturgisch-gestalterisch ganz besondere Chancen.

Von der kleinen Zahl, von einer Gruppe, die wie etwas Salz, wie Sauerteig wirkt, redet die Bibel. Vielleicht macht die kleine Zahl demütig und bescheiden. Doch eine kleine Zahl kann viel eher wie ein Stoßtrupp, wie eine Schrittmachergruppe wirken. Selbst für die allerkleinsten Kindergottesdienste darf die großartige Zusage Jesu gelten: »Wo zwei oder drei in meinem Namen versammelt sind, da bin ich mitten unter ihnen.«

Literaturhinweise

[1] H. Barz in »Selbst-Erfahrung. Tiefenpsychologie und christlicher Glaube«, Seite 154, Kreuz Verlag, Stuttgart/Zürich

[2] D. Trautwein, »Die Freude, die wir haben«, Beratungsstelle für Gestaltung, Frankfurt a. M. (vergleiche Seite 34ff.)

[3] A. Aubry, »Ist die Zeit der Liturgie vorbei?«, Grünewald-Verlag, Mainz

[4] Siehe dazu Müller-Blankenburg in »Liturgie. Handbuch des evangelischen Gottesdienstes«, Band II, Seite 14, Johannes Stauda Verlag, Kassel

[5] Siehe in »Lernort Gemeinde«, Heft 4/84: Gernot Otto, »Augen für das Unsichtbare«, eine Kindergottesdienst-Einheit

[6] Siehe Poster und Beiheft zu W. Longardt, »Pfingsten entdecken«, Verlage Ernst Kaufmann, Lahr/Christophorus, Freiburg

[7] Siehe P. Tillich, Gesammelte Werke, Band VIII, Seite 114, Evang. Verlagswerk, Stuttgart

[8] Siehe H. Barz, a.a.O., Seite 153

[9] Siehe N. Mette in »Voraussetzungen christlicher Elementarerziehung«, Seite 290, Patmos-Verlag, Düsseldorf

Auf dem Weg zum Abendmahl mit Kindern

... mit einem ausgeführten Familiengottesdienst zu Lukas 24,13–35

Ein Erfahrungsbericht aus der Christus-Kirchengemeinde Bielefeld-Senne (1979–1986)

HANS-MARTIN WALTEMATH

Vorbemerkung

Das Abendmahl mit Kindern ist in den letzten Jahren in vielen Landeskirchen grundsätzlich diskutiert und von den Synoden erlaubt worden. Es geht dabei darum, daß Kinder zusammen mit ihren Eltern Abendmahl feiern dürfen.

Nun zeigt es sich aber, daß »viel Lärm um nichts« gemacht wurde. In vielen Gemeinden bleibt alles wie vorher. Die Erlaubnis wird nicht erprobt und nicht mit Leben gefüllt.

Der vorliegende Kurzbericht ist ein Beispiel für einen sehr sorgfältigen und behutsamen Weg, den die Christus-Kirchengemeinde in Bielefeld-Senne zum gemeinsamen Abendmahl gegangen ist. Das Besondere: Es wurden nicht nur die Kinder, sondern auch die Erwachsenen und die Öffentlichkeit vorbereitet und mit auf den Weg genommen.

Im Anschluß an den Bericht ist der *Familiengottesdienst mit Abendmahl* wiedergegeben, mit dem die Gemeinde zum ersten Mal gemeinsam mit den Kindern Abendmahl gefeiert hat.

*

Einführung des Abendmahls mit Kindern in der Christus-Kirchengemeinde Bielefeld-Senne 1979–1986

Vorphase
(ca. 1½ Jahre)

Anstoß: **Persönliche Erfahrungen**
Kinder kommen zum Abendmahl nach vorne; Eltern fragen: Warum dürfen wir unsere Kinder nicht mitnehmen?
Erfahrungen während des Urlaubs in Dänemark

↓

Gespräche im Presbyterium
Ergebnis: große Aufgeschlossenheit, Denkpause

↓

Gespräche in der Gemeinde
mit Eltern und in den Gemeindegruppen (Abendkreis jüngerer Frauen, Frauenhilfe, Senioren, KGD-Mitarbeiter, Kindergarteneltern, Konfirmandeneltern u. a.)
Ergebnis: überwiegend positive Reaktionen, bei den Älteren Zurückhaltung, aber kaum völlige Ablehnung

↓

Auswertung im Presbyterium
Theologische Überlegungen;
praktische Überlegungen zur Durchführung: Öffentlichkeitsarbeit, Vorbereitung der Eltern, Hinführung der Kinder zum Abendmahl

▶ **Ergebnis:**
Einstimmiger Beschluß, Abendmahl mit Kindern in der Christusgemeinde einzuführen; aber langfristige und gründliche Vorbereitung

↓

Vorbereitungsphase
(ca. 1 Jahr)

Vorbereitung der Erwachsenen

Einladung an alle Familien der Gemeinde mit Kindern zwischen 5 und 12 Jahren:

Drei Gemeindeabende:

1. Einstieg: »Fest ohne Kinder« – Film und Rundgespräche

2. Bedeutung des Abendmahls für uns Erwachsene – Fragen, Schwierigkeiten, Erfahrungen

3. Was können wir als Eltern tun, um unsere Kinder zum Abendmahl hinzuführen?

Parallel zur KGD-Reihe:

Einladung an die Eltern und die Gemeinde zur Teilnahme an der hinführenden KGD-Reihe oder an den entsprechenden Vorbereitungsabenden des KGD-Mitarbeiterkreises

Hinführung der Kinder

Sechsteilige KGD-Reihe:
»Alle um einen Tisch«

1.–2. Chancen der Tischgemeinschaft
Ziel: Erfahren, daß Tischgemeinschaft Zusammengehörigkeitsgefühl ausdrücken kann – unter uns und mit Jesus Christus.

3. Einladung Jesu
Ziel: Kinder hören und gestalten das Gleichnis vom großen Gastmahl und erfahren, daß sie selbst an den Tisch Gottes geladen sind.

4. Zeichen und Abendmahl
Ziel: Kinder erleben und verstehen Zeichensprache als Möglichkeit der Kommunikation (als Vorerfahrung zum Abendmahl: Jesus zeigt uns durch die Zeichensprache des Abendmahls, daß er bei uns ist).

5. Geschichte vom Abendmahl Jesu mit seinen Jüngern
Ziel: Abendmahlsgeschichte kennenlernen; erkennen, daß Christen im Abendmahl Gemeinschaft mit Christus und untereinander erleben als Nähe und Ermutigung.

6. Vorbereitung des Gottesdienstes
Ziel: Ablauf kennenlernen und vorbereiten, Lieder, Liturgie, Abendmahlsgeräte

↓

Presbyterium
Bericht an den Kreissynodalvorstand des Kirchenkreises und Antrag auf Freigabe;
Zeitplanung für den weiteren Verlauf

Öffentlichkeitsarbeit

Presse,
Stadtteilblatt,
kirchliche Presse,
(Sonntagsblatt),
Berichterstattung in den Gottesdiensten,
Gespräche in den Gruppen der Gemeinde,
Verbindung aufnehmen zur Grundschule und zum Kindergarten

Durchführungsphase
(ca. 6 Wochen)

Einladung zur Mitarbeit im Gottesdienst-vorbereitungskreis

(KGD-Mitarbeiter, Eltern, Presbyter, hauptamtliche Mitarbeiter; später: Kinderchor, KGD-Kinder)

Aufgaben: Klärung grundsätzlicher Fragen (z. B.: Wein oder Traubensaft, Brot oder Hostie? Gewohnte Form der Abendmahlsliturgie? Form der Austeilung des Abendmahls?) und Erarbeitung des Gottesdienstverlaufs mit Texten, Liedern, Gebeten usw.

↓

Familiengottesdienst mit Abendmahl in der Osterzeit

240 Besucher, 144 Abendmahlsteilnehmer, darunter 56 Kinder, die bis auf wenige Ausnahmen von ihren Eltern begleitet wurden.
Dauer des Gottesdienstes: 80 Minuten

Reaktionen

Unmittelbar nach dem Gottesdienst und in einem gesondert anberaumten Nachgespräch über den Gottesdienst gab es deutliche Zustimmung.

Zitate:

»Als wir uns wieder hinsetzten, da habe ich mich richtig gut gefühlt!« (10jähriger Junge zu seiner Mutter)

»Zum ersten Mal habe ich wirklich gefühlt und begriffen, was das Abendmahl mir bedeuten kann.« (Frau, ca. 45 J.)

»Ich hätte mir gewünscht: alle, die noch Angst davor haben, auch Kinder zum Abendmahl einzuladen, hätten oben auf der Empore gesessen!« (Pfarrer, 39 J.)

»Ich war ganz beglückt: zum ersten Mal durfte ich mit meinen Enkelkindern zum Abendmahl gehen. Das war ein richtiges Fest für mich!« (Frau, 69 J.)

»Meine Frau und ich waren tief bewegt!« (Presbyter einer Nachbargemeinde, 68 J.)

► **Erfahrung:**

Viele Erwachsenenängste im Blick auf die Teilnahme von Kindern am Abendmahl sind unbegründet!
Das Abendmahl kann gerade durch die Teilnahme von Kindern ganz neu in den Blick der Gemeinde kommen und zu einem Zentrum des Gemeindelebens werden.

Phase der Weiterarbeit
(ab Herbst 1982)

Zweite Hinführungsreihe der Kinder

Dreiteilige KGD-Reihe,
Schwerpunkt: Schuld und Vergebung

Ziele:
Kinder erleben, daß Schuld das Leben beeinträchtigt und Gemeinschaft zerstört;
– sie erkennen, daß Schuld oft eine so große Macht besitzt, daß wir uns selber nicht davon befreien können;
– sie merken, daß zur Überwindung von Schuld andere beitragen müssen.

Aufbau der Reihe:

1.–2. Wenn ich etwas falsch gemacht habe . . .
Geschichten, Erfahrungen der Kinder,
Rollenspiele;
Frage, wie wir mit eigener und fremder Schuld umgehen

3. Jesus und die Ehebrecherin (Joh 8)
Ziel: »Die Möglichkeit zu vergeben ist Möglichkeit zum Leben.« (W. Longardt)

Öffentlichkeitsarbeit

parallel zur KGD-Reihe:

Presse,
Stadtteilblatt,
kirchliche Presse,
Abkündigung in den Gottesdiensten,
in den Gruppen der Gemeinde,
Einladung zur Teilnahme an den Kindergottesdiensten bzw. der Vorbereitung im KGD-Mitarbeiterkreis

↓

Familiengottesdienst mit Abendmahl (14. 11. 1982)

255 Besucher, 169 Abendmahlsteilnehmer, darunter 64 Kinder
Dauer: 90 Minuten! Trotzdem große Ruhe und Konzentration bis zum Schluß des Gottesdienstes. Wieder sehr positive Reaktionen, aber: wir müssen lernen, mit dem »Problem« der (viel zu langen) Austeilung fertig zu werden!

↓

Dritte Hinführungsphase der Kinder

Erfolgte am Sonntag vor Pfingsten im KGD und durch Gespräche mit einer Katechumenengruppe:
Ziel: Aufarbeitung und Überprüfung der bisherigen Arbeit

Verlauf:

Sammeln von Eindrücken dessen, was den Kindern bei ihren ersten Abendmahlserfahrungen wichtig war;
Erinnerung an die Abendmahlserzählung und die Bedeutung des Abendmahls für die ersten Christen

Öffentlichkeitsarbeit

parallel dazu:
Stadtteilblatt,
kirchliche Presse,
Abkündigungen im Gottesdienst,
Einladungsschreiben an KGD-Eltern

↓

Familiengottesdienst mit Abendmahl zum Pfingstfest
(22. 5. 1983)

180 Besucher, 116 Abendmahlsteilnehmer, darunter 31 Kinder;
Dauer des Gottesdienstes: 75 Minuten
Während der etwa 18minütigen Austeilung wurde erstmals Musik für Orgel und Flöte gespielt, was von vielen Erwachsenen als sehr hilfreich empfunden wurde.

Familiengottesdienst mit Abendmahl zum Reformationsfest (30. 10. 1983)

290 Besucher, 156 Abendmahlsteilnehmer, davon 38 Kinder;
Dauer des Gottesdienstes: 82 Minuten
Erstmals war das Thema Abendmahl vorher nicht im KGD aufgegriffen worden. Thema des Gd.: Was bin ich wert? – oder: Gottes Gerechtigkeit ist anders. Spielszene war zu theologisch, Integration der Predigt in die Szene nicht voll gelungen. Andererseits gab es gerade bei den Erwachsenen viel positive Resonanz.

Familiengottesdienst mit Abendmahl zum Osterfest (22. 4. 1984)

215 Besucher, 128 Abendmahlsteilnehmer, darunter 33 Kinder;
Dauer des Gottesdienstes: 77 Minuten
Thema: Was suchet ihr den Lebendigen bei den Toten? Ganz einfache Form (Erzählung Mk 16,1–8), aber sehr dicht – es muß nicht jedesmal ein besonderer »Knüller« geboten werden!
Das Problem bleibt die lange Dauer der Austeilung, manche hält dies davon ab, am Abendmahl teilzunehmen. Wir überlegen, ob in unserem relativ kleinen Altarraum eine Austeilung durch vier Austeilende möglich ist oder ob wir Brot und Traubensaft durch die Reihen gehen lassen sollen.

Weitere Phase der Weiterarbeit

(Herbst 1984)

Vorbereitung der Erwachsenen

Einladung an alle Familien der Gemeinde mit Kindern zwischen 5 und 12 Jahren zu einem **Elternabend:**

1. Gespräch über bisherige Erfahrungen der Eltern: Was hat sich verändert – auch an eigenen Einstellungen zum Abendmahl?

2. Bericht über KGD-Reihe »Ein Fest für alle« Hilfen zum Gespräch mit Kindern

3. Meditation »Abendmahl« (Wandteppich Selbitz)

Vorbereitung der Kinder

Dreiteilige KGD-Reihe »Ein Fest für alle«

Ziele:
Kinder sollen erfahren und erleben,

- daß das Abendmahl ein Fest für alle ist, von dem niemand ausgeschlossen sein soll;
- daß Brot und Wein Zeichen sind, in denen Jesus Christus sich uns schenkt und uns seine Nähe zeigt;
- daß das Abendmahl ein Hoffnungszeichen für uns ist, das uns Mut machen möchte, unser Leben mit Gottes Augen zu sehen.

Aufbau:

1. Sonntag:
Geschichte vom Abendmahl
Medien: Bildpostkarten der Christus-Bruderschaft Selbitz

2. Sonntag:
Abendmahl und Zeichensprache:
Zeichen bedeuten etwas
Medien: Bilder, Fotos, Schattenspiel

↓

Öffentlichkeitsarbeit

Gemeindebrief, Sonntagsblatt »Unsere Kirche«, Tagespresse, Berichterstattung in Gottesdiensten und Gemeindegruppen

3. Sonntag:
Matthäus 25, 1–13
Das Abendmahl als Hoffnungszeichen
Advent: wir warten auf den, der da kommt; manchmal wird die Zeit lang, wir vergewissern uns unserer Hoffnung im Abendmahl

↓

Familiengottesdienst mit Abendmahl (9. 12. 1984)

Thema: Ach, daß du den Himmel zerrissest
Im Mittelpunkt Singspiel zum Advent »Heilung der 10 Aussätzigen« von U. Gohl.
225 Besucher, 184 Abendmahlsteilnehmer, darunter 77 Kinder
Dauer des Gottesdienstes: 70 Minuten

Familiengottesdienst mit Abendmahl (17. 3. 1985)

Thema: Brot vom Himmel
Anlaß: KGD-Reihe von Mose-Geschichten (Thema: »Unterwegs – aber nicht allein«)
Inhaltlich: Erzählung mit Dias, Manna-Wüsten-Szene (Pantomime mit Liedern des Kinderchores).
154 Besucher, 92 Abendmahlsteilnehmer, darunter 42 Kinder

Familiengottesdienst mit Abendmahl (9. 3. 1986)

Thema: Passion und Ostern
mit einem Singspiel des Kinderchores »Töchterlein des Jairus« von U. Gohl; Zeichenhandlung: von Jugendlichen wird ein großes Holzkreuz in die Kirche getragen und aufgerichtet.
185 Besucher, 127 Abendmahlsteilnehmer, darunter 43 Kinder

*

Familiengottesdienst mit Abendmahl

am 25. April 1982 in der Christuskirche Bielefeld-Senne

Einsingen: »Jesus lädt uns ein«
(aus: »9 × 11 Kinderlieder zur Bibel«, Verlage E. Kaufmann, Lahr/Christophorus, Freiburg)

»Komm, sag es allen weiter« (LfJ 688)

Die übrigen Lieder werden im Ablauf des Gottesdienstes erst eingeführt.

Kinderchor: »Singet, denn Jesus ist erstanden« (von Ulrich Gohl)

Pfarrer: BEGRÜSSUNG

»Singet, denn Jesus ist erstanden . . .« Mit diesem Osterruf hat der Kinderchor uns musikalisch begrüßt.

Daß Jesus lebt, daß wir seine Gegenwart erfahren – sollte das nicht wirklich ein Grund zu fröhlichem Singen sein, vielleicht gerade dann, wenn uns gar nicht danach zumute ist. Das Abendmahl ist für Christen der Ort, wo diese Erfahrung wahr werden möchte.
Deshalb feiern wir heute einen Familiengottesdienst mit Abendmahl. Und zum ersten Mal gilt die Einladung zum Abendmahl dabei auch Kindern.
Trotz langer und sorgfältiger Vorbereitungen – wir wissen, liebe Gemeinde, daß für manchen von Ihnen dieser Gedanke noch sehr fremd ist; daß viele gerne noch abwarten, vielleicht diesen Gottesdienst einfach nur miterleben möchten. Und wir verstehen das gut!
Die Vorbereitungsphase mit Eltern und Kindern hat aber auch gezeigt, daß gerade die Kinder uns helfen können zu neuen Erfahrungen mit dem Abendmahl. Und galt nicht die Einladung Jesu, zu ihm zu kommen und seine Nähe zu spüren, auch den Kindern? So glauben wir in seinem Geiste zu handeln, wenn wir heute zum ersten Mal Kinder zum Abendmahl in unserer Gemeinde zulassen, die diesen Wunsch geäußert haben und durch ihre Eltern oder in den Kindergottesdiensten der vergangenen Wochen vorbereitet worden sind. Und wir vertrauen darauf, daß dies ein richtiger Weg ist: im Blick auf die Bedeutung des Abendmahls ebenso wie für unsere Kinder.

Alle: Lied: »Christ ist erstanden« (EKG 75)

Pfarrer: Im Namen des Vaters und des Sohnes und des Heiligen Geistes.

Alle: Amen.

Pfarrer: Unsere Hilfe steht im Namen des Herrn,

Alle: der Himmel und Erde gemacht hat.

Pfarrer: EINGANGSWORTE

»Des solln wir alle froh sein . . .!«
Ja, das kann wahr werden!
Denn Gott lädt uns ein, an seinen Tisch, zum Abendmahl. Er zeigt uns seine Liebe.
Keiner ist davon ausgeschlossen.
»Ich will euch annehmen – sagt Gott –, ich will euer Vater sein, und ihr dürft meine Kinder sein!«

Alle: Ehr sei dem Vater und dem Sohn . . .

Sprecher und Alle: PSALMGEBET IM WECHSEL

Alle: Geborgen ist mein Leben in Gott.
Er hält mich in seinen Händen.

(Aus: »Er gebe uns ein fröhlich Herz. Überlegungen, Vorschläge, Texte für die Liturgie im Kindergottesdienst«, Seite 64, Verlag Junge Gemeinde, Stuttgart)

Pfarrer: ZUSAGE

Daß Gott an uns festhält – darüber freuen wir uns. Spüren sollen wir das, sehen und schmecken, wie gut er es mit uns meint.
Seine Güte ist jeden Morgen neu, und seine Treue ist groß.
Dafür danken wir ihm und singen:

Chor: »Halleluja«

(versch. Quellen; u. a. in »Mein Liederbuch für heute und morgen«, tvd-Verlag, Düsseldorf)

SPIELSZENE UND NACHERZÄHLUNG DER EMMAUSGESCHICHTE
(Sprecher und Erzähler – siehe Seite 68ff.)

Chor und Alle: Lied: »Es ist der Weg nach Emmaus«
(aus: Liederzeitung Nr. 3/80, Peter Janssens Musik Verlag, Telgte)

Pfarrer: DEUTUNG UND GABENBEREITUNG

Die beiden Jünger, die da von Jerusalem nach Emmaus gegangen sind – sie sind wie blind.
Sie erkennen Jesus nicht.
Erst, als sie mit ihm am Tisch sitzen, da sehen sie:
Er nimmt das Brot, dankt, bricht es durch und gibt es ihnen.
Da erkennen sie ihn: Es ist Jesus, der Herr!
So haben sie mit Jesus gegessen.
Und so machen sie es weiter, die Jünger, die Freunde von Jesus, die Christen.
Sie brechen das Brot – wie Jesus es gebrochen hat.
Sie trinken aus dem Kelch – wie Jesus mit ihnen getrunken hat.
Sie feiern das Abendmahl.
Sie freuen sich.
Und Jesus, der Herr, der lebendig ist, ist mitten unter ihnen.

	Sie sehen ihn nicht mehr. Sie sehen aber das Brot und den Kelch. Die Jünger haben für Jesus den Tisch gedeckt. Wir decken jetzt hier in unserer Kirche den Tisch für Jesus und für uns. Wir stellen die Brotkörbe auf den Altar – und den Kelch, und die Weinkanne mit dem Traubensaft. *(Kinder aus dem Kindergottesdienst bringen die Abendmahlsgeräte, Brot und Saft zum Altar)*
Alle:	Lied »Jesus lädt uns ein« (Quellenangabe: s. o.)
Pfarrer:	EINSETZUNGSWORTE
	GEBET
	Herr Jesus, sei in unserer Mitte. Mach uns das Brot und den Kelch zu einem Zeichen, an dem wir wie deine Jünger sehen: du hast uns lieb. Wenn wir dieses Brot essen, dann komm du selber zu uns. Wenn wir aus diesem Kelch trinken, dann laß uns spüren: Du bist uns nah. Wir werden es nie ganz verstehen. Aber wir glauben dir. Amen.
Alle:	Lied: »Christe, du Lamm Gottes« (EKG 136)
	EINLADUNG UND AUSTEILUNG
Alle:	Lieder: EKG 82 und 425 (während der Austeilung)
Pfarrer:	Danket dem Herrn, denn er ist freundlich, und seine Güte hört nicht auf!
Sprecher:	DANKGEBET
	Wir danken dir, Jesus! Ihr seid meine Freunde – hast du gesagt. An diesem Tisch hast du uns gezeigt, daß wir deine Freunde sind. Wir möchten es immer bleiben. Hilf uns, auf dich zu hören und mit dir zu leben – heute und morgen und bis in die Ewigkeit. Amen.
Alle:	Lied: »Komm, sag es allen weiter« (Verse 1–3)
	ABKÜNDIGUNGEN

Alle: Kollektenlied: »Wir danken dir, Herr Jesu Christ« (EKG 84)

Sprecher: SCHLUSSGEBET

Lieber Gott,
manchmal ist es schwer zu glauben, daß du da bist.
Wir hören dich nicht, wir sehen dich nicht, und oft tust du nicht, was wir gerne haben möchten.
Trotzdem bist du da!
Wenn wir statt Streit Frieden machen – bist du da.
Wenn wir einem, den alle verlachen, helfen und für ihn einstehen – bist du da.
Wenn wir jemand eine Freude machen – bist du da.
Wenn wir das Abendmahl feiern, wenn wir Brot essen und aus dem Kelch trinken und dabei an dich denken – dann bist du da.
Wir danken dir, daß du nicht aufhörst, zu uns zu kommen.
Du läßt uns nicht im Stich.
Dafür danken wir dir und beten gemeinsam:

Alle: Vaterunser

Kinderchor: »Komm, Herr, segne uns«
(versch. Quellen, u. a. Kirchentagsliederheft Hamburg 1981)

Pfarrer: Segen

Orgelnachspiel

*

Anspielszene und Nacherzählung der Emmaus-Geschichte

(Beim Mittagessen: Vater, Mutter, Tochter, Sohn und Tante. Alle decken den Tisch, die Tante ist noch im Nebenzimmer.)

Mutter: Holst du mal bitte die Tante?
(Tochter geht)

Tochter: Essen kommt! *(alle setzen sich, Tante kommt mit den Senner Nachrichten)*

Alle: Guten Appetit!
(Tante legt erbost den Löffel weg:)

Tante: Das finde ich wirklich fürchterlich!

Alle: Was denn?

Tante: Na, das mit den Kindern . . .

Mutter: Was haben die beiden denn angestellt?

Tante: Nein – das mein' ich doch gar nicht! – Hier! Lies das doch mal!

Mutter: *(liest den Artikel der »Senner Nachrichten« über das Abendmahl mit Kindern vor:)*

Christuskirche: Erstmals Abendmahl mit Kindern

Die »Senner Nachrichten« berichteten Ende des vergangenen Jahres über den Beschluß der Christus-Kirchengemeinde, Kindern die Teilnahme am Abendmahl zu ermöglichen, sofern die Eltern es wünschen oder mit dem Wunsch ihrer Kinder einverstanden sind. An mehreren Gemeindeabenden ist diese Entscheidung des Presbyteriums inzwischen begründet worden und hat bei vielen Familien ein positives Echo ausgelöst.
Im Laufe des März und April steht jetzt die Hinführung der Kinder zum Abendmahl im Mittelpunkt der weiteren Überlegungen. Sie geschieht im Rahmen einer Kindergottesdienstreihe zum Thema »Alle um einen Tisch«. Auch die Eltern der Kinder sind dazu eingeladen. Den Mitarbeitern geht es bei der Vorbereitung nicht so sehr um eine Belehrung über das Abendmahl, sondern sie möchten den Kindern zu eigenen Erfahrungen verhelfen mit dem, was Christen im Abendmahl feiern: Zuwendung, Gemeinschaft, Annahme und Vergebung. Die Vorbereitungsphase wird mit einem Gemeindeabend am Dienstag, dem 23. März 1982, um 20 Uhr im Gemeindehaus abgeschlossen. Unter der Frage »Was können wir als Eltern tun, um unsere Kinder auf das Abendmahl vorzubereiten?« soll im Gespräch nach praktischen Anregungen und Hilfen gesucht werden. Interessierte Eltern und Gemeindeglieder sind dazu herzlich eingeladen.
Der erste Familiengottesdienst, an dem Kinder am Abendmahl teilnehmen können, findet am Sonntag, dem 25. April, in der Christuskirche statt.

... find' ich gut!

Vater: Endlich mal was Vernünftiges, was unsere Gemeinde macht!

Tante: Vernünftig?! – Ich fände das schrecklich, wenn kleine Kinder da vorne rumlaufen und mich beim Abendmahl stören!

Tochter: Was ist das denn überhaupt: »Abendmahl«?

Sohn: Im Kindergottesdienst haben wir gelernt, daß das das letzte Mal war, daß Jesus und die Jünger zusammen gegessen haben.

Mutter: Ja, das stimmt.
Damals – am Abend vor seinem Tod – nahm Jesus das Brot und den Becher mit Wein, und dann sagte er zu seinen Jüngern:
»Wenn ihr dieses Brot eßt und den Wein trinkt, dann denkt immer daran, daß ich am Kreuz für euch gestorben bin, damit ihr leben könnt.
Und immer, wenn ihr traurig seid, wenn ihr etwas Falsches oder Böses getan habt, immer wenn ihr meint, ich wäre weit weg von euch und ihr ganz allein – dann setzt euch zusammen, so wie heute abend.
Und wenn ihr dann das Brot eßt und den Wein trinkt, dann sollt ihr es merken: Gott hat euch lieb und läßt euch nicht allein.«
Dafür ist das Abendmahl ein Zeichen.

Wir glauben daran, daß Jesus mitten unter uns ist – wie damals bei den Jüngern.
So wirklich, wie der Kelch da ist und das Brot – so ist auch Jesus bei uns.

Vater: Jesus hat sich ja auch mit Zöllnern an einen Tisch gesetzt; mit Menschen, die keiner mochte.
Und dadurch hat er ihnen gezeigt, daß er auch sie liebt.

Tante: Aber das Wichtigste ist:
Beim Abendmahl werden einem die Sünden vergeben!

Sohn: Kinder haben aber auch Sünden!
Warum sollen sie denn aus der Gemeinschaft ausgeschlossen werden?!

Tante: Weil sie noch zu klein sind, um das zu verstehen . . .

Tochter: Wieso? Kinder können doch auch essen und trinken – mehr ist das doch eigentlich nicht!

Vater: Doch – ich glaube schon, daß das noch etwas mehr bedeutet! Aber in einem hast du recht:
Fürs Abendmahl ist keiner zu dumm!
Man muß nicht etwas lernen, um es zu verstehen. Man spürt das einfach! Ganz ohne Worte!

Mutter: Weißt du noch – neulich, als du dir das Knie aufgeschlagen hattest, und das tat sehr weh – da bist du zu mir gekommen.
Gar nichts zu sagen brauchte ich, aber ich habe dich in den Arm genommen.
Und da hast du gespürt: Du warst nicht allein mit deinem Schmerz.
Und da ist es dann schon gar nicht mehr so schlimm gewesen. So ähnlich verstehe ich auch das Abendmahl.
Jesus hat uns damit gezeigt, daß er ganz nahe bei uns ist. Er hat uns versprochen, daß wir immer zu ihm gehören. Auch dann, wenn wir etwas Unrechtes getan haben – auch dann schickt er uns nicht weg!

Vater: Ja! Und deswegen habe ich eben gesagt, daß das Abendmahl noch mehr bedeutet als ein gewöhnliches Essen.
Und manchmal – dann merke ich das ganz besonders.

Sohn: Wieso? Das verstehe ich nicht!

Vater: Ja . . . Es ist gar nicht so leicht, darüber zu sprechen. Sieh mal:
Manchmal bin ich ganz niedergeschlagen.
Dann lasse ich den Kopf hängen.
Ich bin traurig und mutlos.
Wie eine Mühle drehen sich meine Gedanken.
Sie lassen sich nicht verscheuchen. Sie sind da.
Der ganze Kopf ist voll davon.
Ich glaube: Ihr kennt das auch.

Vielleicht ist da etwas kaputt gegangen.
Vielleicht eine Hoffnung.
Vielleicht etwas, auf das ich mich sehr gefreut habe.
Das ist so, als wenn ich etwas verloren habe, etwas, was mir ganz lieb war.
Dann geht mir das so.
Und dann bin ich traurig und ganz mutlos.
Das erinnert mich an eine Ostergeschichte.
Die erzählt auch etwas vom Abendmahl.

Erzähler: Zwei Männer kommen von Jerusalem.
Sie sind traurig.
Sie haben Schlimmes erlebt.
Ihr Freund ist tot.
Er wurde umgebracht.

Immerzu müssen sie davon reden.
Ein Fremder kommt hinzu.
Sie merken es gar nicht – so vertieft sind sie!
Da spricht er sie an:
»Warum seid ihr so traurig?
»Wie? Das weißt du nicht? Was da in Jerusalem passiert ist?
Alle wissen es doch!
Alle reden davon!«

»Ja . . . wovon denn?«

»Was sie mit Jesus gemacht haben!
Sie haben ihn umgebracht!
Am Kreuz ist er gestorben!
Dabei hat er doch so große Dinge getan!
Blinde hat er sehend gemacht.
Lahme gehen, Armen hat er die Frohe Botschaft verkündet.
Und wir haben von ihm noch viel mehr erwartet!
Aber nun ist er tot!
Und wir glaubten doch: Er ist der Christus, der Heiland, der Sohn Gottes!«

Da sieht der Fremde sie an:
»Wie wenig Ihr doch wißt!
Kennt ihr denn die Propheten nicht?
Mußte nicht Christus das alles erleiden und in seine Herrlichkeit eingehen?«

Und dann fängt er an zu erzählen, der Fremde:
von Mose, von den Propheten – alles, was sie von Christus geschrieben haben.
Lange erzählt er.
Die Zeit vergeht wie im Flug.

Es wird schon Abend.
Da liegt vor ihnen Emmaus.
Dort wollen sie übernachten.
Der Fremde will weitergehen.
»Herr, bleib doch bei uns, denn es will Abend werden, und der Tag hat sich geneigt.«
Sie laden ihn ein.
Da geht er mit.

Und als sie am Tisch sitzen, da nimmt er das Brot, dankt, bricht es durch und gibt es ihnen.
Da fällt es ihnen wie Schuppen von den Augen:
»Genau wie am letzten Abend mit Jesus!
Genau wie beim Abendmahl!
Das *ist* Jesus!«

Sie sehen sich an.
»Wie war das denn auf dem Weg? Brannte nicht unser Herz, als er mit uns sprach?
Da waren wir schon nicht mehr so traurig.
Brannte es nicht in uns, als er mit uns aß und das Brot für uns brach?
Jetzt wissen wir es: Er lebt. Er ist doch da.
Er bleibt bei uns. Jesus bleibt jetzt immer bei uns.
Das Abendmahl ist das Zeichen!«

Eilig brechen sie auf, laufen nach Jerusalem zurück, den ganzen, langen Weg.
Jetzt sind sie froh.
»Jesus lebt! Der Herr ist auferstanden!«
Und sie erzählen, was sie erlebt haben, und wie sie Jesus erkannten, als er das Brot brach.

Mutter: Ja ...
Ich glaube, sie haben diese Geschichte auch für uns erzählt. Wenn ich manchmal den Kopf hängenlasse und mutlos bin, dann muß ich daran denken – an diese beiden Männer.
Und ich wünsche mir dann, daß ich auch wieder so froh werden kann, wenn ich traurig bin.
Beim Abendmahl ist das geschehen.
Da haben sie ihn erkannt.
»Er lebt. Er ist doch da.
Er bleibt bei uns. Jesus bleibt jetzt immer bei uns.
Wir sehen ihn nicht – und doch ist er da!
Das Abendmahl ist das Zeichen.«
Ich glaube, daß wir heute solche Erfahrungen auch machen können, wenn wir das Abendmahl feiern!

(kurze Pause zum Nachdenken)

IIII

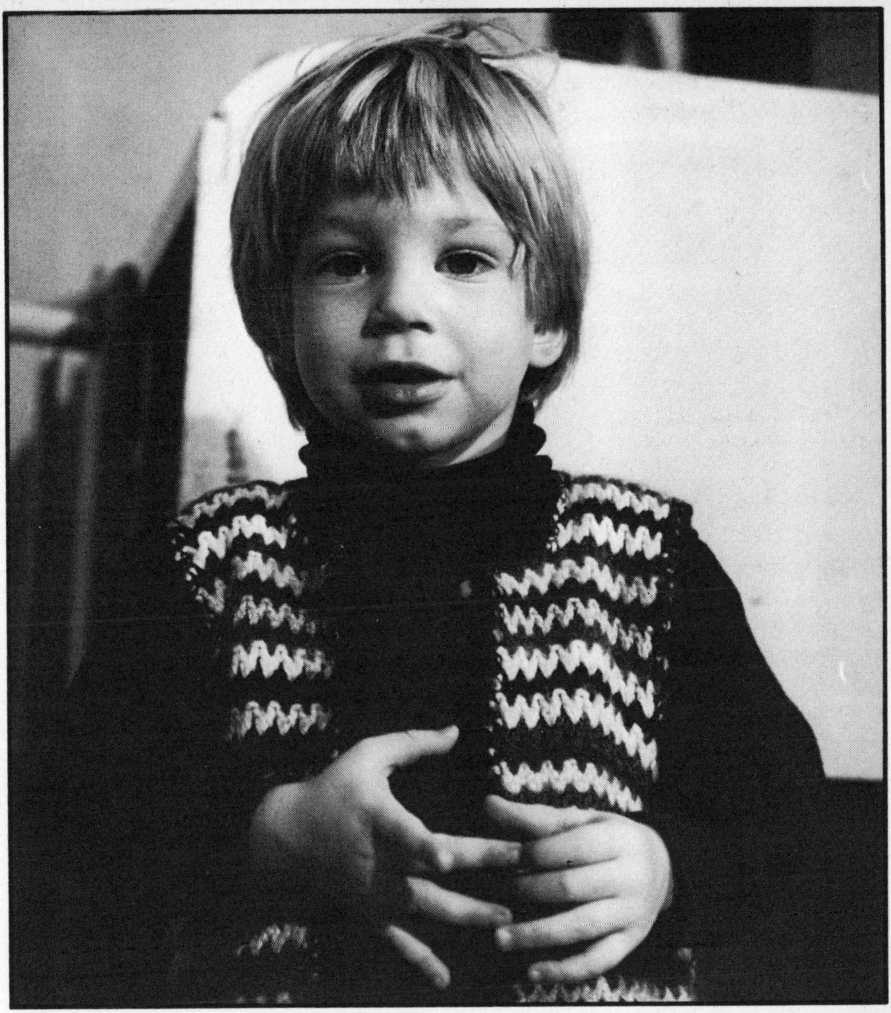

Mit Kindern unterwegs: Mit ihnen glauben, leben und sie verstehen

Welchen Gott stellen wir unseren Kindern dar?

REINMAR TSCHIRCH

Der liebe Gott sieht alles?

In vielen Lebensgeschichten erscheint Gott in einem sehr einseitigen Bild: dem eines mächtigen, alleswissenden, strafenden (oder belohnenden) Richters.

In der Karikatur des Kinderbuchs »Die Kanincheninsel« von Jörg Müller und Jörg Steiner sieht das so aus:

> Da wird ein kleines braunes Kaninchen neu in die Kaninchenmastfabrik eingeliefert und zu einem großen grauen Kaninchen in den engen Käfig gesperrt. In seiner panischen Angst fragt es nun nach dem »Lauf der Welt« und wird von seinem neuen Freund, der durch langen Aufenthalt mit den Verhältnissen gut vertraut zu sein scheint, beruhigt: Auch hier in dieser Enge läßt es sich auskommen.
>
> Aber ein Gedanke läßt dem kleinen Frager keine Ruhe: Was passiert nach diesem Leben in der Kaninchenfabrik? »Was geschieht mit den großen Kaninchen, die weggebracht werden?«
>
> »Das weiß man nicht so genau«, entgegnet das ›Große Graue‹. »Es ist noch nie eins zurückgekommen. Ich denke aber, daß sie an einen noch viel besseren Ort gebracht werden. Man sagt, es gebe dort auch riesengroße, weiße Kaninchen.«
>
> »So groß wie du?«
>
> »Viel größer als ich... So groß, daß man es sich gar nicht vorstellen kann. Man sagt, sie seien Wächter über alle anderen Kaninchen. Die ›Weißen Wächter‹ schützen die Guten, aber den Bösen ziehen sie das Fell über die Ohren...«

Versteckt in dieser Fabel ironisieren die beiden Kinderbuchverfasser eine verbreitete Art, wie bei uns mit Kinderfragen über den lieben Gott umgegangen wird:

»Wo ist der tote Opa jetzt? Im Himmel?«
»Wie ist es im Himmel?«
»Wie groß ist der liebe Gott?«
»Was macht der liebe Gott?«

In der Zeichnung eines zehnjährigen Kindes sehen wir es so (s. Abb. rechts):

Dieser Gott wirkt einfach bedrohlich: Seine Übermacht gegenüber der winzig kleinen Erde, auf der der kindliche Maler nicht zu entdecken ist – klein, wie er da wäre. Seine mahnende, strenge Haltung. Sein finsteres, strafenddrohendes Gesicht mit den stechenden Augen und den großen fressenden Zähnen. Ängstlichkeit, schlechtes Gewissen, Gefühle der eigenen Ohnmacht

Zeichnung eines zehnjährigen Kindes über seine Vorstellung von Gott

Abb. (hier und Seite 78):
Aus der Dia-Reihe:
Walter Lang, »Gottesvorstellungen bei Kindern und Jugendlichen«, Calig Verlag GmbH, München

und Kleinheit mögen vor dieser unheimlichen Gottesfigur zur Stimmung des malenden Kindes gehören.

In der lebensgeschichtlichen Rückschau von Erwachsenen können wir es dann so lesen:

Der französische Philosoph Jean Paul Sartre erinnert sich, wie er als Kind einmal mit Streichhölzern gespielt und dabei den Teppich angesengt hatte: »Ich war im Begriff, meine Untat zu vertuschen, als plötzlich Gott mich sah. Ich fühlte seinen Blick im Innern meines Kopfes und auf meinen Händen.« Der kleine Sartre erlebte sich so als lebende Zielscheibe für einen aufpasserischen, strafenden Gott, was ihn so wütend werden ließ, daß er am Schluß schrecklich zu fluchen begann, ganz in der Art, wie er es von seinem Großvater gehört hatte. Der Erfolg war schlagend: »Gott sah mich seitdem nie wieder an.« Damit war der kleine Sartre diesen allessehenden, unbarmherzigen Aufpassergott, diesen »Kleinkindererschrecktyp«, wie ihn ein anderes Kind einmal benannt hat, endgültig los.

Der amerikanische Rabbiner Harold Kushner hat einen sehr bewegenden Bericht darüber geschrieben, wie er mit einem der härtesten Schicksalsschläge zurechtgekommen ist, der Eltern treffen kann (»Wenn guten Menschen Böses widerfährt«). Auch er war mit einer solchen Vorstellung eines nach Elternart belohnenden oder bestrafenden Gottes aufgewachsen. Sie wird ihm eine zusätzliche, fast unerträgliche Bedrückung, als er erfährt, daß sein kleiner Sohn Aaron an einer unheilbaren Entwicklungsstörung leidet: Er wird vorzeitig altern, nicht größer als einen Meter wachsen, frühzeitigen Haarausfall haben und nicht viel älter als 10–12 Jahre alt werden.

»Wie ist jemandem zumute, wenn eine solche Nachricht über ihn hereinbricht? . . . Was ich an jenem Tag am heftigsten verspürte, war ein tiefes, schmerzhaftes Gefühl der Ungerechtigkeit. Es war alles so sinnlos; ich war doch kein schlechter Mensch gewesen.«

Angesichts dieses schweren Schicksals erlebt Kushner sich als einen Hiob von heute. Er muß sich hindurcharbeiten durch die Vorstellung, daß Gott es ist, der Unglück und Leid schickt, um angeblich die Menschen zu erziehen, zu prüfen oder zu strafen. Seine Einsicht: Menschliches Leid ist nicht nach Gottes Willen.

»Ich mache Gott nicht mehr verantwortlich für Krankheiten, Unfälle und Naturkatastrophen . . . Es fällt mir leichter, einen Gott zu verehren, dem Leiden verhaßt sind, der sie aber nicht verhindern kann, als einen Gott, der Kinder leiden und sterben läßt, aus welchen Gründen auch immer.«

Gott ist Partei – aber auf der Seite der Leidenden

Welchen Gott stellen wir den Kindern dar? Nicht einen Gott, der Leiden schickt und straft. Das ist nicht der Gott Jesu. Der hat vielmehr das Leiden der Menschen auf sich genommen. In Jesus ist er an der Seite der Leidenden. Das Kreuz gehört zu unserem Gottesbild untrennbar dazu.

So hat Dietrich Bonhoeffer seine Gotteserfahrung in Verse gebracht:

Menschen gehen zu Gott in seiner Not,
finden ihn arm, geschmäht, ohne Obdach und Brot,
sehn ihn verschlungen von Sünde, Schwachheit und Tod.
Christen stehen bei Gott in seinen Leiden.

Nicht der starke Gott ist es, auf den sich Bonhoeffer verläßt, sondern der leidende Gott, der für Christen und Heiden den Kreuzestod stirbt und ihnen beiden vergibt.

Das hat Folgen für die Weise, wie wir Kinder mit biblischen Geschichten von Gott erzählen. Von welcher Seite her erzählen wir z. B. die Sintflutgeschichte 1. Mose 6–8? Nehmen wir unseren Ausgangspunkt von ihrem Anfang: »Es reute Gott, daß er die Menschen gemacht hatte auf Erden . . . und er sprach: Ich will die Menschen, die ich geschaffen habe, vertilgen von der Erde«? – Oder erzählen wir diese Geschichte im Lichte ihres Endes, im Lichte des Gottesversprechens: »Solange die Erde steht, soll nicht aufhören Saat und Ernte, Frost und Hitze, Sommer und Winter, Tag und Nacht?«

Je nachdem, wo wir unseren Ausgangspunkt nehmen, stellen wir den Kindern einen anderen Gott dar. Die beiden »Götter« sind in keiner Weise miteinander identisch: Der Gott, der die Menschen vertilgen will, sollte das derselbe Gott sein wie der, den uns Jesus zeigt? Oder ist das nicht vielmehr der Gott, der den Regenbogen als Zeichen seiner verläßlichen Treue in den Himmel zeichnet?

Die Sintflutgeschichte ist so auch ein Zeugnis davon, wie sich menschliche Gotteserfahrung gewandelt hat. Sie enthält gerade für uns heute eine Botschaft von ungeheurer Aktualität: Wenn die Welt einmal unterginge – was Gott verhüten wolle –, dann wäre es allemal der Mensch, der sie zugrunde gerichtet hätte, und auf keinen Fall Gott. Aber getrost: Es wird dem Menschen nicht gelingen, die Erde und das Leben auf ihr auszulöschen – nicht weniger als Gottes Versprechen steht dem entgegen. Darauf können wir uns unbedingt verlassen.

Oder wie erzählen wir die Geschichte vom Durchzug des Volkes Israel durch das Schilfmeer (2. Mose 14)? So wie Mirjam es tat, die beim Untergang der verfolgenden Ägypter ein Siegeslied anstimmt und Gott Partei auf einer Seite sein läßt, auf der eigenen nämlich: »Roß und Mann hat Gott ins Meer gestürzt?«

Das ist kein Lied, das man mit Grund von Gott singen könnte. Schon eine alte jüdische Legende zu dieser Geschichte hat vor einem solchen Gottesmißverständnis gewarnt. Sie erzählt davon, daß die Engel im Himmel in Jubel ausbrechen wollten, als das Heer der Ägypter in den Fluten versank. Aber Gott der Herr gebot ihren Einhalt dabei und sagte: »Was? Das Werk meiner Hände ertrinkt und ihr stimmt ein Jubellied an?«

Das bedeutet im Klartext: Diese Legende sieht Gott auf beiden Seiten, auf der des Volkes Israel wie auf der der Ägypter. Das Volk Israel hat in dem Bild dieser Geschichte immer wieder in Dankbarkeit und Vertrauen den Gott angeschaut, der es in seiner wechselvollen Geschichte – wie ein Wunder oftmals – so bewahrt hat. Das ist eine Sache. Eine ganz andere Sache aber ist es, daraus eine große »Theologie«, eine Art Gottesurteil über die Gegenseite, die Ägypter und andere zu machen. Auch hier müssen wir uns entscheiden, wo wir den Gott Jesu finden wollen: In dem Gott, der »eine herrliche Tat getan hat, Roß und Mann ins Meer gestürzt hat«, wie Moses und Mirjam davon singen. Oder in dem Gott, der in seiner Trauer dem Jubel der Engel Einhalt gebietet, als er seine Geschöpfe ertrinken sieht? Es geht nicht beides, wenn uns der Gott Jesu Maß unseres Glaubens ist.

Der menschenfreundliche Gott

Das folgende Bild (siehe nächste Seite oben), das uns Gott mit der Welt als seinem Mantel bekleidet zeigt, steht in krassem Gegensatz zu dem Richtergott des anderen Kinderbildes. Hier spricht uns eine ganz andere Stimmung an: Liebe, Zärtlichkeit, Geborgenheit, Buntheit, Lebendigkeit.

Einen menschenfreundlichen Gott, mit der Welt als seinem Mantel bekleidet, zeigt diese Kinderzeichnung.

Zugleich beeindruckt uns dieses Bild durch seine symbolische Kraft. Wollte man dem zehnjährigen Kind, das es gemalt hat, sagen: Also – so denkst du dir Gott! Einen Mantel hat er um und darauf sind die Pflanzen, die Tiere, die Gestirne abgebildet – dann würde es uns sicher erstaunt anschauen und entgegnen, daß dies doch ein Bild wäre. Als direkte Darstellung genommen wird dieses Bild unsinnig. Als Gleichnis aber ist es von tiefer Ausdruckskraft: Die Welt ist für Gott nicht etwas Fernes, Äußerliches. Sie ist ihm nah, »hautnah«, sie gehört untrennbar zu ihm.

Daneben enthält dieses Bild ein weibliches, mütterliches Element: Der Gott, der seine Kinder in den Arm nimmt, zärtlich ist und mit ihnen spielt.

An diesem Kinderbild kann uns deutlich werden, wie ausschließlich unser »religiöses Bewußtsein und Gewissen durch das fordernde, Gehorsam heischende ›Vaterbild‹ Gottes geformt«, ja deformiert ist und so das weibliche Element in den Symbolisierungen für Gott weitgehend ausgeschaltet bleibt (Paul Tillich).

Und wo ist die Frau Gott?

Ist Gott männlich? Das ist eine Frage, mit der wir uns heute ganz neu und sehr intensiv auseinandersetzen müssen. Natürlich wissen wir mit dem Kopf, daß es nicht buchstäblich genommen werden darf, wenn in unserer Sprache das Wort »Gott« mit dem männlichen Geschlechtswort »der« verbunden wird. Und trotzdem wird Gott in unserer christlichen Tradition so gut wie ausnahmslos mit männlichen Bildern und Worten beschrieben. Uns muß deshalb auch jede angemessene Fantasie dafür mangeln, wie etwa unser Denken sein würde, wenn es nicht jahrtausendelang so ausschließlich mit männlich orientierten Gottesbildern in Sprache, Kunst und Bibelillustration (auch Kinderbibelillustration!) geprägt worden wäre.

Kinder dagegen können noch ganz unbefangen nach der »Frau Gott« fragen. Doch im Laufe ihrer Entwicklung geraten natürlich auch sie unter den übermächtigen Einfluß der männlichen Orientierung unserer Gottesbilder und äußern sich dann dementsprechend:

»Lieber Gott!
Sind Jungen besser als Mädchen? Ich weiß, du bist ein Junge, sei fair! Deine Gisela.«

»Wenn ich der liebe Gott wäre . . .? Das geht doch für Mädchen nicht – das ist doch nur was für Männer. Engelchen meinst du wohl? Das geht. Bettina.«

»Ist Gott ein Junge oder ein Mädchen?« – »Nein.« – »Ein Mittelding also.«

Die amerikanische feministische Theologin Rosemarie Ruether hat davon gesprochen, daß das Verbot des Götzendienstes auch für sprachliche Darstellungen gelten muß »Nimmt man das Wort ›Vater‹ wörtlich, bedeutet es, daß Gott männlich und nicht weiblich ist und von Männern und nicht von Frauen repräsentiert wird, es ist also ein Götzenbild . . . Die theologische Tradition sagt, daß es falsch ist, die Sprachbilder wörtlich zu nehmen . . . Heißt das nicht, daß männliche Worte für Gott den weiblichen in keiner Weise überlegen sind oder Gott mehr entsprechen? Gott ist männlich und weiblich, und er ist weder männlich noch weiblich.«

Was können wir hier mit unseren Kindern tun?

Im Augenblick nur weniges. Wir müssen in der Weise, wie wir den Kindern Gott darstellen, den tieferen Sinn des Bilderverbotes beachten, die Tatsache, daß jedes Wort, jedes Bild von Gott relativ ist. So können wir darauf bedacht sein, daß sich in den Kindern ein offenes Gottesbild entwikkelt, das nicht festgelegt ist, sondern offen ist für neue Erfahrungen und Gedanken, ein Bild, das mit ihnen im Leben mitwachsen kann. Und wir können etwas dafür tun, daß die Kinder verstehen: alle Namen und Bilder für Gott sind relativ.

Wir können auf frauliche Farben in der biblischen Gotteserfahrung aufmerksam sein und sie ins Spiel bringen:

— »Ich werde euch trösten, wie eine Mutter tröstet«, sagt Jesaja (66,13) im Bild von Gott.
— »Bringt eine Mutter es fertig, ihren Säugling zu vergessen? Hat sie nicht Mitleid mit dem Kind, das sie geboren hat? Und selbst wenn sie es vergessen könnte, ich vergesse euch nicht!« (Jesaja 49,15)
— »Wir befehlen dich der Vater- und Mutterliebe Gottes an«, so schrieben die Eltern Struensee in ihrem letzten Brief nach Kopenhagen an den Sohn, den zum Tode verurteilten und auf seine grausame Hinrichtung wartenden ehemaligen dänischen Staatsminister Graf Struensee.

Unsere besondere Aufmerksamkeit sollte auch den Frauengestalten in den Evangelien gelten, die (schon in altkirchlicher Zeit und dann im Verlauf der biblischen Wirkungsgeschichte bis auf unsere Tage) in den Hintergrund geraten sind: etwa das zentrale Christusbekenntnis der Martha in der Erzählung von der Auferweckung des Lazarus, Johannes 11 – es steht dem bekannteren, »kirchengründenden« Petrusbekenntnis von Matthäus 16 gleichwertig zur Seite. Oder die Frauen in den Ostergeschichten, denen die Männer, die Jünger, erst nachträglich den Rang abgelaufen haben.

Eine gute Hilfe können uns auch die Gleichniserzählungen Jesu bieten, in denen Männer wie Frauen auftreten: der männliche Hirte mit dem verlorenen Schaf wie die Frau, die den verlorenen Silbergroschen wiederfindet, der säende Bauer wie die backende Hausfrau in Lukas 15 bzw. in Matthäus 13.

Gott – sichtbar im Bild oder Bild des Unsichtbaren?

Kinder können fragen: »Gibt's den Gott überhaupt? Wie sieht Gott denn aus?« – »Ich glaube, daß es Gott nicht gibt. Und außerdem spricht er mit Menschen nicht mehr, wie er das früher gemacht hatte, und er läßt sich auch nicht mehr sehen«, so äußert sich ein zwölfjähriger Junge dazu. Die Unsichtbarkeit Gottes ist ihm ein schlagendes Argument für den »Atheismus«, der auch in den Gedanken unserer Kindergottesdienstkinder ist.

Dieses Interesse von Kindern am Sichtbaren hängt zusammen mit der Weise, wie sich ihr Denken über die Wirklichkeit der Welt entwickelt. Diese Entwicklung geht vom Konkreten, Handgreiflichen hin zum Abstrakten und Begrifflichen. Die ersten Dinge, die Kinder benennen, wenn sie sprechen lernen, sind Personen wie Mutter und Vater, greifbare Gegenstände in ihrer Umwelt wie Haus, Hund, Auto und konkrete Lebensvorgänge wie essen, laufen, spielen, schlafen. Lieben – das ist für kleine Kinder etwas sehr Greifbares: Man kann es spüren im Mund, im Magen (»Die Liebe geht durch den Magen«, sagen noch wir Erwachsenen davon mit einer volkstümlichen

Weisheit) und auf der Haut. Liebe ist die Mutter, wenn sie dem Kind etwas Gutes zu essen gibt, später wenn sie mit ihm schmust, es drückt und herzt. Es dauert lange, bis sich dann ein differenzierteres Verständnis auch für die abstrakten Nuancen eines Liebesbegriffes entwickelt: die romantische Liebe, die Nächstenliebe.

Von daher wird verständlich: Kinder brauchen zunächst einmal einen »begreiflichen« Gott, einen Gott zum Angucken und Anfassen. Ihre Fragen nach einem solchen Gott, ihre Fantasien über ihn sind dafür beredte Zeichen.

Wie reagieren wir auf solche Kinderfragen nach einem sichtbaren Gott? Indem wir sie heimlich bestätigen: Ja (leider), wir wissen es nicht, wie Gott aussieht? Woraus sich schließen ließe: Im Grundsatz ist Gott schon etwas zum Angucken. Oder indem wir rigoros gegen ihre Fragen angehen und sie als unpassend, ungehörig, unfromm abwerten? Indem wir ihnen nun keine Bilder, keine Farben von Gott mehr bieten und zulassen?

Auf die Länge gesehen müssen wir den Kindern zwei Dinge verständlich machen:

— Niemand hat Gott je gesehen (Johannes 1,18), aber Jesus hat uns von ihm erzählt.
— Es gibt mehr, als wir sehen. Das Symbolwort »Gott« bedeutet auch: die »sichtbare« Realität ist nicht alles. Um es mit dem Untertitel eines Kinderbuches zu sagen: »Es muß im Leben mehr als alles geben« (Maurice Sendak: »Higgelti tiggelti pop«).

Auch Kindern ist diese Einsicht schon zugänglich. So sagt ein zehnjähriges Mädchen: »Ich glaube, daß man Gott nicht sehen kann. Nämlich wenn man etwas nicht sehen kann, ist noch lange nicht gesagt, daß es das nicht gibt.« Dieselbe Einsicht lautet in der Fachsprache der Theologie: »Es ist nicht notwendig, daß etwas existiert, um Wirklichkeit zu haben ... Die Zukunft beispielsweise ›existiert‹ nicht und hat kein ›Sein‹ in irgendeinem Sinn. Dennoch ist sie Wirklichkeit in der menschlichen Erfahrung« (Harvey Cox). Jeder von uns weiß, wie sehr die Zukunft ihn heute schon beeinflußt, wie sie ihren Schatten oder ihre Strahlen auf seine Gegenwart wirft. So ist die Zukunft wirksam und wirklich, lange bevor es sie »gibt«.

Hier haben wir eine große Verantwortung für unseren Sprachgebrauch gegenüber den Kindern. Verstehen wir für uns selber, daß es eine direkte, buchstäbliche Verwendung des Symbolworts »Gott« gibt, die mißbräuchlich ist?

»Gott« – das klingt wie der Eigenname für eine Person, die getrennt von uns, außerhalb von uns existiert. Das Gebet, äußerlich genommen, sieht dann aus wie ein »Gespräch«, in dem ich zu einem anderen rede, um etwas von ihm zu erreichen. Jedoch schon wenn wir so etwas aussprechen, werden wir inne, daß dies ein sehr grobes Denken von Gott wäre. Das ist nicht der Gott, den der christliche Glaube meint. Wenn wir beten, dann tun wir es zugleich in dem Bewußtsein, daß der, zu dem ich bete, mir nicht fremd, nicht getrennt von mir ist, sondern daß er mir näher ist, als ich es mir selbst bin. Gott, zu dem ich bete, umschließt das Ich und das Du. Im Gebet ist miteinander vereint, was sonst getrennt ist, Gott und der Beter.

So redet Paulus davon: »Wir wissen nicht, was wir beten sollen, wie sich's gebührt; sondern der Geist selbst vertritt uns mit unaussprechlichem Seufzen« (Römer 8,15). Gott ist es selbst, der gleichsam in uns betet. Beten klingt zwar äußerlich so, als wolle der Beter den ihm fremden Willen eines anderen mit seinen Worten beeinflussen. In Wahrheit aber will der Beter in seinem Gebet eins werden mit dem Willen Gottes, ihn bei sich aufnehmen und durch ihn verwandelt werden: »Dein Wille geschehe!«

So ist unsere Aufgabe, die Kinder auf dem Weg von ihrem konkreten Denken hin zu einem Verständnis zu begleiten, das die symbolischen Bilder und Handlungen des christlichen Glaubens recht versteht und mit ihnen angemessen umgehen kann.

Das Bild von Gott, mit dem Mantel der Schöpfung bekleidet, zeigte uns schon, wie der kindliche Maler auf diesem Weg fortgeschritten ist. Er ahnt, daß die Bilder und Namen für Gott nicht wörtlich genommen werden dürfen. Und trotzdem: Seine Gotteserfahrung muß darum nicht blaß und farblos wirken – im Gegenteil! Welch treffenden Ausdruck hat in diesem Bild z. B. das Gegenüber und das Ineinander von Gott und Welt gefunden! Es ist so verstanden, wie es die kleine Anna gegenüber ihrem großen Freund Fynn so anschaulich ausdrückt: »Leute lieben von außen rein, und sie können von außen küssen, aber Mister Gott liebt dich innendrin und kann dich von innen küssen. Mister Gott kennt alle Sachen und Leute auch von innen. Und wir kennen sie bloß von außen. Und darum können wir auch nicht von außen über Mister Gott reden« (Fynn, »Hallo, Mister Gott, hier spricht Anna«, Scherz Verlag, Bern, München, Wien).

Was können wir nun tun?

Wir können den Kindern unseres Kindergottesdienstes »Augen für das Unsichtbare« vermitteln. Wir können mit ihnen in den Alltagserfahrungen Spuren Gottes, Zeichen seiner Gegenwart suchen. Wir können mit ihnen entdecken, daß es im Leben mehr als alles gibt.

In unserem alltäglichsten Alltag gibt es viele kleine Zeichen dafür, daß wir alle von einem tiefen, unzerstörbaren Vertrauen getragen werden. Ohne dieses könnten wir gar nicht leben, könnten wir uns buchstäblich nicht einmal auf die Straße trauen. Wie könnten wir es wagen, jeden Morgen von neuem aufzustehen vom Schlaf, ein Vorgang, von dem die Schriftstellerin Marie Luise Kaschnitz in einem bedeutungsvollen Wortspiel sagen kann:

»Manchmal stehen wir auf,
Stehen wir zur Auferstehung auf
Mitten am Tage ...«

Jesaja sprach von Gott in dem Bild einer Mutter, die ihr Kind tröstet. Was ist der Trost einer Mutter, wenn ihr Kind weint, aus dem Schlaf aufschreckt und sich in seiner Angst bei ihr birgt? Sie sagt zu ihm: »Hab' keine Angst! Es wird alles wieder gut. Alles ist in Ordnung.« Hat unsere Mutter damit nicht ihren Mund zu voll genommen. Im Grunde sagt sie doch etwas, das über ihre eigene Erfahrung mit dem Leben hinausgeht, das durch den Lauf der Welt nicht gedeckt ist. Denn die Wirklichkeit unseres Lebens ist doch anders: Da geht durchaus nicht alles gut aus. Da kommt nicht alles in Ordnung. Sondern da geht es auch sehr chaotisch zu, so daß man keinen erkennbaren Sinn darin finden kann. Und es wird keinesfalls alles besser, sondern wendet sich eher zum Schlechteren – auf jeden Fall aber endet alles tödlich.

Was also ist nun mit unserer Mutter? Hat sie aus blinder Mutterliebe nur eine vertröstende, freundliche Lüge gegenüber ihrem Kind gebraucht? Aber – kann man ohne diesen Trost überhaupt noch Mutter für Kinder sein? Oder ist dieser Trost doch irgendwie gedeckt, aber wodurch? Wenn die Tatsachen des Lebens wirklich alles sind, dann allerdings ist der mütterliche Trost nur Illusion. Und doch: Wir alle haben ihn erfahren so oder so und geben ihn in irgendeiner Form an uns vertraute Menschen weiter, die wir trösten wollen. Ist uns bewußt, daß das Vertrauen, von dem dieser Trost lebt, nur gedeckt ist, weil es weitergreift als die Alltagswelt, weil es sich darauf verläßt, daß die Wirklichkeit unserer Tatsachenwelt nicht alles ist, daß es im Leben mehr als alles gibt. Auch der gute Schluß der Märchen, den wir vom Erzähler erwarten, lebt von einem solchen letzten Vertrauen in das Leben.

Die Botschaft des Glaubens dazu ist: Dieses grundlose Vertrauen ist gerechtfertigt – nicht durch das, was wir tun und sehen können, sondern von Gott her. Das ist so gewiß, wie der Glaube im Kreuz Jesu gerade Leben und Auferstehung, Liebe und Gott erkennen darf.

Wie Trost, Vertrauen, Hoffnung Zeichen dafür sind, daß die Augenblickswelt, die Tatsachenwelt nicht alle Wirklichkeit umfaßt, so auch das Spiel: Das Spiel bildet gleichsam eine Enklave in der ernsten, leistungsbetonten Alltagswelt. Von ihr unterscheidet es sich ganz klar, denn

— es hat seine eigenen Regeln und Gesetze,
— und es hat seine eigene Zeit.

Im Spiel ist es nicht mehr zehn Minuten nach acht Uhr, sondern die dritte Runde, die zweite Halbzeit oder das Adagio. Man kann im Glück des Spiels und in seiner Leidenschaft die Welt und die Zeit vergessen. Es ist, als sei darin für einen Moment die Kindheit wiedergekehrt, in der wir noch nichts vom Vergehen der Zeit und vom Sterben des Lebens wußten.

Das Spiel mit seiner Freiheit von jedem direkten Zweck ist so ein Einspruch gegen die Moral der Alltagswelt: Daran gemessen kann es ja nur als Vergeudung, als bloßer Zeitvertreib ohne positiven Sinn gelten. Daß wer spielt nichts leistet, dieser Vorwurf pflegt ja denn auch leistungsbetonten Menschen die »kindliche« Freude am Spielen zu verderben.

Auch den Gottesdienst, den wir mit den Kindern zusammen feiern, kann man als solch zweckfreies, befreiendes Spiel nehmen: Hier sind wir der ernsten Alltagswelt entnommen und von den Fesseln der Zeit befreit.

— Hier ziehen wir mit dem Volk Israel durch das Schilfmeer,
— hier stehen wir mit Moses am Berg Sinai,
— hier wandern wir mit Jesus durch das galiläische Bergland und fahren mit seinen Jüngern über den See Genezareth,
— hier singen wir mit den Engeln im Himmel das Halleluja,
— hier stehen wir vor den Toren des zukünftigen himmlischen Jerusalem.

Die Grenzen von Zeit und Raum sind im Gottesdienst aufgehoben.

Wie das Spiel so ist auch der christliche Gottesdienst eine »zwecklose« Veranstaltung, ein frommer Luxus gleichsam, der nicht an dem Nutzen zu messen ist, den man sich von ihm erwarten könnte. Aber geradeso ist auch er eine Enklave in unserer todernsten Alltagswelt, Zeichen der Ewigkeit und Spur Gottes, die in der Welt der Fakten zeigt, daß »es im Leben mehr als alles geben« muß. Das ist unsere Aufgabe, Kindern Augen für das Unsichtbare zu öffnen, das uns in unserem Leben trägt und von dem wir Spuren in unserem Alltag, in unser aller eigenen Erfahrung finden können.

Gemeinsam mit Kindern Glauben erfahren

HANS BERNHARD KAUFMANN

Vorbemerkung

Dieses Thema setzt zwei Akzente: Es geht darum, in der Gemeinschaft mit anderen zu glauben, Glauben zu lernen und im Glauben zu wachsen.

Besonders junge Menschen sehnen sich heute nach Gemeinschaft, nach gemeinsamen Erfahrungen, und sie kritisieren, daß es diese Gemeinschaft in der Kirche so selten gibt. Doch Paulus schreibt im Römerbrief (10,10): »Wenn du mit deinem Munde bekennst, daß Jesus der Herr ist, und in deinem Herzen glaubst, daß ihn Gott von den Toten auferweckt hat, so wirst du gerettet.« Muß danach nicht jeder allein glauben? Ist das Glauben nicht Sache jedes einzelnen in der Begegnung mit Gott, im Hören auf sein Wort, das in der Predigt oder in der biblischen Erzählung ausgelegt und bezeugt wird?

Das ist der erste Punkt: Hilft das Miteinander, hilft die Gemeinschaft mit anderen, um Erfahrungen im Glauben machen zu können? Der Gegensatz wäre: Jeder bleibt mit seinem Glauben und Unglauben, mit seinen Zweifeln und Anfechtungen im tiefsten allein. In dieser Frage steckt eine zweite Frage: Wen spricht das Thema eigentlich an? Wer gehört mit den Kindern zusammen? Geht es nur um die Kinder im Kindergottesdienst? Geht es nicht auch um die Gemeinschaft der Helfer und Mitarbeiter? Vielleicht sind die gemeinsamen Glaubenserfahrungen der Mitarbeiter im Kindergottesdienst mit anderen Mitarbeitern der Gemeinde und mit dem Pfarrer eine Voraussetzung dafür, um mit Kindern Glauben zu erfahren.

Der zweite Akzent liegt auf dem Wort *erfahren.* Es soll zum Ausdruck bringen, daß der Glaube etwas mit mir, mit meinem wirklichen Leben, mit unserem Alltag zu tun hat. Der Gegensatz wäre, daß wir nur glauben und beten, weil wir so eine Art Mitläufer sind. Wir leben dann von den Erfahrungen anderer. Oder ich glaube gewissermaßen nur von Berufs wegen. Nicht als ganzer Mensch, sondern nur in einer bestimmten Rolle, als Pastor oder Mitarbeiter, nicht um meinetwegen, sondern nur solange ich für den anderen verantwortlich bin; z. B. für meine Kinder in der Gruppe.

Das ist der andere Punkt: Hilft uns die Gemeinschaft, helfen wir einander so zu glauben, daß wir echt und lebendig sein können, daß sich Alltag und Sonntag, Gottesdienst und Leben durchdringen und befruchten? Dann wirkt unser Christsein ansteckend und anziehend.

1. An der Wertschätzung des Kindergottesdienstes und seiner Mitarbeiter und an der Bereitschaft, Kinder so oft und so intensiv wie möglich zu beteiligen, erkennt man, ob eine Gemeinde lebendig ist oder ob sie langsam erstarrt.

In meinem ersten Abschnitt möchte ich an Ulrich Beckers Ausführungen bei der Gesamttagung vor vier Jahren in Hannover anknüpfen, weil sie zu unserem Thema gehören. Sie standen unter der Überschrift »Kinder – Partner der christlichen Gemeinde«. (In: E. Dieterich/K. Stolzmann, Hrsg.: »Wachsen wie ein Baum. Neues vom Arbeitsfeld Kinderkirche«, Stuttgart 1982, S. 116–125.) In seiner 1. These hat er gezeigt: An den Kindern und mit Kindern können wir lernen, daß wir alle nur als Kinder in das Reich Gottes kommen.

Kinder erinnern uns daran, wie ein Mensch vor Gott leben darf: offen, voller Vertrauen, einfach, ganz, dem anderen zugewandt. Um so leben zu können, sagt Jesus, müssen wir umkehren, uns Gott in die Hand geben, damit er unseren tiefen Zwiespalt heilt. Und dann machen wir eine Entdeckung, die für die gemeinsame Erfahrung des Glaubens grundlegend ist: Die Unterschiede zwischen den Menschen werden zweitrangig: ob Mann oder Frau, ob selbständig oder abhängig im Beruf, ob Vorgesetzte oder Untergebene, Kinder oder Erwachsene, Schüler oder Lehrer, Hauptschul- oder Hochschulabschluß – wenn ihr an Jesus Christus glaubt, seid ihr untereinander Brüder und Schwestern. Ihr seid eins vor Gott, denn Gott macht keine Unterschiede – auch wenn wir in Familie, Beruf und Politik unterschiedliche Rollen und Ämter und Aufgaben haben und behalten.

Ich möchte dazu ein Beispiel aus unserer Familie erzählen:

Kerstin war 5 Jahre, Katja 4 Monate alt. Meine Frau hatte Katja auf die Baby-Wippe gelegt und Kerstin – wie schon oft in dieser Situation – ganz dringend ermahnt, nicht mit Katja zu spielen, damit sie nicht runterfällt. Meine Frau ging in die Küche und hört kurze Zeit darauf einen dumpfen Schlag. Sie stürzt ins Zimmer. Katja liegt auf dem Boden. Kerstin hatte mit der Wippe gespielt, die zum Glück nur auf dem Sofa stand. Meine Frau ist entsetzt, fassungslos, zornig. Sie schimpft Kerstin aus, voller Angst, Katja könnte etwas passiert sein. Zwei Tage hindurch ist sie voller Aufruhr, überfordert und wie unter einem Zwang. Sie reagiert sich immer wieder an Kerstin ab und macht ihr Vorwürfe. Die ist ganz kleinlaut, bedrückt, fühlt sich schuldig, läuft wie ein begossener Pudel immer wieder zu ihrer Mutter.

Als dieser ausweglose Zirkel wieder einmal abläuft, geht Kerstin plötzlich zu ihr hin und sagt: »Mutti, erinnerst du dich noch an die Geschichte mit dem Bauern. Der König hat ihm so viel Schulden geschenkt, und der Bauer hat den Knecht, weil er das geliehene Geld nicht zurückgeben konnte, beschimpft und bestraft?!«

Meine Frau verstand Kerstin sofort, da wir die Geschichte vor einigen Tagen aus der Kinderbibel vorgelesen und darüber gesprochen hatten. Sie verstand, daß das Kind sie vom Evangelium her daran erinnerte: Du hast vergessen, wieviel Gott uns vergeben hat; sonst könntest du nicht so zu mir sein. Und meine Frau erlebte, wie Kerstins Worte sie befreiten. Sie stand auf, umarmte und drückte sie, und beide tanzten durch die Wohnung, froh und erleichtert, unvorstellbar.

Da war es geschehen: Das Gegenüber von Mutter und Tochter mit allen Vorwürfen und Ängsten, mit Anklage-, Rechtfertigungs- und Verteidigungsstrategien wurde aufgehoben und in die gemeinsame Erfahrung von Vergebung und Versöhnung, von Befreiung und Freude verwandelt – ausgelöst durch den einfachen Glauben des Kindes, das sich auf eine Erzählung der Bibel berief und sie in das Leben mit hineinnahm.

Meine Frau sagte mir, sie hätte im gleichen Augenblick gewußt, daß Katja nichts passiert sei und Gott dafür danken könne.

In der zweiten und dritten These berichtet Ulrich Becker davon, daß in vielen Gemeinden und Kirchen der Ökumene ein neuer Weg beschritten wird. Die Überlieferung des Glaubens und das Wachsen im Glauben findet wieder häufiger im Gespräch und in der Begegnung der Generationen statt. Es ist ein deutlicher Trend zu beobachten, daß Kinder, Jugendliche, Erwachsene und Alte gemeinsam etwas erleben möchten. Ich nenne drei Entwicklungen:

— Familiengottesdienste, Familienfreizeiten und Familientage, Kinderkirchentage und Kinderbibelwochen unter Beteiligung von Eltern und anderen Erwachsenen breiten sich aus.
— Feste, Bazare, gesellige Begegnungen, Ausflüge werden zunehmend unter Beteiligung der verschiedenen Generationen gestaltet.
— Projekte und helfendes Handeln führen die unterschiedlichen Altersstufen zusammen: in ökumenischen Initiativen, in Friedensgruppen, im Dienst an Behinderten, im Auf- und Ausbau eines Kindergartens, eines Gemeindezentrums, in Aktionen zur Fastenzeit.

Ulrich Becker weist dann noch darauf hin, wie wichtig es ist, daß die Gemeinschaft im Gottesdienst und die gemeinsamen Erfahrungen in den anderen Bereichen sich gegenseitig ergänzen und befruchten.

Ich möchte zu diesem ersten Abschnitt ein Erlebnis aus Holland weitergeben, das Märtje Wouter in einer Projektgruppe zu unserem Thema berichtet hat. Was sie erzählte, war erst vor vier Wochen passiert, und sie sei gespannt, wie es weitergeht.

Wir sind eine kleine Gemeinde. Die Kinder sind beim Abendmahl bisher nicht dabei gewesen. Eines Tages kam eine Mutter zu mir und sagte: Ihr Sohn – er ist 11 Jahre – habe in der Schule die Geschichte vom Abendmahl gehört, Jesus feierte es mit seinen Jüngern, und er habe nun gefragt: »Kann ich auch dabei sein?«

Ich habe ihr geantwortet: »Na ja, es wäre ganz schön, aber ich weiß nicht, wie der Kirchenvorstand darüber urteilt. Das müssen wir noch besprechen.« Wir haben das bei nächster Gelegenheit getan. Die Mutter hat noch einmal erzählt, daß ihr Sohn gerne beim Abendmahl dabei wäre, und die Mitglieder des Kirchenvorstandes haben gesagt: »Ja, das ist gut.«

Da meldete sich ein Vater: »Dann möchte ich auch, daß meine beiden Kinder daran teilnehmen.«

Am Abendmahl nehmen etwa 20–25 Gemeindeglieder teil. Wir sitzen immer an einem Tisch, und diesmal waren auch die drei Kinder dabei. Die Leute haben etwas verwundert geschaut, als sie die Kinder sahen.

Ich habe mir überlegt, jetzt sind Kinder dabei, da muß ich das etwas deutlicher machen, was es heißt, wenn wir Brot und Wein geben und nehmen. Deshalb habe ich eine ganz einfache Geschichte erzählt.

Es ist die Geschichte von einem Bäckerladen in Paris. Der Sohn des Bäckers backt das Brot; er backt ein sehr gutes Brot. Man kauft gerne bei ihm, denn der alte Bäcker, der das Brot verkauft, hat immer eine lustige Geschichte parat. Und dann kommt ein Mann herein, der ist Chauffeur, und er guckt sehr bedrückt. Der alte Bäcker fragt: »Warum guckst du so traurig?« – »Ja, meine Tochter, die ist drei Jahre alt, und sie ist aus dem Fenster gefallen, aus dem ersten Stock. Sie liegt jetzt im Krankenhaus, und ich mache mir große Sorgen.« – »Das kann ich gut verstehen«, sagte der Bäcker und nimmt ein Stück Brot, bricht es und gibt dem Mann auch ein Stück und sagt: »Wir essen jetzt gemeinsam ein Stück Brot und denken an dein Kind.«

In dem Augenblick kommt noch ein Kunde in den Laden, der sieht, daß der Mann und der Bäcker zusammen ein Stück Brot essen. Er guckt und bekommt auch ein Stück ab, und der Bäcker erzählt ihm die Geschichte von dem kranken Kind. Und dann sagt der Bäcker: »Wir teilen das Brot und unsere Sorgen und unsere Traurigkeit und unsere Freude.«

»Das wird mit diesem Brotbrechen deutlich«, füge ich hinzu.

Diese Geschichte habe ich erzählt, und die Kinder und die Erwachsenen haben sehr aufmerksam, ja andächtig zugehört. Und dann haben sie das Brot genommen und ausgeteilt. Bei uns ist es eine Gewohnheit: Wir essen nicht gleich, wir warten aufeinander. Und bevor wir es gegessen haben, habe ich noch einmal gesagt: »Wir haben jetzt auch das Brot geteilt, und wir denken auch beim Essen aneinander, an unsere Freude und unsere Sorgen.«

Die Kinder haben ihr Brot mit uns gegessen, Wein habe ich ihnen nicht gegeben, damit sie nicht das Gesicht verziehen oder Unruhe entsteht. Ich habe sie gefragt, ob sie damit einverstanden sind, daß sie keinen Wein bekommen.

Danach hatten wir alle das Gefühl, es war noch nie so wie jetzt. Wir hatten noch nie Kinder dabei. Durch die Kinder entstand auf einmal eine ganz andere Gemeinschaft. Es war das erste Mal im vergangenen Monat, daß wir das gemacht haben. Aber Eltern und andere Leute haben schon gesagt, das müssen wir noch einmal machen. Wir haben die Gewohnheit, nachher zusammenzubleiben und Kaffee zu trinken. Da haben wir dann darüber gesprochen. Und das wird weitergehen, da bin ich sicher. Und vielleicht können wir dann Saft nehmen, damit alle davon trinken können

Zu unserer Arbeitsgruppe gehörte auch eine Mitarbeiterin aus der DDR. Sie sagte, sie hätten in ihrem Facharbeitskreis beschlossen, zukünftig nur noch vom »Gottesdienst mit Kindern« zu sprechen, weil das Wort Kindergottesdienst abgrenzt, als ob Kinder nicht in andere Gottesdienste gehen dürften; denn für Kinder gibt's ja den Kindergottesdienst. Deshalb sagen die jetzt »Gottesdienst mit Kindern«, und da gibt es dann vier verschiedene Möglichkeiten. Ein Gottesdienst ohne Kinder oder ein Gottesdienst nur mit Kindern, das sind die beiden Sonderformen. Normal ist es eigentlich, wenn Kinder und Jugendliche, Erwachsene und Alte gemeinsam Gottesdienst feiern. Allerdings muß er dann auch so gestaltet sein, daß alle angesprochen werden und alle Altersstufen sich beteiligen können.

Könnte sich vielleicht der Kindergottesdienst für Erwachsene öffnen?

---

2. Gemeinsam mit Kindern Glauben erfahren – das gelingt nur, wenn wir beachten, daß Glaube und Liebe ganz eng zusammengehören.

Martin Luther nennt Glaube und Liebe »die ganze Summe des Christentums« oder auch »die Summe des christlichen Lebens«. Er lehnt sich damit an eine Formulierung aus dem ersten Timotheus-Brief an: »Die Hauptsumme aller Unterweisung ist: Liebe aus reinem Herzen und aus gutem Gewissen und aus ungefärbtem Glauben« (1. Tim. 1.5). Dieses Wort hat Luther in einer eigenen Schrift ausgelegt und dabei gezeigt, wie eng Glaube und Liebe zusammengehören. Im Glauben erkennen und vertrauen wir darauf, was Gott für uns getan hat und was er uns mit Jesus Christus geschenkt hat: seine Liebe und seine Gemeinschaft. Er reinigt uns und heilt den tiefen Zwiespalt unseres Herzens, er gibt uns ein gutes Gewissen und befreit uns zur Liebe untereinander, daß wir füreinander offen sind.

»Denn wer durch den Glauben im Herzen sicher ist, daß er einen gnädigen Gott habe . . ., der geht dahin und tut alles fröhlich, er kann auch anderen gegenüber so leben, jedermann lieben und Gutes tun, auch wenn einer der Liebe nicht wert ist.« Denn, so sagt Luther, die rechte christliche Liebe sieht so aus: »Ich liebe dich nicht deshalb, weil du fromm oder böse bist, denn ich schöpfe meine Liebe aus dem Wort. Da geht die Liebe reichlich heraus und ist jedermann offen, der ihrer bedarf . . . die Person sei, wer oder wie sie wolle.« (Die Summe christlichen Lebens, 1532 Weimarer Ausgabe, Bd. 36, S. 352ff., hier S. 360, 371.)

Liebe ist also das Band der Gemeinschaft, sie ist der Weg zum anderen, um ihn wahrzunehmen, ihm zuzuhören, ihm nahezusein, ihm zu helfen. In der Gemeinschaft mit Kindern ist das wichtig. Sie suchen nach Menschen, die sie persönlich ansprechen, die sie gern haben und ermutigen. Dann gehen die Ängstlichen aus sich heraus und machen mit; die immer hektischen, unkonzentrierten Kinder kommen eher zur Ruhe und können aufmerksam sein, und die frechen Aufschneider, die andere gerne reizen und ärgern, reagieren auf einmal auf meine Bitte oder Ermahnung, nicht immer die Schwächeren zu tyrannisieren, empfindlicher. In einer solchen Gruppenatmosphäre entdekken die Kinder dann ganz neue Seiten der Gemeinschaft.

Wenn Kinder spüren, daß einer sie gern hat und mit ihnen rechnet, kommen sie wieder. Sie brauchen diese Erfahrung, und sie ist heute selten geworden, sogar in den Familien. Diese Erfahrung gibt ihnen auch die Kraft, andere Angebote, die äußerlich gesehen viel attraktiver sind, auszuschlagen.

Manche Mitarbeiter meinen, sie könnten die Kinder halten oder zurückholen, wenn der Gottesdienst mit Kindern noch attraktiver und aufwendiger aufgezogen wird als das Fernsehen oder eine Sportveranstaltung. Ich glaube das nicht. Zwei- oder dreimal – dann ist die Wirkung verpufft.

Aber wer Kinder liebt und ein Stück mit ihnen zusammenlebt, glaubt und feiert, der wird auch von den Kindern geliebt. Sie suchen seine Gemeinschaft, auch wenn er methodisch vielleicht nicht so viel zu bieten hat.

Was hat das nun mit dem Glauben zu tun? Erfahren die Kinder so, was Glauben ist? Der Zusammenhang ist folgender: In einer Kinder-Gruppe, die von dem Geist der Liebe geprägt ist, wächst das gegenseitige Vertrauen, vor allem das Vertrauen zu den Mitarbeitern. Die Mitglieder einer solchen Gemeinschaft sind offener, sie lassen sich auf die Erzählung im Gottesdienst ein, sie sind eher bereit, das Zeugnis des Glaubens zu hören und selbst an Gott zu glauben: Kinder und Jugendliche, aber für Erwachsene gilt das auch.

Das ist nicht nur eine psychologische Feststellung, sonst könnte einer das auch als Trick benutzen. Der Zusammenhang ist viel tiefer. Es ist nämlich derselbe Geist, der in der Liebe wirkt und der uns glauben läßt.

3. Wenn ein Kind glaubt oder glauben möchte, dann kann es nicht von den Menschen absehen, zu denen es gehört bzw. die es liebt.

An den Anfang stelle ich den Bericht einer Praktikantin aus dem Kindergarten, der genausogut aus dem Kindergottesdienst stammen könnte:

Jens besucht seit einem halben Jahr unsere Kindertagesstätte. Er ist fünf. Einmal in der Woche erzählt die Erzieherin den Kindern eine Geschichte aus der Bibel.

Nach einer solchen Erzählung kommt Jens zu der Erzieherin und sagt: »Was ihr da erzählt, das ist ja alles gar nicht wahr! Und einen Gott gibt es überhaupt nicht! Das hat mein Vater gesagt. Und mein Vater kann alles und weiß alles.«

Die Erzieherin bemüht sich, Jens zu überzeugen. Die Auseinandersetzung zieht sich über Wochen hin.

Eines Tages kommt Jens wieder zu der Erzieherin und sagt: »Na gut, wenn ich hier bin, gibt es einen Gott, und wenn ich zu Hause bin, da gibt es eben keinen.«

Ein zweites Erlebnis:

Eine Mutter, Grundschullehrerin, berichtet über ein Gespräch mit ihrer 8jährigen Tochter Kerstin. Kerstin kommt aus der Schule. Sie ist empört über den lieben Gott in der Schöpfungsgeschichte.

»Mama, eigentlich ist der liebe Gott selbst schuld, daß Adam und Eva gesündigt haben, er hätte ja den Apfelbaum nicht zu verbieten brauchen. Aber ich glaube, der wollte sich nur wichtig machen! Jetzt kann er sich groß aufspielen und dann immer wieder verzeihen. Der hat das bestimmt extra gemacht, daß ihn die Menschen auch brauchen!«

Ich versuche, auf Kerstins Problem einzugehen. Doch mir wird das Wort sofort abgeschnitten: »Ne, du gibst ja Religionsunterricht, da frag' ich lieber den Papa, wie das eigentlich ist.«

Noch ein drittes Beispiel:

Eine Konfirmandengruppe schreibt an Pfarrer Sommerauer, der seinerzeit im Fernsehen mehrmals im Jahr Briefe beantwortet hat. Die Vorkonfirmanden stellen ihm folgende Fragen:

— »Warum stehen Sie im Dienst Gottes?
— Warum glauben Sie an Gott?
— Was hat Sie dazu gebracht?
— Gibt es Beweise, die Sie überzeugt haben?
— Hat sich im Laufe des Berufes und des Lebens an diesem Glauben etwas geändert?
— Glauben Sie nur von Berufs wegen?
— Wie meinen Sie, sieht Gott aus?«

Ich habe diese vier Szenen zusammengestellt, um Sie auf einige Punkte aufmerksam zu machen, die für die Glaubenserfahrung der Kinder wichtig sind, auf die wir deshalb achten sollten.

● 1. Zu leicht beschränken wir uns auf einen bestimmten Ablauf des Gottesdienstes oder unserer Gruppenarbeit und merken gar nicht, wieviel Fragen und Zweifel schon 5jährige Kinder mitbringen. Dabei ist es so wichtig, daß sie die Chance haben, uns zu fragen und untereinander darüber zu sprechen. Ich habe am Anfang schon darauf hingewiesen, daß Glauben erfahren unser ganz konkretes Leben mit seinen Konflikten und Schwierigkeiten einschließt. Sonst verleiten wir die Kinder dazu, in zwei Wirklichkeiten, in zwei Welten zu leben.

● 2. Jens spricht das offen aus, so daß die Erzieherin darüber nachdenken kann, was in ihm vorgeht. Sie kann sich prüfen, ob sie ihn nicht zum Glauben überredet hat. Sein Widerstand, vor allem seine Begründung hätte sie hellhörig machen müssen. Kinder, die in solchem Zwiespalt sind, darf man nicht bedrängen, sondern in Geduld und in der Fürbitte tragen. Wichtig: Mit den Eltern Kontakt aufnehmen!

- 3. Viele ältere Kinder sagen nichts mehr. Sie machen noch eine Zeitlang mit und bleiben dann weg, weil die andere Welt, die alltägliche Wirklichkeit zu stark geworden ist und Beten und Gottesdienst als Kinderkram abgestreift werden. Fällt uns das noch auf? Auch unter den Mitarbeitern kann das passieren.
- 4. An Jens kann man erkennen, daß das Elternhaus bzw. ein Elternteil oder ältere Geschwister und Freunde großen Einfluß auf Kinder haben. Das hängt mit ihrer Entwicklung zusammen. Kinder identifizieren sich bis zu 12/13 Jahren ganz selbstverständlich mit den Einstellungen und Überzeugungen der Menschen, zu denen sie gehören und die sie gern haben.
- 5. Daß der Besuch des Kindergottesdienstes so stark abnimmt, hängt natürlich auch mit der geringen Geburtenrate zusammen sowie mit attraktiven Angeboten im Fernsehen oder auf dem Sportplatz, aber auch damit, daß immer weniger Eltern bereit sind, ihre Kinder zu begleiten oder wenigstens zu schicken. Manche Kinder spüren, daß sie von den anderen isoliert werden, und das können sie sich nicht leisten. Wir müssen einfach stärker damit rechnen, daß viele Kinder zu Hause nicht mehr christlich erzogen werden, ja, daß sie in einem gleichgültigen oder ablehnenden Elternhaus aufwachsen – von den vielen Kindern ganz abgesehen, die kein Zuhause haben und unter dem Einfluß der Straße stehen.

  Werden diese Kinder in unseren Gruppen angenommen? Gehen wir auf ihre Fragen ein? Helfen wir ihnen, in ihrem Glauben zu wachsen, oder bleiben sie weg, ohne daß wir es merken? Die ehrlichen Fragen der 13jährigen an Pfarrer Sommerauer zeigen, daß ältere Kinder neugierig sind und von uns hören möchten, warum wir glauben, wie wir glauben und wie man das macht. Das ist eine große Chance. Du kannst da nicht nur sachlich antworten, du bist da persönlich gefragt.
- 6. Die Lage ist heute so, daß wir stärker mit den Familien zusammenarbeiten und mit den Eltern Verbindung aufnehmen müssen. Wenn Eltern nämlich zu den Mitarbeitern und Mitarbeiterinnen im Kindergottesdienst Vertrauen haben, dann ist das eine Erleichterung für die Kinder, die zu uns kommen. Dasselbe gilt für die Beziehung zu anderen Arbeitsfeldern, zu den Erzieherinnen im Kindergarten, zu den Lehrerinnen und Lehrern der Grundschule, zum Leiter der Jungschar, zu denen, die Kinderbibelwochen oder Kinderkirchentage vorbereiten. Kinder, die es erleben, daß ihre Erzieherin, ihre Lehrerin, ihr Jungscharleiter/in oder andere wichtige Bezugspersonen mit dem Kindergottesdienst und den Mitarbeitern dort in Verbindung stehen, daß diese zur Gemeinde gehören und vielleicht einmal im Jahr etwas gemeinsam unternehmen, werden dadurch ebenso ermutigt wie die Mitarbeiter selbst.
- 7. Noch eins: Es ist fahrlässig, wenn Pfarrer und Gemeindeleitung die Aufgaben und Schwierigkeiten, die ich hier genannt habe, nur 15–17/18jährigen überlassen. Es hängt in Zukunft ganz entscheidend davon ab, ob wir die

Zahl der erwachsenen Frauen und Männer erhöhen können, die im Kinder- und Familiengottesdienst mitarbeiten. Dabei ist es ideal, wenn in der Mitarbeitergruppe die verschiedenen Generationen und Gaben vertreten sind. Zufällig las ich vor 14 Tagen einen Visitationsbericht. Vom Kindergottesdienst heißt es dort:

»Der Kindergottesdienst weist in den letzten 2½ Jahren ein erfreuliches Wachstum auf. Durch den Einsatz von zwei Müttern (und vier jugendlichen Mitarbeitern) wurde die Zahl der Kinder von früher 5 auf jetzt gleichbleibend 25–30 Kinder angehoben. In verschiedenen Gruppen behandeln sie biblische Geschichten, bereiten Familiengottesdienste vor. Ausflüge und Treffs am Samstag erweitern die Möglichkeit des Zusammenseins. Im Gottesdienst der Erwachsenen sind sie präsent durch ihre selbstgemalten Bilder, die aushängen, und bei jeder Taufe, bei der alle Kinder sich um den Taufstein versammeln und manchmal den Eltern oder dem Täufling ein Lied singen.«

Es ist doch ganz natürlich, daß zwei Mütter bei anderen Müttern eher Kontakt und Vertrauen finden und daß die Möglichkeiten einer altersgemischten Gruppe, sich in der Gemeinde zu engagieren, viel größer ist. Die jüngeren Mitarbeiter haben dafür andere Gaben, z. B. im methodischen Bereich oder im Kontakt mit den 12/13jährigen.

4. Glauben erfahren und weitergeben heißt, teilen und mitteilen, was wir von Gott empfangen (haben), und gemeinsam dafür danken.

Mit diesem Satz möchte ich den Blick darauf lenken, daß die Aufgabe, gemeinsam mit Kindern Glauben zu erfahren, nicht technisch oder methodisch gelöst werden kann. Ich bin allergisch gegenüber der verbreiteten Unsitte, junge Menschen anzuwerben und sie einmal die Woche, und ab und zu auch durch einen Fortbildungskurs, methodisch anzuleiten, nur damit sie Kindern biblische Geschichten erzählen, kreativ mit ihnen arbeiten lernen und ein bißchen singen und beten. Das bedeutet für mich, daß die Motivation junger Menschen mißbraucht wird, um den kirchlichen Betrieb am Laufen zu halten.

Vielleicht sind Sie erschrocken, weil ich so scharf formuliere. Aber hier liegt für mich ein Kernpunkt des Evangeliums, hier zeigt sich, ob wir begriffen haben, worum es im christlichen Glauben geht.

Ganz schlicht möchte ich mit zwei Sätzen erläutern, was ich meine:

● a) Gemeinsam mit Kindern Glauben erfahren setzt voraus, daß junge 15- bis 17jährige, aber auch ältere Mitarbeiter für sich die Chance und Gelegenheit haben, untereinander und mit dem Pfarrer oder mit denjenigen, die sie anleiten, gemeinsam Glauben zu erfahren, also das zu teilen und mitzuteilen, was ein jeder von Gott empfangen hat.

● b) Um mit anderen zu teilen und ihnen mitzuteilen, was wir von Gott empfangen haben, dazu braucht es Arbeits- und Lebensformen, Methoden und Medien, *in denen Glauben und Liebe konkret werden.* Im Gottesdienst mit Kindern sind Raumgestaltung und Liturgie, Erzählen, Gestalten und das Gespräch in der Gruppe wichtig, wenn sie diesem Ziel dienen.

Dabei wird sichtbar, daß Helfer und Mitarbeiter selbst nach Gemeinschaft suchen, um Glauben zu erfahren, daß sie Enttäuschungen verarbeiten möchten, daß sie Fragen haben, auf die sie eine Antwort suchen, daß sie frustriert sind, wenn sie es in der Kirche mit Pfarrern und hauptamtlichen Mitarbeitern zu tun haben, die sich nur als Funktionäre verhalten.

Hans-Hermann Jantzen ist einer der wenigen, die diesem Problem gründlicher nachgegangen sind. (»Jugendliche Mitarbeiter im Kindergottesdienst, Herausforderung und Chance«. In: »Werkstatt Gemeinde«, 2. Jg., 1984, Nr. 8, S. 265–275.) Er schreibt:

»Allzu leicht neigen Hauptamtliche dazu, die Mitarbeiter in erster Linie zur eigenen Arbeitsentlastung einzusetzen ... Gerade Jugendliche brauchen jedoch eine intensive Begleitung. Sie brauchen den Pastor/Diakon als Gesprächspartner für ihre eigenen Fragen. Sie wollen auf dem Weg zu einem selbständigen, erwachsenen Glauben begleitet werden – ohne bevormundet zu werden. Sie haben ein feines Gespür dafür, wenn sie nur als Aushängeschild dienen sollen, damit ein weiterer Arbeitsbereich abgedeckt wird. Wenn sie nicht das Gefühl haben, es gehe auch um sie selber und ihre Fragen, verlieren sie bald das Interesse am Kindergottesdienst.«

Jugendliche Mitarbeiter, so faßt Jantzen seine Erfahrungen zusammen, wollen im Vorbereitungskreis ein Stück Jugendgruppe erleben, über ihre Glaubenserfahrungen reden und sich mit biblischen und theologischen Antworten auseinandersetzen. Das Interesse des Pfarrers an einer zügigen Vorbereitung und an praktischen Tips zur methodischen Gestaltung rangierten erst weiter hinten.

Hans-Hermann Jantzen hat deshalb über das wöchentliche zweistündige Treffen hinaus die Mitarbeiter zwei- bis viermal im Jahr zu einem Wochenende oder am Samstag ins Gemeindehaus eingeladen. Hier konnte man in Ruhe langfristig überlegen, neue Einheiten erarbeiten oder besondere Aktionen, Familiengottesdienste und Festtage planen. Man gewann dadurch Zeit für Gespräche in den wöchentlichen Treffs, ja, die Bereitschaft wuchs, noch einmal am Freitag oder Samstag zusätzliche Aufgaben zu übernehmen.

»Dank der Mitarbeiter hat sich der Kindergottesdienst zu einem wirklichen Schwerpunkt in der Gemeindearbeit entwickelt, der sich spürbar auf die Jugendarbeit, auf die Kontakte zu den Eltern und auf das gottesdienstliche Leben der Gemeinde ausgewirkt hat.«

Ich möchte betonen, daß mit der eigenen Erfahrung wirklicher Gemeinschaft in der Gruppe und in der Gemeinde die Angebote und Methoden sich ändern. Erzählen und Singen, Spielen und Gestalten, Gebet und Liturgie bringen dann diese Gemeinschaft zum Ausdruck. Der Kindergottesdienst im ganzen macht dann Glaube und Liebe, Dankbarkeit und Freude wirklich erfahrbar.

Unsere guten Methoden, die wir in den letzten Jahren gelernt haben und auch hier in Dortmund wieder auffrischen und erneuern können, sind so viel wert, wie durch sie die Gemeinschaft im Glauben und in der Liebe sichtbar und erfahrbar wird. Fehlt es an dieser Gemeinschaft, zu der Jesus uns einlädt, so bleiben all unsere Bemühungen und Einfälle nur Betriebsamkeit.

Schlußbemerkung

Ich möchte schließen mit einer Liebeserklärung an die Mitarbeiter im Kindergottesdienst in unseren Gemeinden. Bei ihnen sind vier Motive verknüpft wie sonst bei keiner Mitarbeitergruppe unserer Kirche.

— Ihr seid erfüllt vom persönlichen Engagement für Kinder.
— Ihr habt immer wieder neue Ideen entwickelt und aufgenommen, um den Glauben zu bezeugen.
— Ihr bleibt im Gespräch mit der Bibel.
— Ihr steht in der Auseinandersetzung um die Gestalt der Kirche von morgen.

Noch einmal: Ich kenne keine andere Mitarbeitergruppe in unserer Kirche, in der diese vier Seiten gleichzeitig da sind, die sich gegenseitig befruchten. Und deswegen wünsche ich mir, daß ihr, daß wir diese Erfahrung und diese Gabe von Gott für andere fruchtbar machen: in die Gemeinden hinein und für die anderen Mitarbeitergruppen der Kirche.

Ja, ich schlage vor, den nächsten Kongreß der Mitarbeiter des Kindergottesdienstes in Württemberg unter das Thema zu stellen:

Was bedeutet der Kindergottesdienst für die Gemeinde?
Was erwartet die Gemeinde vom Kindergottesdienst?

Das Motto könnte lauten:

»Dient einander, jeder mit der Gabe, die er empfangen hat« (1. Petr. 4.10).

Und euch möchte ich das Jesus-Wort aus dem Johannesevangelium weitergeben, das uns in den nächsten Tagen als Losung begegnet:

Nicht ihr habt mich erwählt, sondern ich habe euch erwählt und bestimmt, daß ihr hingeht und Frucht bringt und eure Frucht bleibt. Und der Vater wird euch alles geben, um was ihr ihn in meinem Namen bittet.
Und euch gebiete ich, daß ihr euch untereinander liebt (Joh. 16,16.17).

Die Umwelt unserer Kinder

FERDINAND W. MENNE

Wenn wir von Kindheit sprechen, meinen wir einen bestimmten »Stil« bzw. eine besondere »Gestalt«, die den frühen Jahren von Menschen-Kindern gegeben werden: Kinder werden *als* Kinder gesehen und behandelt, als Wesen, die auf bezeichnende Weise eine menschliche Lebensgeschichte beginnen.

Kindheiten fallen ganz unterschiedlich aus, unterscheiden sich vor allem je nach der Umwelt, in denen sie stattfinden. Vor allem wenn wir proletarische Lebensgeschichten betrachten, haben wir nicht selten den Eindruck, da habe es keine Kindheit gegeben, weil es keine »kindgemäße« Umwelt gab.

Es gibt also die kulturelle und gesellschaftliche Möglichkeit, Kinder *nicht* als Kinder zu betrachten. Das hat der Sozialgeschichtler Ariés in bezug auf die Geschichte sagen wollen, als er von der »Erfindung« der Kindheit sprach: Kindern sei zu bestimmter historischer Zeit »eine Welt für sich« eingerichtet worden. Als Menschen-Kind kann man also eine Kindheit »haben« oder auch nicht, sie kann für einen verwirklicht oder verwirkt sein. Das meinen beispielsweise jene, die – im oder unmittelbar nach dem Krieg im Kindesalter – bedauernd erklären, sie hätten keine Kindheit »gehabt«, ja, sie sei ihnen geraubt worden. Der Schriftsteller Günter Kunert sagte von sich, er sei »behaftet mit einer staatlich verpfuschten Kindheit«. Er ist 1929 geboren. Auch in unseren Tagen werden Kinder um ihre Kindheit betrogen: Es gibt noch Gewalt gegen Kinder, mißhandelte Kinder, vernachlässigte Kinder.

Gegenwärtige Kindheit: Leben in Widersprüchen

Wenn wir befangen sind in den eigenen Alltagsgeschichten, »vergessen« wir oft alles um uns herum, alles, was schon einmal wirklich war. Erst wenn wir uns aus unseren Selbstverständlichkeiten lösen, können wir die gegenwärtige Kindheit als eine besondere »Gestalt« wahrnehmen, die bestimmt ist durch ihre Lage in Raum und Zeit. Das wird vielleicht einsichtig, wenn wir uns klarmachen, daß wir die erste Generation Jugendlicher erleben, für die das Fernsehen etwas Alltägliches ist (um 1950 steckte es noch »in den Kinderschuhen«, 1967 wurde das Farbfernsehen eingeführt). Schon die Geschichte der Nachkriegszeit läßt also Wandlungen erkennen, die in der Rede von Kriegs-, Konsum- und Krisenkindern abkürzend angesprochen sind.

Der Bielefelder Pädagoge Hartmut von Hentig hat versucht, die neueren Verhältnisse im Blick auf Kindheit auf einige Formeln zu bringen. Sie sollen aufgenommen und erweitert werden, um die bei uns verwirklichte gesellschaftliche Form von Kindheit zu skizzieren. Vorab sei erinnert an die Frage, für welche Gruppen von Kindern innerhalb unserer Kultur und Gesellschaft die behaupteten Bestimmungen überhaupt zutreffen. Die besonders schwierige Lage eines Türkenkindes macht es zum Beispiel aus, daß ihm zwei kindliche »Welten« zugemutet werden, die von zuweilen unauflösbaren Widersprüchen bestimmt sind.

Bedrohte Kindheit

In traditionalen Gesellschaften waren und sind Kinder Schicksal, naturale Selbstverständlichkeit, religiöser Auftrag oder Teil der Lebens(ver)sicherung. In den fortgeschrittenen Industriegesellschaften kommt »Nachwuchs« tendenziell aus dem erklärten Wunsch zur Welt, Kinder haben zu wollen, und aufgrund der Möglichkeit, dem Wunsch entsprechend zu handeln. (Vermutlich überschätzen wir allerdings bei weitem die tatsächliche Erwünschtheit und Gewolltheit.)

Mit der vergleichsweise breiten Verfügbarkeit vor allem von Verhütungswissen und -mitteln wachsen die Selbstbestimmungsmöglichkeiten, aber auch die Widersprüche: Kindheit wird gleichsam *gefühlsmäßigen Moden* unterworfen, so wenn der Wunsch nach Selbstverwirklichung sich bei Frauen »wellenförmig« einmal an die Verweigerung der Mutterrolle, einmal an ihre Aufwertung (»neue Mütterlichkeit«) bindet. Die Beziehung zu einem Lebensgefährten und die Freude an Kindern lassen sich trennen; kinderlose, kaufkräftige, mobile Ehepaare und Alleinlebende (»Singles«) sind eine typische Erscheinung städtischer Lebensform. Kinder werden aber auch begriffen als Chance, selbstverantwortlich »Eigenarbeit« zu leisten in einer Gesellschaft, in der Selbstbestätigung ein knappes Gut ist. Sowohl in förderlicher, aber auch in ausbeuterischer Weise können Erwachsene einen »ganzheitlichen Prozeß« lenken.

Die bereits alltägliche Verfügung wird erweitert durch neue, programmierbare biotechnische (»Leben« zerlegende und neu zusammensetzende) Eingriffe. »Geburtenkontrolle« wird zu einem veralteten Begriff, wenn es um eine sich ausweitende *Lebens- und Todeskontrolle* geht, etwa darum, »Schreibfehler« der Erbanlagen zu löschen. Versuche hinsichtlich von Zeugung, Schwangerschaft und Geburt werden immer weiter zurückverlegt. Gene, Zellen, Föten werden als gelungene oder mißratene betrachtet, die man unter Umständen »überarbeiten« kann. Die Vergleichbarkeit zwischen der Sparte »Maschinenbau« und der Abteilung »Menschenbau« nimmt zu, zu einem guten Teil unbemerkt von der Öffentlichkeit.

Bei den »Leihmüttern« geschieht etwas anderes als die sozial geregelte Austragung eines Kindes durch eine andere Frau, wie sie das Alte Testament vorsieht. Vermittlungsfirmen denken schon darüber nach, wie man den Embryotransfer erleichtern und die Länder der dritten Welt als kostengünstige Reservoire für Leihmütter erschließen kann. Bislang verursacht eine Leihmutterschaft Kosten wie etwa ein Mittelklassewagen.

Es ist nicht absurd, sich vorzustellen, daß die Bearbeiter früher Stadien des menschlichen Lebens ihre »Objekte« weiterreichen an »Pränatal-Psychologen«, die »das Seelenleben des Ungeborenen« beeinflussen wollen. In Baby-Gyms (besonderen Vor-Vor-Schulen in den USA) können die Kleinen ein Leistungsniveau ererben, das mancher ungeförderte Erwachsene nie erreicht. Ein immer engmaschigeres Netz von frühen Eingriffen (»early interventions«) bringt das Kinderleben auf ein »Normalmaß«.

Neben diesen zum Teil schwindelerregenden Zugriffen auf das Werden und Heranwachsen von Menschen-Kindern bleiben die gewohnteren: Kindheit ist pädagogisiert und therapeutisiert. Das »moderne«, vielgestaltige, verwirrende Leben hat Folgelasten, die für immer ausgeklügeltere Teilbereiche Spezialisten zu fordern scheinen. Das beginnt mit der verlorengegangenen Langsamkeit, mit dem Zwang schon für Eltern, Zeit zu sparen, statt sie für die Zuwendung zu Kindern zu verlieren. Einigkeit darüber, wodurch Kinder begabt und bereichert oder verengt und verarmt, verwirrt und überfordert werden, scheint nicht herstellbar.

Immer weniger Kinder wachsen in der Familie auf

Als Folge solcher uneinheitlichen Entwicklungen ist Kindheit *für immer weniger Kinder die in einer kleinen Familie*, wenn darunter das Vater-Mutter-Kind-Modell verstanden wird. Die Zahl der Alleinerziehenden nimmt zu: In der Bundesrepublik Deutschland wachsen derzeit ungefähr 1,2 Millionen Kinder in sogenannten Einelternfamilien auf, deren Lebensbedingungen vom Standard abweichen wie die vieler Mehrkinderfamilien. Nicht wenige Kinder erleben ihre Kindheit als Einzelkinder. Dagegen ist die Zahl derer gering, die neue Wege jenseits der Kern-Klein-Familie suchen und dabei Kinder bewußt in die Lebensplanung einbeziehen.

Zu den Alltagserkenntnissen gehört die, daß Kindheit bei uns in unerhörter Weise *verschult* ist. Hartmut von Hentig charakterisiert die Schule als Ort, an dem in einer eigentümlichen Zusammenstellung von Personen (ein Erwachsener, ein paar Dutzend Kinder) vorgeschriebene Gegenstände in festgelegten Verfahren mit einzuhaltenden Zielen gelernt werden sollen. Weder die Zeitabläufe noch die geforderten Verhaltensweisen seien kindgemäß, und der Erwachsene sei ein Lehrspezialist, der als wichtig und nützlich nur für die Kinder behauptet werde und für alle anderen Menschen als entbehrlich.

Mit den wachsenden Forderungen an die Kinder hängt die *Therapeutisierung* der Kindheit zusammen. Die angewandte Psychologie hat den »Arbeitsplatz Kinderseele« erstaunlich ausgeweitet. Von der Einzelfallhilfe bis zu »Ökotherapie« wurde ein breites Angebot möglicher Behandlungen ausgelegt. Auch darin, daß viel kindliche Trauer gleichwohl trostlos bleibt, spiegelt die Welt der Kinder die der Erwachsenen zurück.

Bedrohung durch die Umwelt

Genormt und zugestellt ist Kindheit des weiteren als *Verkehrsteilnehmer- und Spielplatzkindheit.* Städte, die dauernd umgebaut werden, um noch »autogerechter« angelegt zu werden, können nicht kinderfreundlich organisiert sein. Kinderunfälle durch Autos, auch mit Todesfolge, sind an der Tagesordnung, auch ein »Preis des Fortschritts«. Über den Rückgang tödlicher Unfälle kann man sich freuen, es bleiben schreckliche Zahlen: »Am erfreulichsten ist mit 32,9 Prozent der Rückgang der als Radfahrer tödlich verunglückten Kinder: ›Nur‹ 112 verloren in der Zeit von Januar bis Oktober ihr Leben bei einem Unfall. Insgesamt verunglückten im ersten Dreivierteljahr 1985 noch 402 Kinder tödlich. Das ist gegenüber dem Vorjahr ein Rückgang vom 16,4 Prozent. Die Zahl der verunglückten Kinder ging bis Oktober mit 38133 um fast zehn Prozent zurück. 11355 Kinder wurden bei einem Unfall schwer und 26376 leicht verletzt« (»Frankfurter Rundschau« 51 v. 1.3. 1986). Kinder werden zu einer abgedrängten Restgröße, durch Sanierung und Umgestaltung oft noch aus den letzten Schlupflöchern und Rückzugsgebieten vertrieben.

Kindheit ist belastet durch *die Bedrohung der natürlichen Umwelt.* Das Aufzehren, Zerarbeiten und künstliche Ersetzen naturaler Lebensgrundlagen wirkt schon heute: Der Slogan »Vor dem Menschen stirbt der Wald« wurde ergänzt durch den anderen »Vor den großen sterben die kleinen Menschen«. Die Erscheinung des »plötzlichen Kindstods«, der seit 1979 vom Statistischen Bundesamt der Bundesrepublik Deutschland eigens registriert wird, scheint darauf zu deuten, daß den Kindern im wörtlichen Sinne die Luft zum Atmen zu fehlen beginnt. Und die Reaktor-Katastrophe von Tschernobyl Ende April dieses Jahres und ihre Folgen auch für unsere Umwelt hat die jederzeit drohenden Gefahren dramatisiert. Was nach Gesetzen der Wahrscheinlichkeitsrechnung irgendwann passieren kann, kann durchaus auch morgen geschehen.

Gleichsam *chemisiert* ist Kindheit auch noch in einem anderen Sinne: Nach internen Unterlagen des Frankfurter Instituts für medizinische Statistik, das im Auftrag der Pharmaindustrie arbeitet, werden Kindern im Alter bis zu 11 Jahren in der Bundesrepublik jährlich eine Million Male Tranquilizer, Schlaf- oder Beruhigungsmittel verschrieben.

Leben aus zweiter Hand – Medienkindheit

Eine Art innerer Vergiftung wird angenommen oder befürchtet, wenn die *Medienkindheit* totaler wird. Fernsehkindheit bedeutet Leben aus zweiter Hand: Die Welt schrumpft einerseits, wird in zusammenhanglose Stücke zerteilt, kann an- und abgestellt werden. »Dabei ist sie aufregend, extrem, glanzvoll und elend, übertrifft in allem meine kleine erlebbare Umwelt und macht sie unbedeutend« (vgl. v. Hentig). Von Hentig spricht auch von einen Übermaß an Schicksal, das in die kleinen Leben hineingestopft wird. Der Video-Markt, das Kabelfernsehen, die gesamte Unterhaltungselektronik erweitern die Vorstellungen einer fälschbaren Welt zu einem nahezu allgegenwärtigen Verwirrspiel. Wirkliches wird scheinhaft, Erfundenes und gezielt Vorgegaukeltes alltagsbestimmend. So kann es nicht verwundern, daß ein schwedischer Junge, als man ihm vom Tod seines Großvaters berichtet, sofort fragt: »Wer hat ihn erschossen?« Ich teile die Auffassung von Hentigs, daß so systematisch in Ohnmachtsgefühle, Passivität, Nichtverantwortlichsein eingeübt wird.

In vermittelter Weise hängen die aufgereihten Erscheinungen zusammen mit der *Verwissenschaftlichung* der Kindheit. In einer als verwissenschaftlichte Zivilisation beschriebenen Kultur wird die Kindheit zur Erforschung und Behandlung an eine zunehmende Zahl von Disziplinen verteilt. Gegen eine immer feinmaschigere Verfügung über kindliche Lebensäußerungen, gegen die »Kolonisierung der Kindheit«, bedarf es je neu des kritischen Verweises auf Unverfügbares.

Kinder ohne Kindheit

In unserer Kultur und Gesellschaft wurde Kindheit in besonderer (bestimmter und begrenzter) Weise verwirklicht. Chancen für Kinder wurden wahrgenommen, andere verwirkt. Die Einsicht in diese Begrenztheit hinsichtlich anderer Formen wächst vor allem auch zu der Erkenntnis, daß es Kinder gibt, hinsichtlich derer eigentlich nur von verwirkten Möglichkeiten gesprochen werden kann.

Vermutlich würde es jedem von uns gelingen, neben die Darstellung der größeren Trends (Technisierung, Verschulung, Chemisierung usw.) einen Katalog dessen zu stellen, was Kindheit alltäglich bei uns auszeichnet. Es würde zwar bei jedem Eigenheiten geben, das Feld des Gemeinsamen aber würde wohl größer sein.

Würden wir die Listen gemeinsamer Bestimmungen der Kindheit durchgehen für Kinder anderer Welt-Gegenden, würden viele der aufgeführten Einzelheiten fehlen. Es würden Tabellen von Dingen aufzustellen sein, die für andere Kinder nicht vorhanden sind. Festzuhalten wären aber auch Ausfälle an Zwischenmenschlichkeit, angefangen bei solchen in der Eltern-Kind-Beziehung. Wir könnten uns nicht der Erkenntnis verschließen, daß es für Millionen von Kindern in anderen Kulturen und Gesellschaften gegenwärtig keine Kindheit gibt.

Kindheit ist fern, wo Kinder zu schwerer Arbeit gezwungen werden. »Rund 150 Millionen Kinder unter 15 Jahren werden nach Angaben der Weltgesundheitsorganisation (WHO) weltweit ›wie Tiere‹ zu Schwerstarbeit im Bergbau und in der Industrie eingesetzt... Besonders betroffen sind die Kinder in der dritten Welt und in teilindustrialisierten Staaten wie der Türkei. Sie müssen unter ähnlichen Bedingungen arbeiten wie die Kinder in Europa im 18. Jahrhundert. ›Kinder ziehen mit einem um den Körper gewickelten Tau Loren mit Kohle aus unterirdischen Bergwerken‹, sagte El Batawi, Leiter des Genfer WHO-Büros für Gesundheit am Arbeitsplatz weiter. ›Kinder im Alter von fünf oder sechs Jahren arbeiten als Steinklopfer auf dem Bau oder in Granitwerken, in denen der Staub einfach unglaublich ist‹« (»Frankfurter Rundschau« 128 v. 5.6. 1985).

Vor solchem Hintergrund scheint es noch jenen Kindern besser zu gehen, die in den Straßen der Metropolen *betteln. Verwaiste und verstoßene Kinder* hocken vor den mit Waren aus aller Welt gefüllten Schaufenstern in der kolumbianischen Hauptstadt Bogota, zum Betteln und Stehlen verurteilt, wenn sie nicht verhungern wollen. In Indien verstümmeln Eltern den Kindern die Gliedmaßen, damit das Betteln überzeugender wirkt.

Obgleich *Kindheit und Familie* – zumindest unsere »Normal-Familie« – nicht zwingend zusammengehören, bedeutet Familienverlust sehr häufig auch Kindheitsverlust.

Die weltweiten wirtschaftlichen Krisentendenzen wirken sich vor allem auf die Kinder aus. In Brasilien geht in der Provinz Saõ Paulo das Geburtsgewicht von Säuglingen seit Jahren ständig zurück. Dort wurde auch eine zunehmende Zahl von Kindern registriert, deren Eltern nicht mehr für ihren Lebensunterhalt sorgen können und sie deshalb vor Kirchen und Krankenhäusern oder ganz einfach auf der Straße aussetzen.

Der kleine mexikanische Junge, der zu einer Straßenbande gehört und bei einer Prostituierten Unterschlupf, einen Rest von Geborgenheit, überhaupt eine Lebensmöglichkeit findet, ist in unseren Augen verwahrlost.

Prostitution ist aber auch ein Stichwort für viele weibliche und männliche Kinder und Heranwachsende. Aus ländlicher Armut schicken thailändische Eltern ihre Kinder in die Städte, verlockt durch Handgeld und Versprechen, ihre Kinder erhielten dort eine Ausbildung. In Wahrheit werden sie als »frische Ware« auf Märkte gebracht, zur Schau gestellt und versteigert. Kinder, die keine Bieter finden, werden als »leftover«, als Ausschuß, zum Selbstkostenpreis abgegeben. Ferntouristen, insbesondere aus der Bundesrepublik, sind häufig besonders »scharf« auf junge Prostituierte.

Daß *Kinder, die in Kriegshandlungen verwickelt sind*, keine Kindheit haben, ist plausibel. Man kann nur schätzen, wie viele Kinder keinen kriegslosen Alltag kennen. Der siebenjährige Anhänger PLO-Chef Arafats in Tripoli, den uns ein Pressefoto mit einer Kalaschnikow zeigt; der von Ajatollah Khomeini durch »Erziehungsberater« bedrängte, in den Krieg gezwungene, beim Minen-Entschärfen den Märtyrertod ersehnende Junge – beide stehen stellvertretend für eine große Zahl von Kindern, die in Kriegshandlungen einbezogen sind.

Kinder leiden auch in anderen Kämpfen der Erwachsenen, viele *verschwinden* »einfach«. Wer es erfahren will, erfährt einiges über Kinder als Opfer der südafrikanischen Apartheid. Eine Deutsche aus einer Township berichtet: »Wir haben den Kindern unserer Hausangestellten einen richtigen Lederfußball geschenkt. Sie spielten damit auf einem freien Stück Feld am Rand von Nyanga. Gestern hielt ein Polizeiwagen an – ›Was macht ihr hier! Geht sofort in eure Häuser, sonst erschießen wir euch!‹ Die Kinder rannten und versteckten sich. Die Polizei hinterher. Der Sohn unseres Nachbarn wurde dann von der Polizei ausgepeitscht. Aber nicht nur das: Sie drückten der Mutter die Peitsche in die Hand und verlangten von ihr, daß sie ihr Kind auspeitschen sollte.«

Als Beispiel für Vorgänge in Lateinamerika eine Meldung aus dem Jahre 1983: »Seine Beteiligung am Verschwinden von rund 5000 Menschen während der Zeit der Militärdiktatur in Argentinien hat der ehemalige Chef der Polizei von Buenos Aires, General Ramon Camps, zugegeben. Der spanische Journalist Santiago Aroca berichtete am Montag einem Radiosender der argentinischen Hauptstadt von einem Interview, in dem der Polizeigeneral in einem Gespräch mit Aroca eine Verantwortung eingeräumt hatte. ›Mit großer Kälte‹, so der spanische Journalist, habe ihm der General in dem auf Tonband aufgezeichneten Interview bedeutet, gewisse Kategorien von Menschen wie Soziologen, Psychologen oder Presseleute, seien überwiegend subversive Elemente. Zum Problem der vielen verschwundenen Kinder sagte Camps wörtlich: ›Wir konnten diese Kinder nicht bei ihren Eltern lassen, denn das waren Guerilleros. Und es war einfacher, das Aufwachsen eines künftigen Guerilleros zu verhindern, als ihn später im Kampf töten zu müssen.‹«

Für entsprechend »hautnahe« Darstellungen in unseren Medien kann man Preise gewinnen: Den ersten Preis im Welt-Presse-Foto-Wettbewerb 1984/85 erhielt der Norweger Hans-Olav Forsang für das Bild »Äthiopien 1984«, das ein schreiendes, nahezu verhungertes Baby auf einer Küchenwaage abbildet. Den Preis für 1985/86 errang der Franzose Frank Fournier für ein Foto mit dem Titel »Die Agonie der Omeira Sanchez« nach dem Ausbruch des Vulkans Nevado del Ruiz in Kolumbien. Es zeugt vom langsamen, qualvollen Sterben des Mädchens aus der Ortschaft Armero, das bis zum Hals im Schlamm steckt und trotz aller Rettungsbemühungen starb.

ZWISCHENBEMERKUNG

In einer Lage, in der für Millionen Kinder die Chance, Kind zu sein, fehlt, muß die Frage gestellt werden, wieviel Kinderelend zu vermeiden wäre, würde die menschliche Fruchtbarkeit auf menschenwürdige Weise vermindert. »Was meint Papst Johannes Paul II. eigentlich, wenn er immer von neuem und selbst an den vom Elend am meisten gekennzeichneten Plätzen der Erde, die er pastoral – als ›Guter Hirt‹ – besucht, unentwegt und unerbittlich die Sexualmoral einschärft, die der menschlichen Existenz von heute und einer menschenwürdigen Existenz überdies, inmitten aller bestehenden Bedrohlichkeiten, offensichtlich widerspricht?« (Kogon)

Ein Gedicht als zweite Zwischenbemerkung:

Daß solche atmenden Skelette wir
in unsern Armen sanft zur Ruhe trügen,
das glaub ich weder dir noch mir,
doch wollen wir uns weiterhin belügen.

Wir kennen uns. Und wissen nicht,
ob Mitleid, was wir flüchtig spüren,
ob Angst es ist vorm Weltgericht
vor unser aller Wohnungstüren.

Ob Furcht, wer dieses Sterben sieht
und sich danach ins Leben wendet,
nicht gerade auf sich zieht,
daß er auf gleiche Weise endet.

(Günter Kunert, Sahel)

Das Elend der Welt läßt uns schlafen.
(M. L. Kaschnitz)

*

Kindheit: Der Anspruch des bleibend Konkreten

Die moderne Entwicklung entfernt sich für alle Menschen vom Kleinräumigen, Handfesten, sinnlich Unmittelbaren, körperlich Nahen. Ihre »Unfaßlichkeiten« wuchern gleichsam, durchsetzen die Kindheit, verkehren sie, erzwingen ihre Umgestaltung nach Maßgabe des Körperfernen, Gefühlsneutralen. Der oft verzweifelte Wunsch von Eltern, das Leben ihrer Kinder konkret (an Grundbedürfnissen ausgerichtet, leib- und allgemein erfahrungsnah) zu halten, ihren Eigensinn und Eigenwillen zu fördern (statt ihn zu

»brechen«), prallt auf behauptete »Sachzwänge«, die der Lauf der Dinge hervorzubringen scheint.

Im Guten wie im Bösen gilt, daß die gedankliche, sprachliche und »handfeste« Auseinandersetzung des Kindes mit seiner Umwelt – bei aller kindlichen Selbsttätigkeit – weitgehend unter den Bedingungen und Vorgaben der Erwachsenen geschieht, von ihnen verwirklicht oder verwirkt wird. Das heißt auch, daß die Bedingungen der Gegenwart Vorgaben für die Zukunft der Kinder und der Kindheit sind.

Dieser ein wenig banal klingende Satz hat insofern eine Zuspitzung erfahren, als die Menschen erstmals in ihrer Geschichte Entscheidungen fällen, die für Tausende möglicher Generationen Aufgaben festlegen (man denke an die »Entsorgung« der Kernbrennstoffe). Erkennt man die Rechte zukünftiger Generationen an, etwa das, noch eine konkrete Kindheit durchlaufen zu können und nicht in Mensch-Maschine-Systeme eingebaut zu sein, so entstehen Ansprüche an die Gegenwart, an die Erwachsenenwelt.

Die Gegenwart ist dadurch gekennzeichnet, daß es keine Übereinstimmung in der Wahrnehmung und Deutung der Wirklichkeit gibt. Das kann an zwei weit auseinanderliegenden Sichtweisen aufgezeigt werden. Der Nobelpreisträger für Wirtschaftswissenschaften, Friedrich August von Hayek, meint, daß, je besser die Wirtschaft funktioniere, um so mehr zusätzliche Menschen erhalten werden könnten, und dies um so besser, wenn die Mittel, sich zu vermehren, nicht mehr dazu verwendet würden, um sich wirklich zu vermehren, sondern für andere Dinge eingesetzt würden. Die allgemeine Furcht vor einer schrecklichen Zukunft sei völlig unbegründet.

Auf der anderen Seite steht eine Weltsicht, in der der Mensch als »Untier« dadurch endlich zu sich selbst kommt, daß er als Gattung Selbstmord begeht. Im einen Fall wird es eine Welt der Enkel geben, wenn auch wohl nur die der reichen, an der eigenen Selbstbehauptung orientierten und zu ihr fähigen Länder. Kinder, denen ohnedies keine Kindheit garantiert werden könne (wie denen in der Sahelzone), müßten aufgegeben werden. Im anderen Fall kann es nur eine Frage der Zeit sein, wann sich die Sorge für die Ungeborenen durch die Selbsttötung der Gattung erledigt.

Den Schwarzsehern ist zuzugeben, daß es derzeit nicht aussieht, als würden die Nachkommen erwartet. Der Glaube daran, daß mit der Gefahr auch das Rettende wachse, ist erschüttert. Dem Eindruck des Gedichts »Entsorgt« von Nicolas Born kann man sich kaum entziehen:

»Mir fehlen schon meine Kindeskinder
Erinnerungen an die Welten . . .
Was schändet ihr die Gräber meiner Kindeskinder
Was plündert ihr den Traum der Materie . . .«

Das Gedicht protestiert gegen die Vorstellung und Vorausfestlegung von Kindheiten, in denen Kinder als Rentensicherer oder als Wachmannschaften für atomaren Müll, insgesamt als »Entsorger« für Lasten der Vergangenheit gedacht werden. Es erhebt Einspruch gegen eine Neusprache, in der die Feststellung, es sei auch für die »künftigen Generationen« zu sorgen, zu einer Alltagsbeschwörung geworden ist, die auch denen leicht von der Zunge geht, die nach dem Wahlspruch »Nach uns die Sintflut« leben.

Millionen von Eltern haben fleißig, hingabe- und opferbereit gelebt mit dem Satz an ihre Kinder: »Ihr sollt es einmal besser haben als wir!« Die gegenwärtigen Krisentendenzen lassen kaum glückliche Kindheiten in diesem Sinn erwarten. Es wird schon enorme Anstrengung erfordern, Rechte künftiger Generationen auf eine Weise zu wahren, die ihnen kein schlechteres Los zuteilt.

Menschenkinder sind das bleibende Konkrete, weil sie – bei allen Versuchen verändernden Eingreifens in Liebe, Zeugung und Geburt – mehrheitlich auch heute am Lebensanfang so »einfach gegeben« sind wie in frühen Zeiten der Menschheit. Sie fordern durch ihr Dasein grundlegende Leistungen nicht lückenloser, aber andauernder Pflege und Zuwendung, die ihnen selbst »Antworten« auf sich immer weiter öffnende »Welten« ermöglichen. Wer es für sinnvoll hält, daß auch für die Enkel eine »Welt für sich« in einer Welt überhaupt verwirklicht wird; wer die Zukunftschancen der Kommenden nicht verwirken will, muß darauf sinnen, die Voraussetzungen eines konkreten Alltagslebens zu sichern und das Wuchern des Abstrakten zu bändigen.

Vgl. zu diesem Vortrags-Text:

Ferdinand W. Menne, Eine Welt für sich? Zur soziologischen Anthropologie der Kindheit, in: Kindlers Enzyklopädie DER MENSCH, Bd. IX, München 1984, S. 264–278.

ders., Der politische Status quo als Herausforderung für die Jugend, in: Kindlers Enzyklopädie DER MENSCH, Bd. VIII, München 1984, S. 218–232.

ders., Ihr sollt es einmal besser haben als wir! Verwirklichte und verwirkte Kindheit, in: Welt des Kindes, Heft 6 (November/Dezember) 1985, S. 425–433.

Die Familie als Handlungsfeld zur Einübung weltanschaulicher Grundeinsichten

KLAUS WINKLER

Teil III des Vortrags:
Das Kind in der Familie (Psycholgische Überlegungen)

Vorbemerkung der Herausgeber

Klaus Winkler ging in seinem Referat der Grundfrage nach: Was geschieht eigentlich grundlegend, wenn ein Kind in der Familie aufwächst? Welches Basiserleben wird einem Kind in der Familie gut oder mangelhaft, liebevoll oder lieblos – aber von den Gegebenheiten her – vermittelt?
Seine Ausführungen gliederten sich in drei Teile:

I. Die Familie ist Handlungsfeld zur Einübung von Grundantinomien (Grundwidersprüche des Lebens)
II. Die Familie ist Handlungsfeld zur Einübung von Grundrollen
III. Die Familie ist Handlungsfeld zur Einübung weltanschaulicher Grundeinsichten

Im folgenden ist der dritte Teil des Vortrags wiedergegeben.

Die Familie ist Handlungsfeld zur Einübung weltanschaulicher Grundeinsichten

Je jünger und kleiner ein Kind ist, desto weniger fragt es, warum und wieso es eigentlich da ist. Dafür hat es desto mehr das Gefühl, die ganze Welt drehe sich um das eigene kleine Dasein. Das ist ein fraglos »selbstverständlicher« Zustand.

Je länger desto weniger aber ist mit den zunehmenden Lebensjahren ganz bestimmten Fragen auszuweichen. Plötzlich ist ein Geschwister da. Wo kommt das eigentlich her? Und wo komme ich eigentlich her? Freuen sich unsere Eltern, daß sie uns haben, oder stöhnen sie nur, weil wir offensichtlich soviel Mühe machen?

Weiter: Machen diese Eltern (in ihrer erwachsenen Weisheit!) selber den Eindruck von Lebensfreude oder übermitteln sie den Eindruck, »Dasein« sei vor allem ein Zustand der Anstrengung, der endlosen Verpflichtung, des harten Zwanges, irgendwie durchkommen zu müssen? Hier mischt sich viel verschiedenes Erleben!

Aus allen solchen oder ähnlichen Fragen aber ergibt sich schlußendlich die Grundfrage:

Was hat der einmalige, unauswechselbare Lebensablauf eines Menschen (wie ich!) mit seinen besonderen Fähigkeiten und Unfähigkeiten, mit seinen Gefühlen und Erfahrungen eigentlich für einen Sinn?

Genau diese Frage ist nicht eindeutig und ein für allemal beantwortbar. Sie stellt sich vielmehr immer wieder neu. Sie ist eine, ja sie ist *die* Glaubensfrage! Ohne sie sind weder Gottesvorstellungen noch Christentum vorstellbar.

Und nun: Eben diese Sinn- und Glaubensfrage beginnt in der Familie wirksam zu werden. In jeder Familie werden auf eben diese Frage (so oder so) »vorläufige Antworten« vermittelt! Diese »vorläufigen Antworten« sind deshalb so prägend, weil sie gleichzeitig Verhaltenshinweise für den Umgang mit den Grundantinomien und für den Umgang mit Grundrollen umfassen.

Motto: Damit dein Leben nicht vergeudet erscheint, sondern einen Sinn hat und einen Sinn bekommt, mußt du dich so oder so einstellen. Und weil diese Sinnfrage mit ihren praktischen Auswirkungen nicht jeden Tag neu gestellt werden kann, ist es vorteilhaft, sich eine durchtragende Weltanschauung anzueignen.

Eben diese Weltanschauung gerät je nach Kulturkreis und geographischer Lage unter ein bestimmtes Vorzeichen. In unserem Umfeld sind die weltanschaulichen Fragestellungen und deren religiöse Beantwortung bzw. Verarbeitung in kollektiver Weise christlich organisiert. Der größere Prozentsatz der Bevölkerung in der Bundesrepublik gehört dementsprechend einer der christlichen Kirchen an.

Psychologisch interessant im Sinne unseres Themas ist nun allerdings, was daraufhin in den Familien geschieht, d. h., was ein Kind dort an Grundeinsichten vermittelt bekommt. Jetzt könnte einer sagen, das sei doch einigermaßen offensichtlich. Die einen Kinder würden christlich erzogen oder aber wären mit ihren Familien zusammen kirchlich geprägt, die anderen dagegen nicht.

Damit wäre nur die Oberfläche des Problems angesprochen. Gehen wir nämlich davon aus, daß die genannte Sinnfrage »irgendwie« immer und d. h. in jeder Familie ansteht, dann fragt sich nicht nur, ob jemand christlich oder unchristlich auf sie eingeht. Es fragt sich vor allem auch, mit welchem Nachdruck und wie deutlich eben diese Sinnfrage zur Sprache gebracht wird.

Was in einer Familie für weltanschauliche Grundeinsichten herrschen, kann nämlich *auch unausgesprochen*, unreflektiert, ja unbewußt zum Tragen kommen. Dann tut das einzelne Familienglied nicht nur das, was »man« an diesem Ort, in diesem Land, in diesem Beruf, bei solcher Sitte und Gewohnheit tut. Dieses Familienglied fühlt, denkt, ja glaubt auch so, wie »man« fühlt, denkt, glaubt.

Das ist auch dort noch so, wo eine einzelne Familie oder ein einzelner Mensch immer gerade das Gegenteil von dem leben, was in ihrer Umwelt üblich ist. Wer so reagiert, kommt nämlich doch nicht von den anderen innerlich los, er muß vielmehr genau aufpassen, daß er immer wieder gegen sie zu stehen kommt. Auch das ist eine Art von Abhängigkeit und Anpassung!

Wünschenswert: Verbindliche Rituale

Mit all dem sollte gesagt werden, daß die geschilderte Art und Weise, auf die für jedes Einzeldasein wichtige Sinnfrage gemeinsam einzugehen, einen wichtigen Schutzmechanismus darstellt. Keiner muß sich mit der Sinnfrage alleingelassen vorfinden! Keiner braucht bei der Lösung offener, weltanschaulicher Probleme von vorn anzufangen! Es gibt vielmehr auf diesem Gebiet Grundeinsichten, die sich von den Vätern und Müttern auf die Söhne und Töchter übertragen lassen.

Anders gesagt: Ohne Rituale, ohne selbstverständlich gelebte Einstellungen, ohne feste Sitten und Gebräuche ist ein Zusammenleben und sind gemeinsame Leistungen gar nicht denkbar! Insofern hat es seinen guten Grund, wenn für eine Familie wünschenswert erscheint, daß in ihr ein Kind in verbindliche Rituale – wie gemeinsames Essen, gemeinsames Spielen nach den verschiedenen Arbeitsverteilungen, gemeinsames Planen zukünftiger Absichten und Unternehmungen – aber auch gemeinsames Tischgebet, gemeinsamer Kirchgang, gemeinsames Erzählen und Singen – hineingenommen wird. Solche Sitten und Rituale transportieren nämlich grundsätzliche Antworten auf die hinter den Alltagsproblemen auftauchenden Sinnfragen. In der Form, wie eine Familie bewußt oder unterschwellig Rituale vollzieht, spiegelt sich also deren ebenfalls bewußte oder aber unterschwellige Weltanschauung wider.

Neben den Gemeinsamkeiten die »Einmaligkeit« fördern

Aber nun sollte, wenn es um Einübung weltanschaulicher Grundeinsichten geht, etwas hinzutreten. Der eigentliche Kernpunkt innerhalb unserer Reflexion über Weltanschaulichkeit in der Umwelt des Kindes ist nämlich mit der Frage gegeben, ob ein junger Mensch in der Familie die Chance bekommt, neben aller Teilnahme an den Gemeinsamkeiten seine »Einmaligkeit« zu entdecken. Das Erleben, unauswechselbar und damit buchstäblich einzigartig in der Welt zu sein, hat nämlich sehr viel mit dem zu tun, was wir mit einem fast schon zum Schlagwort geratenen modernen Begriff »Identitätsgefühl« nennen! Identität – das bedeutet in einer Art Zusammenfassung des bisher Gesagten:

Als ein und derselbe Mensch gehe ich mit den Antinomien meines Lebens um und nicht diese mit mir. Ich beherrsche sie mehr, als daß sie mich beherrschen.

Und weiter: Als ein und derselbe Mensch nehme ich so flexibel wie möglich die verschiedenen Rollen in Gebrauch. Aber ich gehe nicht in ihnen auf und verkomme zum unlebendigen Rollenträger, der alle eigenen Impulse und Gefühle zuerst vernachlässigt und später gar nicht mehr wahrnimmt.

Und schließlich unter unserer weltanschaulichen Fragestellung: Als ein und derselbe Mensch bin ich dort auf dem Wege zu meiner einmaligen Identität, wo ich die Sinnfrage für mich, also persönlich stelle. Im Hinblick auf die weltanschaulichen Grundeinsichten hat das Konsequenzen:

Im Rahmen der Sinnfrage geht es stets auch um »Eigensinn«. Jede Familie ist deshalb gefragt, wie weitgehend es ihr gelingt, »eigensinnige Kinder« zu ertragen, zu stützen, ja zu erziehen. Eigensinnig heranwachsende Menschen sind für ihre unmittelbare Umgebung in jedem Falle unbequem. Sic lösen darüber hinaus Befürchtungen, ja Ängste aus: Werden sie der erprobten Sitte, den traditionsreichen Ritualen, unserem lebensnotwendigen christlichen Glauben den richtigen Sinn abgewinnen?

Eigensinn birgt immer ein Risiko! Aber er ist gleichzeitig die einzige Möglichkeit, die Sinnfrage oder d. h. letztendlich die Glaubensfrage so zu stellen, daß sie mich wirklich betrifft. So ist eine Familie, die ihre Kinder in der so viele Dinge umfassenden Lebenskunst einüben will, im Grunde danach gefragt, ob es ihr gelingt, nicht nur Eigenständigkeit, sondern auch Eigensinnigkeit zu fördern. Es lohnt sich, hierüber weiter nachzudenken!

Schlußbemerkung

Was hat ein Kind eigentlich davon (bzw. was sollte ein Kind davon haben), wenn es in einer Familie aufwächst? So haben wir eingangs gefragt und daraufhin eine Reihe von Antworten versucht. Bei jeder Bestimmung wurde die Familie als Handlungsfeld bezeichnet. In jedem Abschnitt ging es gleichzeitig darum, wie Beziehungsfähigkeit und Lebensbewältigung erreicht und vermittelt werden können. Dabei sollte deutlich werden, daß die Einübung von Grundantinomien, Grundrollen und weltanschaulichen Grundeinsichten nicht vereinzelt, ja kaum in einer Zweierbeziehung, sondern am funktionalsten in einer Gruppe von einander nahestehenden Menschen geschieht. Denn die Familie ist eine Gruppe! Sie ist die primäre, die grundlegende Gruppe, die die Entwicklung bzw. die Entfaltung von Identität ermöglicht. Sie ist aber nicht die einzige Gruppe.

Wenn wir im Kindergottesdienst um des christlichen Glaubens willen zusammenkommen, geschieht dies auch unter dem Vorzeichen gezielter Gruppenbildung. Was hier angeboten wird, sollte das, was in der Familie geschieht, ergänzen und erweitern, manchmal sicher auch korrigieren. Als zusätzliches Angebot aber sollte es jedenfalls sehr bewußt auf das ursprüngliche Gruppengeschehen in der Familie bezogen bleiben.

Wozu noch Kinderbücher?

Anmerkungen, Tips und Buchvorschläge zur Leseförderung heute

HANS GÄRTNER

Als Einleitung eine Erzählung

Einst, es ist schon lange her, lebte in einer kleinen Stadt eine Witwe. Sie hatte ein Kind, den kleinen Enzo. Eines Tages wurde sie krank und starb. Sie hinterließ nichts als ein paar Bücher.

So mußte Enzo bei einem reichen Krämer sein Brot verdienen. Der Krämer hatte einen großen Laden und viel Land. Doch war er weit und breit als geizig bekannt. Er zwang Enzo von früh bis spät zu harter Arbeit. Nie konnte der Junge mit anderen Kindern Fußball oder Marmeln spielen.

Einen einzigen Trost hatte Enzo: Er liebte Bücher über alles. Wenn er nachts heimlich las, vergaß er alles, was um ihn herum geschah. Bilder von schönen Landschaften und einer fremden Welt tauchten vor ihm auf. – Doch einmal erwischte ihn der Krämer und nahm ihm die Kerze weg. »So verbrauchst du meine teuren Kerzen, du Taugenichts! Dort ist der Mond, der soll dir leuchten, damit du deine dummen Bücher lesen kannst!« schimpfte der Alte, drehte sich um und knallte die Tür zu.

Enzo war traurig und weinte lange. Dann aber nahm er sein Buch und setzte sich ans Fenster. »Komm, lieber Mond, leuchte mir! Ich möchte lesen!« Enzo gab sich große Mühe, die Buchstaben zu erkennen, aber das Mondlicht war zu schwach, und mit der Zeit taten ihm die Augen weh. Traurig schaute er zum Himmel hinauf und seufzte: »O Mond, warum bist du nicht Sonne! So könnte ich alle Bücher lesen, die es gibt. Und vielleicht fände ich ein Buch, in dem geschrieben steht, wie man die Dummheit aus der Welt schafft.« Über diesem Traum schlief er ein. Auch der Geizhals schlief und ahnte nicht, daß der Mond tatsächlich auf die Erde kam. Er stieg an einer silbernen Leiter hinunter.

Bald klopfte er an die Tür des Kaufmanns. Weil er stets um sein Geld besorgt war und Angst vor Dieben hatte, war er sofort wach. Er stand auf, öffnete das Fenster und rief: »Wer da, zu so später Stund?«

»Ich bin es, der Mond. Ich bin gekommen, um dem kleinen Enzo zu leuchten, damit er seine Bücher lesen kann.«

Wütend knirschte der Geizhals mit den Zähnen. »Das wirst du bestimmt nicht tun!« schrie er heiser vor Zorn und schlug das Fenster zu.

Der Mond lächelte nur, brauchte er doch weder Tür noch Fenster, um irgendwo hineinzukommen. Er machte sich ganz klein, hüpfte flink durchs Schlüsselloch, sprang die Treppe hoch und rollte in Enzos Zimmer.

Hier blies er sich auf, und bald war er ein helleuchtender Mond. Enzo erschrak. »Hab keine Angst, Enzo! Ich bin zu dir gekommen, damit du in meinem Licht lesen kannst.« Enzo staunte sehr. Doch dann sprang er voll Freude auf und gab dem Mond einen dicken Kuß.

Seit dieser Nacht konnte Enzo lesen, soviel er wollte, und wenn er einmal müde war, erzählte ihm der Mond von seinen Reisen um die Welt. Viel wußte der Mond, und oft gab er dem Jungen hilfreiche Ratschläge.

Häufig sah man des Nachts den silbernen Mond auf seinem Weg zu Enzo.

Mit der Zeit wurde Enzo im Städtchen bekannt. Man kam jetzt nicht nur in den Krämerladen, um einzukaufen, mehr noch, um von Enzo schöne Geschichten zu hören.

Der Krämer platzte beinahe vor Neid und wurde darüber richtig krank. Bald starb er, denn nicht einmal für Medizin wollte er Geld ausgeben!

Von nun an verbrachte Enzo fast seine ganze Zeit zwischen den Büchern und lernte viel. Und als er erwachsen war, zog er hinaus in die Welt, um gegen die Dummheit anzukämpfen. Der Mond blieb all die Jahre sein Freund, und wenn die Nächte dunkel waren, beleuchtete er Enzos Weg.

In die kleine Stadt ist Enzo nicht mehr zurückgekommen. Aber die Leute haben ihn nie vergessen.

(Aus dem Bilderbuch: Branko V. Radičevič, »Lieber Mond, komm leuchte mir«, mit farbigen Bildern von Eugen Sopko. Nord-Süd Verlag, Mönchaltorf und Hamburg 1983.)

Erzählen und Lesen – wie eng gehören sie zusammen! In diesem Kunstmärchen sind beide kindlich-literarischen Grunderfahrungen und elementaren Rezeptionsformen auf geradezu wundersame Weise miteinander verwoben: Radičevič erzählt von einem Jungen, dem seine Bücher alles bedeuten. Dem sie Trost geben. Mit denen er sich gegen Unverstand, Herzenskälte und Mißgunst durchsetzt. Aus denen er viel lernt. Denen er trotz äußerer Widrigkeiten treu bleibt. Mit deren Hilfe er fähig wird, gegen Verstocktheit und Dummheit in der Welt anzukämpfen. Die ihn gar bekannt werden lassen als einen, der mit Geschichten aus den Büchern die Menschen anzieht . . .

Aber da ist auch jemand, der den kleinen Enzo zum Lesen seiner geliebten Bücher verhilft. Der das nötige Licht spendet. Der gute Ratschläge erteilt. Der dem vom Lesen müde gewordenen Jungen – erzählt, erzählt »von seinen Reisen um die Welt«. – Dieser Jemand ist nicht von dieser Erde, er steigt, gerufen von der Sehnsucht des lesehungrigen Menschenkindes, auf die Erde herab, »an einer silbernen Leiter«. Er wird zum Beg-Leiter des Heranwachsenden, zum Freund »all die Jahre, und wenn die Nächte dunkel waren, beleuchtete er Enzos Weg . . .«

Welche Richtung ich auch beim Aufspüren der »zweiten Ebene« dieser gewiß mehrdeutigen Erzählung einschlage – sie liefert mir Antworten auf meine Frage, wozu denn Kinderbücher eigentlich (noch) taugen; vorausgesetzt, Enzos kleine Bibliothek bestand nicht aus dem »Westöstlichen Diwan«, »Krieg und Frieden« oder der »Ilias«. Doch mein Thema soll wörtlich genommen werden. Mit der Formulierung »Wozu noch Kinderbücher?« löse ich mich und möchte ich den Leser lösen vom idealen, vom traumhaft schönen, vom märchenhaften Lese-Zustand des kleinen Enzo und möchte hineinführen in die harte Lese-Wirklichkeit dieser Tage.

1. Wozu *noch* Kinderbücher?

Gewiß:
Das Buch hat sich zum Massenmedium gemausert. Fast 200 Bücher (Koch- und Schulbücher allerdings eingeschlossen) finden sich im Durchschnitts-Haushalt eines Bundesrepublikaners des ausgehenden 20. Jahrhunderts; knappe 20 Stunden pro Monat verbringt er mit Büchern. Etwas mehr als die Hälfte aller Bundesbürger kauft pro Jahr mindestens ein Buch.

Aber:
43 Prozent unserer Mitbürger lesen so gut wie nie Bücher. Abiturienten sind nicht etwa automatisch auch interessierte und fleißige Leser; viele von ihnen kommen aus buchmageren und leseungewohnten Familien. Nicht nur die Lesebereitschaft, zum Teil sogar die Lesefähigkeit gehen, neuesten Untersuchungen zufolge, im Schul- und Hochschulbereich erschreckend zurück.

Denn:
Das gedruckte und bebilderte gute alte Buch, jenes älteste Medium »einer von Raum, Zeit und Personen unabhängigen Vermittlung symbolischer Bedeutungsgehalte« (Walter Kühnel)[1], ist schon lange nicht der einzige Vermittler von Information, Unterhaltung, Bildung. Seit mehr als drei Jahrzehnten steht es in hartem Ringen mit den Bild- und Tonmedien Fernsehen, Film, Hörfunk, Schallplatte und Kassette.

Die Elektronik beherrscht die Medienlandschaft. Computer und Bildplatte, Videofilm und Kabelfernsehen drohen mit dem Kahlschlag im Blätterwald und rufen die Pädagogen auf den Plan. Sie beobachten mit wachsender Besorgnis die fast als süchtig zu diagnostizierende Zuwendung der Nachwachsenden zu Bildschirm und Videokonserve. N. B.: Nach vorsichtigen Schätzungen nützten 1983 bereits 50 Prozent aller Haushalte der türkischen Mitbürger in Nordrhein-Westfalen das Videogerät, das zum wichtigsten audio-visuellen Medium dieser Gruppe (schon allein wegen der heimatsprachlichen Angebote, die im Fernsehen fehlen) wird.

Märchen werden heute im allgemeinen kaum noch (vor-)gelesen oder erzählt, viel lieber von den Kindern selbst von Schallplatte oder Kassette abgehört. Moby Dick, Gulliver, Pünktchen und Anton, die Biene Maja oder der Gestiefelte Kater erstehen dem Kind nicht mehr aus schwarzbedruckten Buchseiten, um in seiner Fantasie je eigene Gestalt anzunehmen und darin fortzuleben – das Fernsehen serviert fertige Gestalten via Trick- oder Spielfilm, täglich, stündlich, pausenlos. Heim-Computer übernehmen Rechtschreib- und Mathematiklernprogramme. »Fiction« und »Non-Fiction« werden per Elektronik über Videokamera oder Taschencomputer, bald schon überall auf -zig wählbaren TV-Kanälen in einer ständig wachsenden Freizeit an das Kind gebracht – wozu also *noch* Kinderbücher?

2. Wozu noch *Kinderbücher*?

Gleichwohl:
Mit Angstmalerei, Verteufelungstiraden oder Abschreckungsmanövern ist der rasanten Entwicklung des Mikroprozessors nicht beizukommen, ist sein Siegeszug nicht aufzuhalten. Das informations- und kommunikationstechnische Alphabet und Einmaleins müssen unsere Kinder einmal beherrschen wie Lesen, Schreiben, Rechnen. Sie werden – neben dem (Schul-)Buch – den aktiven, praktischen aber auch verantwortlichen Umgang mit den elektronischen Geräten und deren Soft-ware lernen müssen.[2]

Es kann nicht darum gehen, die Medien gegeneinander auszuspielen. Jedes von ihnen hat, zu seiner Zeit, seine Berechtigung. Gefahren sehe ich allerdings in der uferlosen, kritiklosen Einverleibung, bei der absoluten Freiwahl zum Beispiel Jugendlicher im Videoleihverkehr und -kaufsystem. Schule und Elternhaus stehen vor neuen erzieherischen Aufgaben. Ich sehe sie darin,

- ▶ dem Buch einen angemessenen Platz im Spektrum der Alltags- und Bildungsmedien einzuräumen, es von Anfang an einzubeziehen und einzusetzen;

- ▶ das Buch Selbstverständlichkeit werden zu lassen mit allen alltagspraktischen Konsequenzen, z. B.:
  - — Für Kinderbücher einen bestimmten Monatsetat veranschlagen wie für Erwachsenenkonsum auch! (Kinderbücher sind nicht nur Weihnachtsgeschenke oder Osternesteinlagen.)
  - — Kinderbücher und Erwachsenenbücher in das Wohnen einplanen! (Regale sind nicht nur für Weinflaschen praktisch.)
  - — Bücher ausleihen und austauschen! (Bibliotheken liegen näher, als man denkt.)
  - — Über Bücher sprechen, schimpfen, anderer Meinung sein, streiten! (Pantoffelkinogänger fressen sich eher an Kartoffelchips fe*tt* als an Diskussionsstoff fe*st*.)

- ▶ Das Lesen ist zu etablieren als eine Möglichkeit des Sichzurückziehens, des privaten Seins, der Ruhe, Muße und Sammlung.

Dennoch ist ein spürbarer Rückgang in der Kinder- und Jugendbuchproduktion der Bundesrepublik Deutschland nicht festzustellen. Um die *Quanti-*

tät des Kinderbuchangebotes ist es beileibe nicht schlecht gestellt heutzutage und hierzulande, das beweisen vorliegende Zahlen und Fakten.[3] Gilt dasselbe auch für die *Qualität*?

Kommen wir zum dritten Anlauf der Titel-Frage. Es betont das Wörtchen »wozu«:

3. *Wozu* noch Kinderbücher?

So vieles ist von berufener Seite über Nutzen und Wert von Buch und Lesen gedacht, gesagt, geschrieben worden. In dem diese Überlegungen einleitenden Märchen sind, auf eigentümlich verschlüsselte Weise, bereits wichtige – und das heißt für mich: existentiell-menschlich bedeutsame – Gründe für den Umgang mit dem Kinderbuch enthalten: Amüsement, Unterhaltung, Belehrung und Konzentration, Denkanstöße und Lachsalven – Kinderbücher sind Auslöser, Aufstöberer hierfür. Wofür noch? – An neun ausgewählten Kinder- und Jugendbüchern des Produktionsjahres 1983[4] will ich abschließend aufzeigen, wozu sie – wozu Kinderliteratur schlechthin – den Leser auf seinem Weg durch Leben und Welt führen kann.

1. Annegert Fuchshuber
   Mause Märchen – Riesen Geschichte
   Thienemanns Verlag, Stuttgart 1983

Gab's das schon? Zweimal ein halbes Bilderbuch in einem? Das eine, ein Märchen: Eine winzige Haselmaus unterscheidet sich von ihren Zeitgenossen dadurch, daß sie keinerlei Angst kennt. (Obgleich sie gar nicht stark ist, wie man vielleicht annehmen könnte.) Dennoch ist Rosinchen traurig, denn niemand mag sie. »Ohne Freunde ist das Leben nicht lebenswert«, sagt sie sich und wandert, immer der Nase nach, in die westlichen Wälder. Einen Freund findet sie nicht. Auf einmal aber hat sie das Gefühl, »als ob ein großer, großer Finger sie ganz sacht streichelte. Was war das nur?« – Das Buch gedreht und die »Riesen-Geschichte« gelesen, die unmittelbar auf das »Mause-Märchen« zuläuft – und man kennt die Antwort! – Die Idee allein ist einer Reverenz würdig. Die großflächig angelegten, aber im Detail fein ausgearbeiteten Illustrationen verdienen höchste Ehrung. Annegert Fuchshubers Sinn für Humor (der bei Kindern »greift«!) verbindet sich einzigartig mit einer ausgereiften Maltechnik. Blätterwerk und Stehkragenhemd, Blütenkelch und Riesenpopo, Baumrinde, Gewitterstimmung und Schneelandschaft – unnachahmlich ist das alles dargestellt. Ein rundherum großartiges Kinderbilderbuch, das Überraschungen auslösen wird.

2. Marieluise Bernhard-von Luttitz (Text)/Werner Maurer (Illustrationen)
   Hasenbilli
   Diesterweg Verlag, Frankfurt, und Sauerländer Verlag, Aarau 1983

»Kinder brauchen Bücher« fordert der Psychotherapeut Bruno Bettelheim und meint, daß Bücher selbst mehr zum Lesenlernen beitragen als Wortbildtraining und Lautierübungen. Bücher für Erstleser gibt es schon lange bei uns. Derzeit bemühen sich aber nicht weniger als 16 westdeutsche Verlage um Erstleser-Reihen, bauen sie aus und lassen sie meist von Didaktikern herausgeben. Nicht alle Titel werden lesepsychologischen Forderungen gerecht. Worauf es sicherlich ankommt: Trotz geringen Wortschatzes eine kindergerechte, »faszinierende« Geschichte zu erfinden und diese so zu präsentieren, daß auch optisch-formale Kriterien wie Sinnschrittgliederung und Schriftgröße unbeanstandet bleiben. Ein Büchlein aus vielen, das zum Lesenlernen den nötigen Spaß liefert, ist »Hasenbilli«.

Darin geht es um den kleinen Billi, der seine beiden Kaninchen über alles liebt. Ernsthaft sorgt er für die Tiere und dressiert sie sogar, ja, er fährt sie im Kinderwagen voller Stolz spazieren. »Hasenbilli« ist enttäuscht, beim ersten Frost zur Abgabe seiner Lieblinge aufgefordert zu werden. Sie müssen zu einem Bauern, der ihnen den Winter über einen Stallplatz geben kann. Wie erleichtert ist Billi, als der Bauer die Hasen »nur in Pflege« nimmt! Eine einfühlsam und versiert erzählte, sehr reizvoll illustrierte Geschichte. Sie ist Erstlesern thematisch, inhaltlich und umfangmäßig angemessen.

3. Willi Fährmann (Text)/Werner Bläbst (Illustrationen)
Der überaus starke Willibald
Arena Verlag, Würzburg 1983

In einem Brief vom August 1983 schreibt mir Willi Fährmann, mehrfach preisgekrönter Jugendbuchautor aus Xanten, dort Schulamtsdirektor: »... stets haben mich Zweifel befallen, wenn ich Erzählungen las, die die Nazizeit zum Thema für Kinder machten. Wenn ich an das Lesealter dachte, schienen mir Verkürzungen der schrecklichen Ereignisse notwendig, in Hinblick auf das Thema allerdings verbietet sich meiner Meinung nach jedes Zurechtstutzen auf Verträglichkeit. Die Quadratur des Kreises? Schwierigkeiten haben mich oft gereizt. Hier liegt das Ergebnis vor. Meine Absicht war es, Kinder erleben zu lassen, wie ein Mäusevolk einen ›Boß‹ groß und gewaltig werden läßt. Auf hoffentlich auch vergnügliche Weise werden jüngere Leser Strukturen wiedererkennen und durchschauen, die ihnen in Spielgemeinschaften, Straßengruppen und Schulklassen immer wieder begegnen: Einer will Boß sein. Frühe Sensibilisierung in diesem Bereich halte ich für wichtig.«

»Der überaus starke Willibald« aus dem Arena Verlag – diese Parabel, diese Geschichtslektion im Gewande einer Kindergeschichte mit durchaus nicht unüblichem Inventar redender und wie Menschen agierender Tierlein erzählt von Willibald, dem Boß einer vielköpfigen Mäusesippe, die dieser sich gefügig machen will: »Flink wie Fledermäuse, hart wie Tirolerbrot, zäh wie Schweinsschwarte« wünscht sich Willibald seine Untertanen. Genauso wie Mäusejosef und Mäusehermann auch, die aber weitaus gerissener, schlauer sind als ihr tumber, kraftstrotzender Anführer ... Der »baut seine Macht auf das klassische Mäuse-Trauma: Die haarsträubende Angst vor der Katze.« Da gilt es, stramm zu stehen, zu marschieren, dem Boß zu huldigen »mit der rechten Vorderpfote an der spitzen Schnauze ...«[5]. – Wer wüßte nicht, worum es in dieser Mäusefabel geht! Kindern wird ihr Ernstcharakter natürlich nicht von selber einsichtig. Hitler und seine Praktiken sind Sache der Ausdeutung. Albert von Schirnding sprach von der »gelungenen Anwendung des Prinzips der doppelten Spiegelung«[6]. Und solche Spiegelungen können nur Bücher, in besonderer Weise Kinderbücher erbringen.

4. Meshack Asare
Kwajo und das Geheimnis des Trommelmännchens
VSA-Verlag, Hamburg, und Jungbrunnen Verlag, Wien-München 1983

Kinderbücher entführen ins Land der Doppelspiegelungen, sie führen aber auch in Länder, zu Völkern, zu denen Kinder nicht ohne weiteres einen Zugang haben. Eines der für mich eindrucksvollsten jüngsten Beispiele für ein Buch gegen Rassismus ist »Kwajo . . .«.

Der schwarze Kwajo ist in Ghana zu Hause. Sein Vater – ein Künstler. Er fertigt Bronzefigürchen. Das alte Volk der Ashanti nannte und nützte sie als Goldgewichte. Früher, vor Hunderten von Jahren, wogen die Ashanti den Goldstaub, ihr Zahlungsmittel, mit solchen Figur-Gewichten. Sie stellten Pflanzen, Tiere, aber auch Menschen dar und versinnbildlichten Redensarten und Lebensweisheiten jenes Volkes. Bei seiner Arbeit hilft Kwajo seinem Vater, so oft es geht. Der schenkte seinem Sohn eine Figur, das ein Trommelmännchen darstellte. Dieses wird lebendig und verrät dem Jungen sein Geheimnis: Es weiß, wo ein großer Goldschatz verborgen liegt. Im Traum kommt Kwajo diesem Schatz näher und näher, aber er erfährt auch, wie wenig wichtig es ist, viel Gold zu besitzen. Das Trommelmännchen verhilft dem Jungen zur Weisheit. – Meshack Asare aus Ghana ist in seiner afrikanischen Heimat ein bekannter Kinderbuchautor und -illustrator. 1982 gewann er mit diesem wunderschön bebilderten Buch – einer gelungenen Synthese aus Mythos, Traditionsdenken und Märchen – den »Noma Award for Publishing in Africa«.[7]

5. Christina Björk (Text)/Lena Anderson (Illustrationen)
Linnéas Jahrbuch
C. Bertelsmann Verlag, München 1983

Ein Jahrbuch – das wünschen sich Kinder, ein Buch, mit dem sie das ganze Jahr über etwas anfangen können, das Sinn und Spaß vermittelt. Hier ist es!

Kein dicker Wälzer, der durch sein Überangebot flügellahm machen könnte, noch bevor die ersten Seiten angeblättert sind. Im Gegenteil: Ein schmaler Band von etwas über 60 Seiten. Die aber haben's in sich! Linnéa tritt da auf, ein Mädchen, das vielen Lesern aus zwei früheren Büchern bereits aufs Beste bekannt ist, das Großstadtpflänzchen mit den grünen Fingern, das »Die schnellste Bohne der Stadt« (so der Titel des einen Buches, 1980) gezüchtet hat und sich aufs Pflanzen und Kochen mit Bruder Linus (»Linus läßt nichts anbrennen«, 1982) und aufs Gärtnern versteht. Hier nun zeigt Linnéa, wie leicht es ist und wie wenig Mittel nötig sind, um sich – Monat für Monat – in freier Natur oder unterm Dach beim Basteln, Drachenbauen, Strandgutsammeln, Blätterpressen, Nähen, Kranzflechten, Vogelfüttern zu vergnügen. Ein Mitmachbuch voller beschwingter, aber immer auch sachgerechter Zeichnungen, Beschäftigungstips und Tierbeschreibungen. Die Geschlossenheit von Konzeption und Ausführung ist bewundernswert.

So unbeschwert-heiter, dem Augenblick hingegeben die Welt der kleinen Gärtnerin Linnéa – so bedrückend, beängstigend das Zukunftsbild für die Kinder von Schewenborn (und unsere Kinder auch), das die südamerikaerfahrene Schriftstellerin Gudrun Pausewang, Grundschullehrerin im Hauptberuf, in ihrem Buch

6. Gudrun Pausewang
Die letzten Kinder von Schewenborn
Otto Maier Verlag, Ravensburg 1983

zeichnet. Gudrun Pausewang meint nicht zu Unrecht, wir verdrängten die drohende Gefahr der alles vernichtenden Kernwaffen nur, und sie habe in dieser Erzählung versucht, die bevorstehende Vernichtung der Menschheit vorstellbar zu machen. Auch für Kinder. (Das erinnert an den amerikanischen Film »The Day After«, vor dem allerdings nicht wenige – erwachsene! – Kinobesucher, der gezeigten Schreckensszenen wegen, vorzeitig flohen, um sozusagen »das Ende« nicht mit ansehen zu müssen.) – Für Kinder ist Pausewangs Buch eine Zumutung, sagen die einen. Die jungen Leser erleben den Niedergang einer kleinen Atombombe in der Nähe Fuldas und dann die grauenerregenden Folgen in den ersten vier Jahren danach: Babys kommen ohne Augen zur Welt, werden deshalb getötet; Kinder siechen dahin, ein Schwerverletzter bringt sich um, eine Gebärende verblutet langsam, Verstümmelte vegetieren. Dagegen ist dies alles nichts, wenn Strom und Wasser, Nahrung und Medikamente fehlen, wenn Äcker strahlenverseucht werden, Hunger die Überlebenden quält: eine Apokalypse der Katastrophe, aussichtslos. Sieht so unsere Zukunft aus? (Dies der Untertitel des Buches.) Ist das, was darin visionär vorausgesehen und packend geschildert wird, tatsächlich zu erwarten? So zweifeln die andern. Und wieder andere leugnen nicht die Wichtigkeit, »junge Leser auf die möglichen Folgen einer Atomexplosion aufmerksam zu machen, nur«, so meint die Kritikerin Jessica Schmitz[8], »geschieht das hier mit unzureichenden künstlerischen Mitteln. Die Identifikation mit den dargestellten Personen gelingt nicht, da es die Autorin nicht verstanden hat, sie lebendig zu machen. So nimmt man auch das grausige Geschehen relativ unbeteiligt hin, und der bezweckte Abschreckungseffekt bleibt aus.«

Das Buch ist, trotz dieser und anderer Vorwürfe, eines der aufwühlendsten und beachtenswertesten Neuerscheinungen auf dem ganz und gar nicht verharmlosenden und verniedlichenden Kinderbuchmarkt. Es entfacht wichtige Diskussionen über unser aller Zukunft bei jungen Menschen ab etwa 12 Jahren. Gerade die junge Generation verlieh diesem Buch bereits ansehnliche Preise (z. B. den Zürcher Kinderbuchpreis »La vache qui lit« 1983). Gerade das *Buch* zeigt wieder einmal den Vorteil vor anderen Medien, nicht mit der unerbittlichen Direktheit etwa des Spielfilms auf den Rezipienten zu wirken, sondern ihm Raum zu lassen für eigene Vorstellungsbilder.

Geht es um Probleme des Zusammenlebens, so muß freilich nicht immer soweit gegangen werden wie bei Gudrun Pausewang. Ein Roman für junge Leser ab 14 Jahren belegt dies trefflich. In

7. John Branfield
Ein Jahr wie ein Leben
Verlag Herder, Freiburg i. B. 1983

geht es um die »bewegende Geschichte einer Freundschaft zwischen zwei sehr ungleichen Partnern: einem jungen Mädchen und einem eigenwilligen 90jährigen Mann ... Aus dem ersten ›widerwilligen‹ Kontakt (als Begleitperson der als Gemeindeschwester arbeitenden Mutter) entwickelt sich ein Vertrauensverhältnis, durch das die ganze Lebensgeschichte des Alten zur Sprache kommt.«[9] Dieses Leben des greisen

Farmers aus Cornwall, dieses Strandräubers und leidenschaftlichen Erzsuchers war einfach – und diese dem Verlöschen nahe Kargheit eines Daseins berührt wohl die 15jährige Frances so tief. Hanna Köster-Ljung urteilt: »Obwohl das Buch keine eigentlichen Höhepunkte hat, fesselt es den Leser doch, weil sich hier Vergangenheit und Gegenwart gut verbinden, einmal weil sich Tom Treloar trotz des hohen Alters hartnäckig und fast listig gegen seine habgierigen Verwandten zu behaupten weiß, zum andern, weil stets die Arbeit der resoluten Gemeindeschwester mit in die Handlung verwoben wird. Das Buch gewinnt einen besonderen Wert dadurch, daß hier die Arbeit am Nächsten ohne falsches Pathos geschildert wird ... Ein Jugendroman mit tiefem Sinn.«[10]

Fragen nach dem Sinn werden gar nicht so selten im Kinder- oder Jugendbuch gestellt und beantwortet. Allerdings muß man diese Titel schon suchen. Eins möchte ich zum Schluß noch ansprechen, das zeigt, auf welch unterschiedliche Weise sich das Genre Jugendbuch dem Religiösen öffnet.

8. Claude Raison (Hrsg.)/Henri Galeron (Illustrationen)
Was ich Jesus fragen würde
Patmos Verlag, Düsseldorf 1983

Das Buch fasziniert allein schon von seinem ungewöhnlichen Ansatz her, dann aber auch aufgrund seiner Typografie und Grafik. Welche Fragen sie Jesus persönlich gern stellten, wollte der Herausgeber von jungen Zeitschriftenlesern in Frankreich wissen. 1500 Antworten erhielt er – »eine überwältigende Zahl. Sechzehn wurden davon ausgewählt ...« Da fragen junge Leute nach recht Vordergründigem, z. B. was man zu Jesu Zeit gegessen habe, ob Jesus seiner Mutter ähnlich gesehen habe, warum er ausgerechnet in Israel zur Welt gekommen sei. Die meisten Fragen aber loten in die Glaubenstiefen hinab: »Müssen wir wirklich jeden Menschen lieben?«, »Warum leben wir, wenn wir doch sterben müssen?«, »Warum bist du ein bißchen wie wir und doch anders als wir?« Antworten auf diese Fragen geben jeweils ein längerer Text, eine kurze Stelle aus einem bedeutenden literarischen Werk und schließlich – nicht zuletzt – die grandiosen Farbbilder von Henri Galeron. Claude Raison hofft: »Vielleicht regen euch die Bilder zum Weiterträumen, die gedruckten Antworten zu eigenen Antworten an; vielleicht läßt euch das eine oder andere Gedicht zu Pinsel oder Stift greifen, um selber zu schreiben und zu malen.«

9. Hans Gärtner (Text)/Rolf Rettich (Illustrationen)
Leselöwen ABC-Geschichten
Loewes Verlag, Bayreuth 1983

Bücher, Kinderbücher schon, lassen sich nicht nur lesen und sammeln, vorlesen und besprechen, sie lassen sich auch ausdenken, schreiben, machen. Daran sollen schon Kinder teilhaben können. Aber selbst der Vortragende versucht sich gelegentlich als Kinderbuchschreiber. Ob er damit den Markt nicht nur – was unnötig ist – *an*reichert, sondern auch – was nötig ist – *be*reichert, das entscheiden die Kinder. In den Leselöwen-ABC-Geschichten geht es um das Spiel mit der Sprache und ihren Elementen, den Wörtern, Silben, Buchstaben. Das ist beileibe nichts umwerfend Neues, das gab's und gibt's bei Friedrich Güll und James Krüss, bei Paul Maar und

Josef Guggenmos, bei Richard Bletschacher oder Mira Lobe, um nur wenige Wortkünstler im Kinderliteratur-Metier zu nennen. Auf Vergleiche mit ihnen kommt's mir aber nicht an, vielmehr darauf: Sprache soll Kinder möglichst früh zu eigenen Schöpfungen anregen. Zu ihrer Sprache sollen Kinder ein spielerisches Verhältnis gewinnen. Das schafft Vertrauen. Das schafft Abstand und Freude – beispielsweise am Klang, am Reim, am Rhythmus. – Kindern eines ausgehenden ersten Schuljahrs hat das folgende Buchstabengedicht gut gefallen, so gut, daß sie es gar auswendig lernten, ohne daß es in einen verpflichtenden Staats-Katalog zu beherrschender Sprachkunstwerke aufgenommen werden mußte:

Haha!

So sagte einst ein kleines *a*:
Allein bin ich nur dazu da,
den Mund weit aufzureißen.
Wie wär's, wenn ich, das kleine *a*,
mir anlacht' gar ein kleines *h*?
So tät ich *ah* dann heißen.

Da kam zur Nacht, sieh da, sieh da,
ein ganz genauso kleines *a*
und hängt' sich an die beiden;
aha, sagt' da das erste *a*,
nun steht ein Ausruf plötzlich da.
Das läßt sich nicht vermeiden.

Bald schlich herbei ein weit'res *h*
und wundert' sich: Was steht denn da?
Was kann man da bloß machen?
Ein *a*, ein *h* und noch ein *a*?
Da setz ich mich vorn dran, *haha!*
Jetzt gibt es was zu lachen.

Anmerkungen

[1] Walter Kühnel: Die Entdeckung des Lesers. In: Buch und Lesen, hrsg. von der Deutschen Lesegesellschaft e. V., Bonn 1978, S. 123
[2] Vgl. die Ausführungen von Paul Harro Piazolo, Staatssekretär im Bundesbildungsministerium, vor dem VBE in Leverkusen, leicht gekürzt in: agipress Nr. 4/16. 2. 1984, S. 13–16!
[3] Nachzulesen in: Buch und Buchhandel in Zahlen 1982, hrsg. vom Börsenverein des Deutschen Buchhandels e. V., Frankfurt am Main 1982, insbesondere S. 13
[4] Die Wahl von Buch-Beispielen, die schon einige Jahre zurückliegen, hat den Vorteil, daß die Bücher, zumindest einige davon, bekannt sind.
[5] Aus einer Besprechung in: Kaarst aktuell vom 12. 10. 1983
[6] Süddeutsche Zeitung, München, vom 4. 2. 1984
[7] Nach: vierte Umschlagseite des Buches von M. Asare, deutschsprachige Ausgabe 1983
[8] Aus: Der Evangelische Buchberater, Göttingen, 3/83, S. 274
[9] Aus: BA, Reutlingen, 6/83, S. 81
[10] Aus: jugendbuchmagazin, Essen, 3/83, S. 165

Wir danken, Herr, daß du uns kennst

2. Zur Taufe blicken wir zurück.
Was Gott gab, wurde uns zum Glück
ob uns die Eltern, Paten brachten,
ob wir schon eigne Schritte machten.
Zur Taufe blicken wir zurück.

3. Wir sind als Gottes Volk erwählt,
durch Jesus zu dem Bund gezählt,
den Gott aus Liebe hat geschlossen:
»Mitbürger seid ihr, Hausgenossen!«
Wir sind als Gottes Volk erwählt.

3. Nie gilt das Heil nur uns allein.
Wir sollen Friedensbringer sein,
können durch Gottes Geist getrieben
Menschen, die fern und feind sind, lieben.
Nie gilt das Heil nur uns allein.

4. (Wie 1)

Text und Melodie: Dieter Trautwein 1984

IV

Mit Kindern unterwegs: Singen und sich bewegen

Ganzheitliches Erleben mit kleinen Kindern unter besonderer Berücksichtigung musikalischer Elemente

Rolf Krenzer

1. Einleitung

Religiöse Erziehung kleiner Kinder setzt eine breite Erlebnispraxis voraus. Wichtigstes Anliegen ist es, Glauben zu leben, Glauben zu erleben, d. h. Inhalte und Angebote unseres christlichen Glaubens so zu aktualisieren, daß sie erlebbar werden. Unsere Aufgabe ist es, Bedingungen für die Kinder und für uns zu schaffen, die mit vielen Sinnen erlebbare Situationen ermöglichen. Es sind hier gerade weniger die verbal vorgetragenen religiösen Inhalte, die dem Kind das vermitteln, was wir mit Glauben meinen. Vielmehr sind es freudig empfundene, verinnerlichte und haftende Erlebnisse in einer gelösten Atmosphäre, die einander näher bringen und das gemeinsame Geborgensein im Schutz Gottes erfahren lassen.

Weil gerade im Bereich des Spielens wirkliche und echte Erlebnischancen außerordentlich groß sind, haben sich hier ganz besonders *Spiellieder* bewährt, die wegen ihrer einfachen Texte und Melodien mit den geringsten Voraussetzungen spontan sogleich in ein erlebnisreiches Spiel umgesetzt werden können und jüngere Kinder ebenso ansprechen und anregen wie ältere.

Ein Angebot solcher einfachen Spiele und Spiellieder setzt voraus, daß es dem Kindergottesdiensthelfer selbst Freude macht, diese oder jene Anregung aufzunehmen und einzubringen. Nur dann, wenn er selbst von dem einzelnen Spiel oder Lied überzeugt ist, wenn er es selbst mit Freude und Begeisterung einbringt, wird es gelingen, diese Freude den Kindern weiterzugeben und sie zu begeistern.

Religiöses Erleben findet dort statt, wo es gelingt, Kindern den Glauben ihrer Bezugsperson so zu vermitteln, daß sie sich angesprochen fühlen, freudig mitschwingen und mitempfinden, welche Freude dieser Glaube bewirkt, aber auch welchen Trost und Halt er gibt. Religiöses Erleben findet dort statt, wo der Erwachsene, mit dem das Kind umgeht, wo er in seinem Glauben lebt und aus seinem Glauben heraus handelt. Je jünger das Kind ist und je weniger Rückmeldung zunächst zu verzeichnen ist, um so stärker benötigt es dieses Hineingenommenwerden in den Glauben der Eltern und Erzieher, weil auf dieser Basis erst nach und nach der persönliche Glaube sich entwickeln und wachsen kann.

Das bedeutet: *Die Vermittlung religiösen Erlebens steht und fällt nicht mit der methodisch-didaktisch gelungenen Vermittlung von biblischen Inhalten, von Liedern und Texten, sondern allein mit dem religiösen Erleben des Kindergottesdiensthelfers.*

Je jünger das Kind ist, um so stärker ist es in seinem Tun und Lernen, in seinem gesamten Erleben mehr von dem jeweiligen Augenblick und der jeweiligen Stimmung bestimmt als vom Nachdenken über Vergangenes und Zukünftiges.

Es nimmt Stimmungen der Erwachsenen auf und verarbeitet sie so, daß es sie in der aktuellen Situation anwendet:

Im letzten Jahr noch lief es durch den Mairegen und ließ sich naßregnen, weil ihm stimmungsmäßig vermittelt wurde, daß der Mairegen es ganz schnell wachsen läßt. Heute sagt es ängstlich: »Ich gehe nicht raus. Der Regen ist giftig!«

Im Gegensatz zu den angstmachenden, bedrückenden und nicht faßbaren Erlebnissen vermitteln das gemeinsam erlebte Gebet, das freudig gesungene Lied, das mit vielen Sinnen spontan gewagte und gelungene Spiel, das regelmäßige Mitfeiern von christlichen Festen und Gottesdiensten tief beeindruckende Erlebnisse und Erfahrungen, die sich einprägen und weitere Erlebnisse und Erfahrungen in diesem elementaren Glaubensbereich für das Kind selbst wünschenswert machen.

Katechetische Feiern mit Erzählen und Beten, mit Singen und Musizieren, mit Schauen und Betrachten, mit Rollenspielen und kultnahen Handlungen und auch mit Essen und Trinken können zentrale Inhalte des Glaubens erlebnismäßig nahebringen, somit Glauben erleben lassen.

Die wichtigste Forderung, die im Hinblick auf jüngere Kinder im Kindergottesdienst gestellt werden muß, ist, daß das Kind den elementaren und aktuellen Grundbezug Gottes zum Menschen erlebt und erfährt gemeinsam mit allen ... und daß es sich angenommen weiß und freudig mittun kann und darf.

2. Erleben durch Singen und Spielen

Wesentliche Ziele der religiösen Erziehung sind darin begründet, daß jeder von uns – Kind wie Erwachsener – immer wieder erfährt, daß er mit allem, was er kann und nicht kann, von Gott angenommen ist und daß er sich jederzeit und überall darüber freuen darf.

Eine Haltung und Gemütsbildung kann sich nicht abstrakt, sondern nur in der Beziehung zu anderen Menschen ausbilden. Wesentliche Voraussetzung stellt hierfür eine emotionale Zuwendung dar. Wenn sich Kinder gerade von Familiengottesdiensten und von religiösen Inhalten in Kindergarten und

Grundschule so stark angesprochen fühlen und aktiv freudig mitmachen, liegt das nicht zuletzt daran, daß durch den immer stärker werdenden Einsatz von Liedern, Spielliedern und Spieltänzen Möglichkeiten gefunden wurden, einander näher zu kommen. Hier liegt eine Möglichkeit, sich nicht nur kognitiv, sondern emotional und körperhaft zu begegnen und einmal gelernte Lieder und Liedinhalte durch die freudig gewünschte Wiederholung vertrauter und beliebter zu machen.

Lieder, Spiellieder und Spieltänze erfüllen dabei unterschiedliche Aufgaben:

— Erleben und erfahren, daß wir etwas können, daß wir von Gott angenommen sind und von den Menschen, die sich mit uns gemeinsam freuen, die mit uns singen, tanzen und spielen ... und daß wir uns alle gemeinsam freuen dürfen, weil Gott uns lieb hat;
— sich einbezogen fühlen in den Glauben des anderen, der mit uns singt, und dabei Vertrauen erfahren und Vertrauen geben, d. h. auch im Lied, im Spiellied und Spieltanz christliche Glaubensinhalte wie Freude, Trost, Hoffnung mit allen Sinnen erleben und erfahren können;
— Inhalte des Alten und Neuen Testamentes durch das Spiellied und das Singspiel erlebnishaft aktuell erfahren und auch wiederholen, wobei Geschichten dann zum wirklichen Erlebnis werden, wenn sie in ein Spiel umgesetzt werden können;
— erleben und erfahren, daß wir auch im Lied mit Gott sprechen können, daß ein Lied ein Gebet sein kann, ein Dank- und Bittgebet oder ein Lied des Lobens und Preisens, so wie der Psalmist einst zu Gottes Lob gesungen hat und seine Gebete in den Psalmen Gott vortrug.

Das Spiellied fordert zum spontanen Mitsingen und Mitspielen geradezu heraus. Seine Melodie ist so einfach, daß sie sehr schnell aufgenommen und mitgesungen werden kann, meist bereits bei der ersten Wiederholung. Auch der Text, der in den weiteren Strophen zum gestischen, mitmischen und pantomimischen Mittun auffordert, bereitet keine Schwierigkeiten. So kann immer der gleiche Text gesungen werden, wobei sich die Bewegungen von Strophe zu Strophe ändern.

Andere Spiellieder variieren in ihren folgenden Strophen nur um ein Wort oder einen Satz. Strophenlieder haben einen von allen gesungenen Refrain. Die Strophen selbst bieten vom Text her die Anregung, das, was erzählt wird, sogleich in eine spielerische Gestaltung umzusetzen. Text und Melodie sind somit so einfach, daß sie sogleich aufgenommen und behalten werden. Ich erlebe es sehr oft, daß Kinder – ohne das Spiellied vorher gekannt zu haben – bereits beim ersten Vorstellen sofort mitsingen, mitsummen und mitschwingen. Ebenso einfach sind die Spielaufgaben, die sich allein nach den Möglichkeiten jedes einzelnen Mitspielers richten.

Wir können uns das an einigen Beispielen daran verdeutlichen, daß wir es an uns selbst erfahren, daß wir es selbst erleben. Es sind Lieder, die mich selbst betreffen, die von mir und anderen erzählen und die gutes Zusammenleben ansprechen:

Ich sag' dir guten Morgen

Gott schenkt uns diesen Morgen,
weil er uns gerne mag.
Wir danken für den Morgen
und bitten für den Tag.

Text: Rolf Krenzer; Musik: Peter Janssens
Aus MC und Liedheft: »Ich schenk' dir einen Sonnenstrahl«, 1985. Rechte im Peter Janssens Musik Verlag, 4404 Telgte/Westfalen

Kinder mögen diese Lieder deshalb sehr, weil sie genau wissen, daß jeder von ihnen zu einer winzigen Spielaufgabe aufgefordert wird. Dabei kommt dem Spielleiter eine besondere Rolle zu. Auch muß die Möglichkeit gegeben werden, daß die Lieder durch spontan eingebrachte eigene Text- oder Bewegungsvorschläge noch ergänzt werden.

Wichtig ist, daß jedes Kind im freudig gesungenen Lied direkte Zuwendung erfährt. Es wendet sich ebenso direkt den Mitspielern und dem Erzieher zu, der während des Singens mit im Kreis herumgeht und jedes einzelne Kind berührt und zum Spiel auffordert und dann, wenn er zum nächsten Kind weitergeht, es nicht ohne ein herzliches Lächeln, ein Drücken verläßt. Er selbst fühlt sich in dieser Atmosphäre angenommen und geborgen, deshalb ist seine Zuwendung ehrlich und dem Kind vertraut.

Ein solches Lied kann durch viele Strophen aus dem Stegreif erweitert werden, so daß für jedes Kind eine Spielaufgabe daraus abzuleiten ist. Es bietet vom Text her ein schlichtes Gerüst und regt die Mitspieler dazu an, eigene Ideen einzubringen und gemeinsam zu verwirklichen, so daß so viele

Strophen gesungen werden, wie Kinder im Morgenkreis sitzen. Wichtig ist allerdings, daß derjenige, der das Lied vorstellt, sich selbst mit lauter Stimme und mit viel Spielfreude einbringt, vor allem, daß ihm das Lied selbst Freude macht. Da das Singen und spielerische Gestalten auf einer ganz einfachenen Ebene erfolgen darf, kommen Hemmungen gar nicht auf. Keiner fühlt sich von den Anforderungen, die Lied und Spiel an ihn stellen, überfordert. Wir haben solche Lieder in Gottesdiensten verwendet und erfuhren, daß in ganz kurzer Zeit Kinder, Jugendliche und Erwachsene mitsangen und dann, wenn sie dazu aufgefordert wurden, den einfachen Spielanregungen spontan nachkamen. Und das, ohne daß ihnen das Lied vorher bekannt war.

In ähnlicher Weise lassen sich einfache Tänze einsetzen. Voraussetzung ist, daß die Tanzaufforderungen so einfach sind, daß sie von allen auf eine ihnen mögliche Weise und mit der Hilfe anderer verwirklicht werden können. Beispiele dafür können sein:

Kanon: Ehre sei Gott

Text: Rolf Krenzer; Musik: Ludger Edelkötter
Aus Doppel-MC: »Kinderlieder – Krippenspiele«

Wir stehen in drei Reihen hintereinander im Halbkreis oder Kreis. Zur 1. Zeile halten wir die Hände mit dem Handteller nach oben (offene Gebetshaltung). Zur 2. Zeile heben wir die Hände in der gleichen Haltung hoch. Dann breiten wir sie weit aus, daß wir die Hände unserer Nachbarn berühren. Wir halten uns an den Händen fest. – Der Kanon ist nicht an die Weihnachtsgeschichte allein gebunden. Er kann jederzeit im Gottesdienst eingesetzt werden, macht er doch deutlich: Wenn ich Gott ehre, habe ich auch Ehrfurcht vor seiner Schöpfung und seinen Geschöpfen.

Das gemeinsame *Beten, Bitten und Danken* kann in einem Lied ausgedrückt werden, das mit einfachen Gesten begleitet werden kann.

Halte zu mir, guter Gott

Text: Rolf Krenzer; Ludger Edelkötter
Aus LP + MC: »Halte zu mir heute, guter Gott.« Alle Rechte beim Impulse-Musikverlag, Natrorp 2, 4406 Drensteinfurt

3. Ganzheitliches Erleben biblischer Inhalte

Angebote, die in diesem Rahmen vorgelegt werden, können nur einen sehr kleinen Ausschnitt Geschichten aus dem Alten und Neuen Testament vorstellen. Sie sind als exemplarisch anzusehen und als Anregungen gedacht, auf welche Weise man Möglichkeiten zum Erleben und Erfahren weiterer Texte findet. Immer werden Gespräche, Spiel, Text und Lied ganz besonders im Mittelpunkt stehen, weil sie eine sehr hohe Erlebnischance bieten.

3.1. AT: Zum Beispiel die Schöpfungsgeschichte

Gott ist der Schöpfer aller Dinge. Die Schöpfungsgeschichte läßt sich konkret erleben und erfahren, wenn es gelingt, das Kind auf all die Dinge aufmerksam zu machen, die es täglich um sich sieht. Alle Tiere, auch die allerkleinsten, sind Geschöpfe Gottes. Wir tragen die Verantwortung dafür, daß diese Geschöpfe ihr Leben so leben dürfen, wie es ihnen von Gott bestimmt ist. Das gilt auch für Pflanzen, für die Flüsse, für das Meer, für die Luft usw. Gott hat uns seine Schöpfung unserer Verantwortung anvertraut. Wir tragen Verantwortung für alles. Gott will nicht, daß wir seine Schöpfung quälen oder gar vernichten. Er will, daß wir sie erhalten und uns an ihr erfreuen. Und diese Welt ist ein Geschenk Gottes an uns Menschen.

Du hast uns deine Welt geschenkt

2. Du hast uns deine Welt geschenkt:
die Länder – die Meere.
Du hast uns deine Welt geschenkt:
Herr, wir danken dir.

3. Du hast uns deine Welt geschenkt:
die Sonne – die Sterne . . .

4. Du hast uns deine Welt geschenkt:
die Blumen – die Bäume . . .

5. Du hast uns deine Welt geschenkt:
die Berge – die Täler . . .

6. Du hast uns deine Welt geschenkt:
die Vögel – die Fische . . .

7. Du hast uns deine Welt geschenkt:
die Tiere – die Menschen . . .

8. Du hast uns deine Welt geschenkt:
Du gabst mir (uns) das Leben.
Du hast mich (uns) in die Welt gestellt.
Herr, ich (wir) danke(n) dir.

Text: Rolf Krenzer; Muski: Detlev Jöcker
Aus MC und Liedheft: »Solange die Erde lebt«
im Menschenkinder Musikverlag, Am Hagen 5,
4400 Münster-Hiltrup

Gäbe es kein Licht

Text: Rolf Krenzer; Musik: Detlev Jöcker
Aus MC und Liedheft: »Licht auf meinem Weg« im Menschenkinder Musikverlag, Am Hagen 5, 4400 Münster-Hiltrup

Was wir um uns herum als Gottes Schöpfung wahrnehmen und erleben, können wir im Spiel verdeutlichen und uns im Lied bewußter machen.

Bunte Blumen dürfen blühn

Text: Rolf Krenzer; Musik: Detlev Jöcker
Aus MC und Liedheft: »Solange die Erde lebt« im Menschenkinder Musikverlag, Am Hagen 5, 4400 Münster-Hiltrup

3.2. AT: Zum Beispiel die Geschichte von Noah und der großen Flut

Dem Kind soll auch bewußt werden, daß Gott seine Schöpfung schützt und erhält und daß Gott unser Vater ist, wir seine Kinder, seine Geschöpfe. Gott hält an dem Bund fest, den er einmal mit den Menschen geschlossen hat. Als Zeichen dieses Bundes steht immer wieder der Regenbogen am Himmel.

Kommt in das Schiff hinein

Text: Rolf Krenzer; Musik: Detlev Jöcker – Aus MC und Liedheft: »Solange die Erde lebt« im Menschenkinder Musikverlag, Am Hagen 5, 4400 Münster-Hiltrup

Und am Ende steht der Regenbogen als Zeichen des Bundes, den Gott mit uns Menschen für alle Zeiten geschlossen hat, am Himmel:

Regenbogenlied

Text: Rolf Krenzer; Musik: Detlev Jöcker
Aus MC und Liedheft: »Solange die Erde lebt« im Menschenkinder Musikverlag, Am Hagen 5, 4400 Münster Hiltrup

Lied auf der rechten Seite: Text: Rolf Krenzer; Musik: Peter Janssens ▶
Aus LP/MC und Singheft: »Kommt alle und seid froh«, 1982.
Rechte: Peter Janssens Musik Verlag, 4404 Telgte/Westfalen

3.3. Zum Beispiel Geschichten aus dem Neuen Testament

An zwei ganz einfachen Beispielen kann aufgezeigt werden, wie spontan und erlebnishaft die Weihnachtsgeschichte für kleine Kinder entwickelt und gespielt werden kann. Hier die Hirtenszene und anschließend eine Zusammenfassung der Weihnachtsgeschichte. Beide Möglichkeiten wurden vielfach bereits in Weihnachtsgottesdiensten erprobt.

Sieben Hirten schlafen

Hört ihr alle Glocken läuten?

Text: Rolf Krenzer; Musik: Detlev Jöcker
Aus MC und Liedheft: »Heut ist ein Tag, an dem ich singen kann«
im Menschenkinder Musikverlag, Am Hagen 5, 4400 Münster-Hiltrup

Das Gleichnis vom großen Festmahl läßt sich in einem ganz einfachen Spiellied gestalten, zu dem der Refrain von allen mitgesungen werden kann. Auch dieses Spiel läßt sich spontan im Kindergottesdienst und im Familiengottesdienst entwickeln.

Willst du mein Gast beim Festmahl sein?

Wir feiern heut ein Fest

Text: Rolf Krenzer; Musik: Ludger Edelkötter
Aus MC: »Wir feiern heut' ein Fest. Einfache Lieder zum Kirchenjahr«

Ein ganz großes Spiel kann z. B. aus dem Gleichnis vom verlorenen Sohn gestaltet werden. Zunächst wird die Situation des Vaters mit seinen beiden Söhnen geschildert (Lied: »Wenn's zu Hause viel Arbeit gibt«), dann folgt die Szene, in der der Sohn sein Erbteil fordert (»Der Peter bleibt nicht gern zu Haus«), und dann zieht er los und findet die Freunde, die im Reichtum zu ihm halten. (»Seht, der stolze Peter«). Zu den jeweiligen Szenen der Geschichte werden außer den hier genannten weitere Lieder angeboten, die auch für sich stehen können. Es ist nicht möglich, alle aufzuführen. Aber auch die Szene mit den Schweinen hat ihr Spiellied (»So geht es zu bei Schweinen«). Und der Bibeltext wird in einem Schlußlied direkt aufgegriffen: »Wir fangen an, fröhlich zu sein!« (Lied siehe nächste Seite oben)

◀ Lied linke Seite unten: Text: Rolf Krenzer; Musik: Ludger Edelkötter
(Aus Werkbuch, LP/MC: »Ich wünsch' dir einen guten Tag«, Lahn-Verlag, Limburg)

Wir fangen an, fröhlich zu sein

Text: Rolf Krenzer; Musik: Detlev und Lele Jöcker
Aus MC und Liedheft: »Und sie fingen an, fröhlich zu sein«
im Menschenkinder Musikverlag, Am Hagen 5, 4400 Münster-Hiltrup

Mit Musik und Spiel, mit dem Einsatz von Spielliedern ist eine Möglichkeit gegeben, auch jüngeren Kindern Inhalte des Glaubens so anzubieten, daß sie von ihnen aufgenommen und erfahren werden können. Sie geben darüber hinaus die Chance, den Gottesdienst – nicht nur für Kinder – erlebnisreicher und freudiger zu gestalten.

Literaturhinweise

Eine ausführliche Ausarbeitung der hier nur angerissenen Themen und Inhalte bieten die folgenden Bücher:

R. Krenzer, »Glauben erlebbar machen«, Herder-Verlag, Freiburg 1985

R. Krenzer, »Ich wünsche dir ein gutes Jahr«, Werkbuch für Religion und Gottesdienst, Lahn-Verlag, Limburg

R. Krenzer, »Ich wünsch' dir einen guten Tag«, Werkbuch für Religion und Gottesdienst, Lahn-Verlag, Limburg

Was Jesus mit Leben meint

Überlegungen zu einem Lied und zur Vermittlung von Glaubensinhalten

Martin Gotthard Schneider

Ein Haufen Ziegelsteine

Vor einigen Jahren gab es in der Religionspädagogik einen – mitunter mit harten Bandagen geführten – Streit. Eigentlich ging es um die Grundsatzfrage: Wie vermittle ich im Religionsunterricht, aber auch im Kindergottesdienst oder bei der Bibelarbeit in Jugendgruppen Inhalte des Glaubens.

Ich erzähle eine biblische Geschichte, und dann versuche ich, mit der Gruppe herauszufinden, wie der Bibeltext ins alltägliche Leben zu übertragen sei, so sagten die einen. Besser wäre es, von der Situation des Kindes oder des Jugendlichen, von Problemen des Alltags auszugehen, um dann mit Hilfe der Bibel eine Antwort für sich selbst zu finden, so argumentierten die andern.

Bibelkatechese nannte man die eine, problem- oder themenorientierten Unterricht die andere Methode.

Eigentlich merkwürdig, daß sich beide Richtungen so heftig befehdeten! Man wird, wenn man Inhalte des Glaubens weitergeben möchte, verschiedene Wege einschlagen dürfen. Ich kann die Geschichte vom barmherzigen Samariter erzählen, um dann zu überlegen: Was bedeutet das heute für uns? Wem bin ich der Nächste? Umgekehrt kann ich auch einmal über soziale Ungerechtigkeiten und Lieblosigkeiten nachdenken, von denen ich jeden Tag in der Zeitung lesen kann, die um mich herum geschehen, an denen ich vielleicht selbst beteiligt bin, um dann zu fragen: Welche Antworten, welche Weisungen gibt mir die Bibel? Falsch und verhängnisvoll wäre es gewiß, wenn beim problemorientierten Ansatz einer Unterweisung die Rückbesinnung auf die biblische Botschaft unterbliebe. Ebenso falsch und verhängnisvoll wäre es aber auch, wenn man den biblischen Text ohne Bezug zur Gegenwart nacherzählen wollte.

Wer sich in den zahlreichen Angeboten von Liedern für den Religionsunterricht, für den Kindergottesdienst oder für Jugendgruppen auskennt, wird feststellen, daß es neben allgemeinen Lob- und Dankliedern oder Tageszeitenliedern verschiedentlich auch Lieder gibt, die eine biblische Geschichte singend nacherzählen. Man hat sogar einen eigenen Namen für diese Gattung gefunden: »Biblische Erzähllieder«. Die bekannteste Sammlung dieser Art sind die »111 Kinderlieder zur Bibel«, die Gerd Watkinson im Christophorus-Verlag, Freiburg, und im Verlag Ernst Kaufmann, Lahr, herausgegeben hat.

Was bis vor wenigen Jahren noch fehlte – eine Marktlücke sozusagen –, waren Lieder für den problem- und themenorientierten Ansatz, Lieder also, die von einem Thema ausgehen, wie z. B. »Angst«, »Freundschaft«, »Außenseiter der Gesellschaft«, »Kinder und Erwachsene«, Lieder, die einen Anstoß geben, über solche Fragen weiter nachzudenken. Ein Liederbuch, das solche Lieder enthält, ist mein nun vor gut zehn Jahren erschienenes Liederbuch »Sieben Leben möcht' ich haben« (ebenfalls Christophorus-Verlag, Freiburg, und Verlag Ernst Kaufmann, Lahr). Dazu gibt es ein Arbeitsbuch mit methodisch-didaktischen Anregungen, ein Begleitsätzeheft und zwei Schallplatten bzw. Kassetten. Das folgende Lied ist aus diesem Liederbuch entnommen:

Ein Haufen Ziegelsteine

2. Ein Haufen Ziegelsteine –
was kann man damit tun?
Man kann ein Häuschen bauen
– klirr klirr rumbum
und Stein auf Stein –,
ein Haus, darin zu wohnen
und darin froh zu sein.
Ja, ja, das kann man tun.

3. Ein Haufen Ziegelsteine –
was kann man damit tun?
Man kann sie liegenlassen
– klirr klirr rumbum,
kaputt, kaputt –,
dann läßt man sie vergammeln
und wirft sie auf den Schutt.
Ja, ja, das kann man tun.

Text: Rudolf Otto Wiemer; Melodie: Martin Gotthard Schneider
Aus:» Sieben Leben möcht' ich haben«, hrsg. von Martin Gotthard Schneider, Verlage Ernst Kaufmann, Lahr, und Christophorus Herder, Freiburg

Ein Lied mit einer eingängigen, lustigen Melodie, die sicher schnell mitgesungen werden kann. Zur Melodie sollte allerdings die harmonische Stütze (durch Gitarre oder Tasteninstrument) dazukommen. Möglich sind eine Flöten-Oberstimme (siehe Begleitsätzeheft) und Rhythmuselemente (Schlaginstrumente oder Klatschen). Übrigens: Wenn es Schwierigkeiten gibt mit der tiefen Note (d) bei (Ziegel-)*stei*ne im 2. Takt, kann man Vorstellungshilfen geben, etwa: Die Steine plumpsen herunter, da müssen wir tiefer singen!

Zum Text: Ein Bild wird verwendet, um eine Sache klarzumachen. Die Ziegelsteine – das sind vielleicht unsere Begabungen, unsere Fähigkeiten, die wir von Gott geschenkt bekamen. Jeder hat Fähigkeiten, Möglichkeiten in seinem Leben. Man muß sie nur entdecken. Und die Frage ist: Was machen wir damit?

Strophe 1: »Man kann 'ne Mauer bauen.« Mancher denkt vielleicht spontan an die Mauer zwischen den Deutschen in Ost und West. (Obwohl der Name Schmidt möglicherweise nur rein zufällig mit dem des damaligen Bundeskanzlers identisch ist!) Es gibt aber noch vielerlei Mauern zwischen den Menschen, zwischen alt und jung, CDU und SPD, Arbeitnehmern und Arbeitgebern, Bundeswehr und Pazifisten, Frommen und Atheisten . . . Ehrgeiz, Prestigedenken, Seht-wie-weit-haben-wir's-gebracht-Mentalität. Wenn Peter sich darüber freut, daß er eine Eins in Mathematik hat, ist das verständlich. Wenn er aber damit angibt und sich lustig macht über Wolfgang, die Flasche, der es in der Mathearbeit bestenfalls auf eine Fünf plus bringt, ist er, Peter, feste dran, eine Mauer zu bauen, Können, Leistungen aufzuschichten, die ihn von seinem Schulkameraden auf fatale Weise trennen.

Strophe 2: Jeder merkt: So sollte es sein. Das wäre schön, wenn wir mit dem, was wir können, schaffen, leisten, etwas bauen können: ein Haus, Lebensraum schaffen für uns und andere, eine Welt, wo man friedlich leben und wohnen kann, wo jeder seine Entfaltungsmöglichkeit findet, wo jeder ein heiles glückliches Leben führen kann. Eine Welt, wie Gott sie will.

Strophe 3: Dann gibt's natürlich noch das andere. Fähigkeiten verkümmern. Menschen kommen nicht dazu, das, was in ihnen steckt, zu entfalten, zu verwirklichen. Die Ziegelsteine landen auf dem Schutthaufen, die Fähigkeiten des Menschen vergammeln, gehn kaputt. Zu wenig Willen, das Leben zu gestalten – kaputt. Zu wenig Vertrauen in eine Zukunft – kaputt. Zu wenig Kraft, das Gute in dieser Welt zu verwirklichen – kaputt. Das Ende vom Lied?

Dazu muß ich eine Geschichte erzählen. Bei der Einführung unseres badischen Landesbischofs vor ein paar Jahren wollte ich dieses Lied von den Ziegelsteinen mit der illustren Festversammlung singen. Als das Programm mit Liedblatt im Druck war, kam der Sekretär des Bischofs, ein Theologe übrigens, aufgeregt zu mir gelaufen: »Es ist etwas ganz Dummes passiert. Die 2. und 3. Strophe des Liedes sind vertauscht worden!« Als ich ihm zu erklären versuchte, daß die Reihenfolge der Strophen ganz in Ordnung sei, meinte er: »Nein, so geht das nicht. Am Schluß muß doch das Positive kommen!« Wie gesagt, er war Theologe und praktizierte das in seinen Predigten wohl auch so. 15 Minuten die Probleme dieser Welt und fünf Minuten der Trost des Evangeliums. Frommes Happy-End sozusagen. Ich hingegen möchte dieses Schema durchbrechen.

Denken wir mal über das »Positive« nach. Wer sagt denn, daß die vermeintlich positive Strophe 2 nur positiv sei? Der Lebensraum, in dem man sich entfalten kann, das Häuschen, das einem Behaglichkeit zum Wohnen bietet, kann es nicht auch zu einer Idylle werden, ein Trautes-Heim-Glück-allein, wo man die Verantwortung für die andern außerhalb des Gartenzauns längst vergessen hat? Und wer sagt denn, daß wir die in Strophe 3 Genannten nur so abtun könnten, als Menschen, die ihr Leben verpfuscht, kaputtgemacht haben? Wie kam das alles? Durch eigene Schuld? Oder vielleicht auch durch unglückliche Lebensbedingungen, durch Schicksale, durch Schuld anderer Menschen?

Kein Lied mit Happy-End also. Ein Lied aber, das zum Nachdenken einlädt. Denn nicht vorschnelle, vorgefertigte Antworten sind vonnöten, sondern ein Nachdenken über das, was Jesus mit Leben meint.

Spiel- und Tanzlieder zur Verkündigung biblischer Geschichten

Mit einem Kindergottesdienst-Entwurf zu Apostelgeschichte 8,26–40

Elke Kästel

I. Vorüberlegungen zu den Einsatzmöglichkeiten

Spielen und Tanzen im Kindergottesdienst: Das bedeutet Fröhlichkeit und Lachen, es ist vergnügtes gemeinsames Tun aus Freude über Gottes Güte – ein Fest. Ein kleines Fest sollte ja jeder Kindergottesdienst sein, aber nicht jede biblische Geschichte verträgt solch laute Fröhlichkeit. Springen und Tanzen lassen sich am besten dann einsetzen, wenn eine Geschichte selbst in ein Fest mündet oder zumindest einmünden könnte, z. B. die Noah-Geschichte, der Durchzug durchs Schilfmeer, David und Goliath, Zachäus, die Heilung des Gelähmten – es gibt noch viele andere.

Spiel- und Tanzlieder zum Thema und den Texten dieser Tagung, das heißt hier für uns: Beschränkung auf die Geschichte von Philippus und dem Kämmerer. Können wir uns ihn anders vorstellen, den Kämmerer, der »seine Straße fröhlich zog«, als summend, singend und winkend vor Freude? – So wie Kees de Kort ihn gemalt hat! – Diese Geschichte lockt die Lieder geradezu aus uns heraus.

Deshalb wollen wir an dieser Geschichte zeigen, wie man verschiedene musikalische Mittel

— Bänkelballade
— Orff-Instrumente zum Begleiten und zum Verklanglichen
— sowie Spiel- und Tanzlieder

so zur »Verkündigung« einer biblischen Geschichte einsetzen kann, daß sie nicht erst nach der Erzählung zur Vertiefung angehängt werden, sondern daß die Geschichte *mit* ihnen erzählt wird.

II. Vorbereitung für einen Kindergottesdienst zu Apg. 8,26–40

1. MATERIAL

Für die Bänkelballade mit Spielpantomime wird eine Transparent-Schriftrolle gebraucht, die vorher angefertigt werden muß.

Arbeitsanleitung: Benötigt werden zwei große Bogen Zeichenpapier für Architekten (Transparentpapier). Ein Bogen wird beschriftet mit Text aus Jesaja 53,4–8 (mit dickem schwarzem Filzstift). Der zweite Bogen wird mit farbigen Filzstiften passend zum Text bemalt. (Große bunte Farbflächen –

nicht nur Striche – sind für das Transparent besonders wirkungsvoll.) Wir haben uns für das Symbol eines Abendmahlsbildes entschieden, weil ein solches Bild besonders anschaulich zum Ausdruck bringen kann, was Jesus *für uns* getan hat.

Unser Bildbeispiel:

Der Bogen mit dem Text wird auf den Bildbogen gelegt. Ein in der Breite etwas schmaleres Stück Tapete oder eine passende alte Tischdecke wird als Zwischenlage eingeschoben. Die beiden Seiten der Transparentbogen werden nun mit Isolierband um zwei passend abgesägte Besenstiele geklebt (dabei darauf achten, daß die Zwischenlage aus Tapete oder Stoff nicht mit festgeklebt wird!). Danach läßt sich das Transparent aufrollen zu einer »Schriftrolle«.

Wird sie – in der Geschichte – zum Lesen auseinandergerollt, dann ist zunächst nur die Schrift zu sehen. Wird dann Licht »hinter die Sache« gebracht (z. B. mit einer Projektorlampe) und die Tapetenbahn (oder das Stoffstück) wie ein Vorhang vorsichtig weggezogen, dann werden hinter der Schrift – sozusagen durch sie hindurch – die symbolischen Bilder sichtbar: der Text wird transparent, seine Bedeutung wird erhellt.

2. WEITERE MEDIEN

Dia-Serie »Ein Afrikaner wird getauft« mit den farbigen Bildern von Kees de Kort (Deutsche Bibelgesellschaft, Stuttgart). Wer zum Verklanglichen Bilder zeigen will: Nr. 1, 3, 4, 6, 7, 9, 10 und 12 eignen sich sehr gut dafür.

III. Entwurf für einen KINDERGOTTESDIENST MIT MUSIK für Mund und Ohren, Augen, Hände und Füße

zu Apostelgeschichte 8,26–40
(Bibeltexte zitiert nach »Die gute Nachricht«)

1. Sprecher: Gott, wende uns deine Liebe zu
und segne uns,
blicke uns freundlich an! (Ps. 67,2)

Kanon (alle): »Sende dein Licht und deine Wahrheit«
(in: »Liederbuch für die Jugend« -LfJ- Nr. 651)

1. Sprecher: Dann sieht man auf der ganzen Erde,
wie du uns führst,
und alle Völker erkennen,
wie du hilfst und befreist. (Ps. 67,3)

2. Sprecher: Herr, mein Gott!
Du hast so viel für uns getan;
niemand ist wie du!
Deine Pläne, deine wunderbaren Taten –
wenn ich sie alle aufzählen wollte,
ich käme nie an ein Ende! (Ps. 40,6)

1. Sprecher: So laßt uns heute dies erzählen:

Unsere Geschichte mit Philippus und dem Kämmerer

Singgruppe: **Bänkelballade mit Spiel-Pantomime**

Nach der Melodie: »Herr, dein guter Segen« von Oskar Gottlieb Blarr;
Text: Jürgen Fliege. Rechte: Strube Verlag GmbH, München
Textunterlegung: Elke Kästel, Mitarbeit Elke Woysch und Sieglinde Scholtes

(Kinder stellen mit sparsamen Gesten pantomimisch dar, was in den folgenden Strophen erzählt wird. Deshalb zwischen den Strophen etwas Zeit lassen für das Umsetzen des Gehörten ins Spielen.)

2. Und Philippus wandert –
was kommt gefahren dort?
Schwarz ist dieser Mann hier,
gar prächtig Kutsch' und Zugtier,
schier königlich sein Kleid:
Ein Kämmrer ist's, ihr Leut!
– Minister heißt das heut. –

3. Er dient der Kandake,
der Mohrenkönigin
im Äthiopierlande.
Jetzt war er in der Fremde,
war zum Tempel wallfahren:
kommt aus Jerusalem,
kommt aus Jerusalem.

4. Was hält er in Händen?
Die Rolle ist ein Buch!
Laut liest er die Zeilen,
das läßt Philippus eilen,
er spricht den Kämmrer an:
Ob er's verstehen kann?
Und bietet Hilfe an!

5. Froh ist da der Kämmrer,
lädt ihn zum Mitfahrn ein;
kann die Worte wohl verstehen,
doch nicht dahinter sehen:
Kein Licht durchs Dunkel scheint,
was der Prophet hier meint,
wen der Prophet hier meint.

(Die Transparent-Schriftrolle wird auseinandergerollt – Ratlosigkeit beim Kämmerer. Zur folgenden Strophe wird der »Vorhang« vorsichtig zwischen den beiden Zeichenbogen herausgezogen und die Lichtquelle – von hinten – eingeschaltet.)

6. Philippus macht ihm helle:
Von wem Jesaja spricht?
Jesus ist's, der Retter,
das Lamm versöhnt den Vater:
Wir sind in seiner Hut,
und das gefällt uns gut,
und das gefällt uns gut!

(Die beiden letzten Zeilen nach dem Originaltext »Herr, dein guter Segen« von Jürgen Fliege)

7. Sie kommen an ein Wasser,
es lädt zur Taufe ein:
Der Kämmrer fand den Glauben,
nichts kann ihm den mehr rauben,
ist mündig nun allein,
kann ohn' Philippus sein,
kann ohn' Philippus sein.

8. Gott schickt Philippus weiter,
sein Werk ist hier getan.
Vom Wagen hört man Singen,
am liebsten möcht' der Kämmrer
springen,
zieht fröhlich nun heimwärts:
Das Licht macht hell sein Herz,
das Licht macht hell sein Herz!

Einer: Und was dann?

Alle: Ja, Taufe – und was dann?

Singgruppe:

9. Ihr fragt: wie ging es weiter?
Was tat er dann daheim?
Hat er den Mund gehalten?
Den Glauben für sich behalten
im stillen Kämmerlein?
Nein, nein, das kann nicht sein!
Nein, nein, das kann nicht sein!

10. Da sind wir ganz sicher:
die Freude muß heraus,
auch andre fröhlich machen,
mit ihnen tanzen, lachen –
zum Tauffest lädt er ein:
wir woll'n uns mit ihm freun,
zum Feiern bei ihm sein!

Kämmerer: Willkommen, ihr alle, zu meinem Fest! Kommt, freut euch mit mir!

Einer: Kämmerer, erzähl es uns noch einmal: Wie war das mit deiner Taufe?

Alle: Ja, erzähl es noch einmal: Wie war das mit deiner Taufe?

Kämmerer: Ich will es mit euch zusammen erzählen – ich mit meinen Worten, ihr mit euren Instrumenten. Gemeinsam wollen wir uns erinnern, wie alles war!

Verklanglichen und Tanzen

(Der »Kämmerer« übernimmt es, die Musikanten zum Ausdruck seiner Erlebnisse und Gefühle mit Klängen anzuleiten.
Nach jedem Tanzlied können die Musikanten wechseln – u. U. entsprechend der Einteilung zur Begleitung der Lieder.)

● 1. Klangbild: Der Kämmerer auf dem Heimweg
(Der Weg von der Stadt Jerusalem in die Einsamkeit der Wüste.
Auf der Straße nur Pferd und Wagen des Kämmerers.)

● 2. Klangbild: Der Kämmerer studiert die Schriftrolle
(Er ist ratlos.)

KANON MIT BEWEGUNG (alle):

Sende dein Licht und deine Wahrheit (LfJ 651)

Bewegungsform: Ein großer Kreis
1. Zeile: langsame Nachstellschritte zur Kreismitte (jeder Takt ein Schritt), dabei gefaßte Hände nach vorn aufwärts führen.
2. Zeile: genauso wieder zurück zum Ausgangspunkt und zur Ausgangsposition.
3. Zeile: Hände dem Nachbarn rechts und links auf die Schulter legen (ihn umarmen). Der ganze Kreis bewegt sich mit langsamen Nachstellschritten nach rechts.
Kanon: Drei Kreise, die im Kanon mit Singen und der Bewegung einsetzen.

- 3. Klangbild: Die »plötzliche« Begegnung mit Philippus
- 4. Klangbild: Philippus *erhellt* ihm den Bibeltext.

TANZLIED (alle):

Sind zwei, sind drei in meinem Namen eins

Text nach Matth. 18,20; Dieter Trautwein; Melodie: Bayiga Bayiga, Kamerun
Tanzform und Begleitung für Orff-Instrumente: Elke Kästel

Tanzform

Teil A:

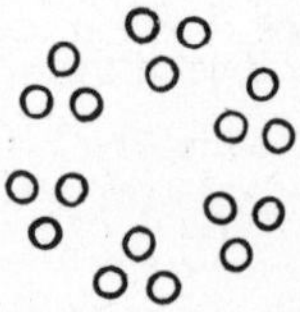

Dreiergruppen stellen sich in einem Kreis so auf, daß jeweils zwei der Gruppe auf einer äußeren Kreislinie stehen und die dritten auf einer inneren Kreislinie.

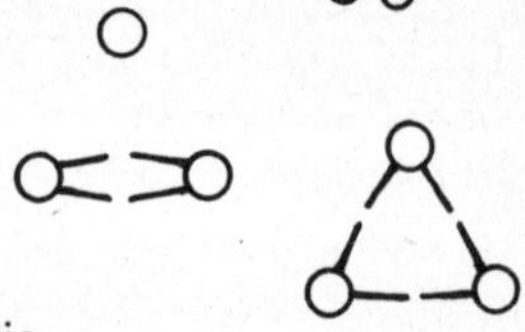

Bei den Worten »Sind zwei« wenden sich die beiden Äußeren einander zu und klatschen ihre Handflächen aneinander.

Zu »sind drei« wird das gleiche mit dem Innenpartner zu dritt gemacht.

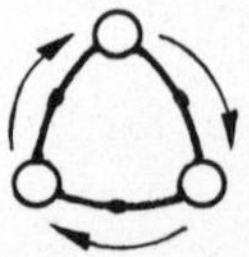

Ab »in meinem Namen eins« bis zum Ende von Teil A gehen die Dreiergruppen mit gefaßten Händen im Dreierkreis links herum bis zur Ausgangsposition.

Wiederholung: dasselbe von vorn, jedoch nun rechts herum gehen.

Teil B:

Der Innenkreis bleibt stehen und klatscht die Pausen. Die beiden Äußeren fassen sich an die Hand – Gesicht zur Kreismitte – und gehen mit seitlichen Nachstellschritten nach links weiter bis zum nächsten Partner im Innenkreis.

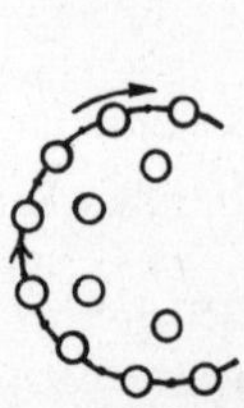

Dann von vorn (Teil A) mit dem neuen Innenpartner.

Teil A und B werden so lange fortlaufend wiederholt, bis alle im Außenkreis wieder bei den ursprünglichen Innenpartnern sind. Dann Schluß mit Teil A.

● 5. Klangbild: Die Taufe
(Wasser – die Bitte des Kämmerers an Philippus – Untertauchen – Auftauchen – befreit zu einem neuen Leben)

SPIELLIED (alle):

Ihr, ihr könnt nun gehen im Frieden des Herrn

Text: Klaus Middel; Melodie: Paul Gerhard Walter. Rechte bei den Autoren

2.
A. Ihr, ihr könnt jetzt sprechen
im Namen des Herrn.
Der Herr wird bei Euch sein.
B. Wir können sprechen
im Namen des Herrn.
Der Herr wird bei uns sein.

3.
A. Ihr, ihr könnt jetzt handeln
im Namen des Herrn.
Der Herr wird bei Euch sein.
B. Wir können handeln
im Namen des Herrn.
Der Herr wird bei uns sein.

4.
A. Ihr, ihr könnt nun helfen
im Namen des Herrn.
Der Herr wird bei Euch sein.
B. Wir können helfen
im Namen des Herrn.
Der Herr wird bei uns sein.

5.
A. Ihr, ihr könnt nun gehen
im Frieden des Herrn
der Herr wird bei Euch sein.
C. Ja, wir gehen im Frieden des Herrn.
Gott läßt uns nicht allein.
Ja, wir gehen im Frieden des Herrn.
Gott wird nun bei uns sein. Amen

(Großer Kreis; alle bewegen sich zwanglos durch den Kreis mit Gesten passend zum Text; Gruppen finden sich, fassen sich an den Händen, legen einander die Arme auf die Schultern, lösen sich wieder, finden sich zu neuen Gruppen. Zur letzten Strophe bilden alle wieder einen großen Kreis und fassen sich an den Händen.)

- 6. Klangbild: Philippus ist fort.
  (Kurzes Suchen – dann Zuversicht: allein ist er dennoch nicht allein!)
- *7. Klangbild: Der Kämmerer zieht seine Straße fröhlich.*

KLATSCH-KANON (alle):

Lachend, lachend ziehst du, Kämmerer

Lachend, lachend, lachend, lachend
ziehst du, Kämmerer, nun deinen Weg.
Gott macht hell den Weg,
das läßt dich lachen, ha ha ha,
lachen auf deinem Weg.

Text: Elke Kästel
Melodie nach dem Lied »Lachend kommt der Sommer« von Cesar Bresgen

Bewegungsform: Drei konzentrische Kreise. Die Kreise fangen nacheinander im Kanon an zu singen. Jeweils zu seinen Textstellen »lachend« und »hahaha« bewegt sich jeder Kreis auf der Kreislinie seitwärts weiter, die einzelnen Kreise in Gegenbewegung. Zu den Schritten in die Hände klatschen. – Auch als reiner Klatschkanon lustig.

Einer: Und wenn das Fest jetzt zu Ende ist: Was wird dann mit uns?

Alle: Ja, was wird dann mit uns?

KANON MIT BEWEGUNG (alle):

Die Liebe setzt uns in Bewegung

Text, Musik und Bewegung:
Manfred Büsing, Arbeitsgemeinschaft »Biblischer Tanz«, Hannover

Bewegungsform:
1. Zeile: An den Händen fassen, Wiegeschritt
2. Zeile: Nachstellschritte nach rechts
3. Zeile: Geöffnete Hände nach vorn aufwärts führen (wie um etwas emporzuheben)
4. Zeile: Mit nach vorn erhobenen Händen eine ganze Drehung am Platz (einen »Weltkreis« beschreiben!)

Kanon: Diese Bewegungsform in bis zu vier konzentrischen Kreisen oder in vier einzelnen Ketten mit Schritten abwechselnd nach rechts und nach links.

Kämmerer: Ich habe es erfahren, und ihr wißt es jetzt auch: Gott ist für alle Völker da, alle Völker sind Gottes Kinder! Lobet und preiset, ihr Völker, den Herrn!

Alle: Gott ist für alle Völker da, alle Völker sind Gottes Kinder! Lobet und preiset, ihr Völker, den Herrn!

KANON MIT BEWEGUNG (alle):

Lobet und preiset, ihr Völker, den Herrn (LfJ 675)

Bewegungsform:
1. Zeile: Durchfassen im Kreis, auf der Kreislinie nach rechts gehen (zügig)
2. Zeile: Zur Kreismitte gehen bis »seiner«, wieder zurück ab »dienet«; gefaßte Hände dabei nach vorn hoch- und wieder zurückführen.
3. Zeile: Am Platz stehend in die Hände klatschen.

Kanon: Drei Kreise, die mit Singen und mit der Bewegung im Kanon nacheinander einsetzen.

1. Sprecher: Jubelt dem Herrn zu, ihr Bewohner der Erde!
Stellt euch freudig in seinen Dienst!
Kommt zu ihm mit lautem Jauchzen!

2. Sprecher: Denkt daran: der Herr allein ist Gott!
Er hat uns geschaffen,
und ihm gehören wir.
Sein Volk sind wir, für das er sorgt
wie ein Hirt für seine Herde.

1. Sprecher: Preiset ihn, dankt ihm für seine Taten!
Denn der Herr ist gut zu uns,
seine Liebe hört niemals auf,
für alle Zeiten bleibt er treu. (aus Ps. 100)

2. Sprecher: Herr, mein Gott:
Dein Wort ist meines Fußes Leuchte
und ein Licht auf meinem Wege!
Amen. (Ps. 119, 105)

KANON MIT BEWEGUNG (alle):

Laßt uns miteinander singen, danken*, loben den Herrn

Text und Melodie mündlich überliefert

*) Der Text ist an dieser Stelle bewußt geändert.

Bewegungsform:

1. Zeile: Kreis, Hände fassen, links herum gehen (zügig!)
2. Zeile: Das gleiche rechts herum.
3. Zeile: Zwei Takte zur Kreismitte gehen, dabei gefaßte Hände vorwärts nach oben führen; zwei Takte wieder zurück.
4. Zeile: Am Platz in die Hände klatschen.

Kanon: Vier Kreise; jeder Kreis setzt mit Singen und Bewegung im Kanon ein.

V

Mit Kindern unterwegs: Erzählen von Gott und den Menschen

Das Wagnis des Glaubens

Ein »Kirchengemeinderats-Spiel« als szenische Bibelarbeit für den Kindergottesdienst-Helferkreis, Jugend- und Erwachsenengruppen. Nach einer Idee von Walter Hollenweger und Hans-Jürgen Hufeisen vorgeschlagen von Andreas Weidle

Die drei zum Spiel vorgeschlagenen Texte aus der Apostelgeschichte werfen Fragen auf, denen sich jede christliche Gemeinde stellen muß. Wer mit einem solchen »Kirchengemeinderats-Spiel« Bibelarbeit treibt, kann Entdeckungen machen. Die spielerisch-dialogische Art mit den Bibeltexten umzugehen, hilft zum Verstehen und reizt zu neuem Erzählen der »alten Texte« – z. B. in der Kinderkirche.

I. Zum Spiel: »Spielregeln«

a) Die »Kirchengemeinderatsrollen« werden in der Gruppe verteilt. Jede Kirchengemeinderatssitzung ist öffentlich, deshalb sind alle weiteren Gruppenteilnehmer »Beisitzer«, deren Meinung gefragt ist, die aber kein Stimmrecht haben.

b) Der Kirchengemeinderatspräsident eröffnet die Sitzung mit einem Lied oder Psalm.

c) Der Kirchengemeinderat macht sich mit den zu diskutierenden Fällen bekannt und studiert die Unterlagen.
Die Fallbeschreibungen nach der Bibel können dramatisch, d. h. in Sprecherrollen verteilt (Erzähler und verschiedene Sprecher) gelesen werden.

d) Die Anklage wird verlesen.

e) Der Angeklagte bekommt die Möglichkeit, sich zu verteidigen.

f) Das Gespräch im Kirchengemeinderat ist nunmehr eröffnet...

II. Der Kirchengemeinderat zu Jerusalem – Rollenbeschreibungen

Jakobus Glaubrecht, der Präsident	Er gilt als besonders sittenstreng und orthodox.
Josef Barnabas, ein Ausländer	Durch den Verkauf seiner Güter und die Übergabe des Erlöses an die Gemeinde hat er sich einen Namen gemacht. Da er aber Ausländer war, durfte er nur Beisitzer sein. Er hat die Verantwortung für die Erwachsenenbildung inne.

Matthäus Schatzmann, Finanzinspektor der römischen Besatzungsmacht	Er ist ein reicher, aber nicht beliebter Mann, da man meint, er habe ein zu gutes Verhältnis zu den staatlichen Behörden. Er führt die Kasse.
Philippus Frohsinn	Ein junger Arbeitsloser, der seine Zeit mit evangelisieren zubringt und im übrigen von der Hand in den Mund lebt. Er ist für die Jugendarbeit zuständig.
Simon Petrus	Apostel und Fels der Urgemeinde.
Maria	Die Mutter Jesu.

III. Fallbeschreibungen und Anklagepunkte

▶ *Erste Sitzung: Der Fall Philippus Frohsinn*
Fallbeschreibung in Apostelgeschichte 8,26–40

Die Anklage gegen Philippus: »Man hört, daß du einen Ausländer getauft hast, noch dazu einen Schwarzen, ohne Taufunterricht, ohne Glaubensbekenntnis und ohne ihn in eine Gemeinde zu integrieren ...«

▶ *Zweite Sitzung: Der Fall Simon Petrus*
Fallbeschreibung in Apostelgeschichte 10

Die Anklage gegen Simon Petrus: »Wir hören, daß du dich mit einem Offizier der römischen Besatzungsmacht verbrüdert hast. Früher warst du einmal bereit, das Schwert gegen diese Ausbeuter zu ziehen. Jetzt bist du offenbar alt und senil. Was fällt dir eigentlich ein, mit einem Heiden, einem römischen Offizier, am gleichen Tisch zu sitzen? Weißt du nicht, daß du die Gesetze Gottes übertreten hast? Weißt du nicht, daß du unsere Väter und Brüder, unsere Frauen und Mütter, die von den römischen Verfolgern drangsaliert wurden, beleidigt hast?«

▶ *Dritte Sitzung: Der Fall Ananias, Gemeindeleiter von Damaskus*
Fallbeschreibung in Apostelgeschichte 9,1–18

Die Anklage gegen Ananias: »Weißt du nicht, daß dieser Saulus ein Erzverfolger der Christen ist? Er hat die größte Freude daran, die Christen zu quälen und zu töten. Und du hast diesem Verfolger, diesem brutalen Menschen die Hand aufgelegt, damit er, der Blindgewordene, wieder sehen kann. Du hast ihn sogar Bruder genannt ... Was fällt dir eigentlich ein, Ananias?«

Ein Buchhinweis: Die Bibelarbeiten von Walter Hollenweger und Hans-Jürgen Hufeisen sind bereits in Buchform erschienen unter dem Titel: Walter J. Hollenweger/Hans-Jürgen Hufeisen »Das Wagnis des Glaubens, ein Spiel über die Mission für Sprecher, Instrumentalisten, Bewegungstheater und Gemeinde«, Chr. Kaiser Verlag, München 1986

»Ich möchte gern erzählen«

Hinweise und Regeln zum Erzählen

EBERHARD DIETERICH

Erzählen,
das ist in der Bibel und in der Kirche neben dem lebendigen Vorleben die wichtigste Form der Weitergabe der christlichen Botschaft.

Der Glaube hat etwas zu erzählen.

Erzählen lernen
kann man am besten durch Zuhören bei anderen und durch eigenes Probieren. Trotzdem wird immer wieder nach
REGELN FÜR DAS ERZÄHLEN gefragt.

In den wenigsten Fällen helfen Regeln allein, erzählen zu lernen, aber sie können helfen, manches zu klären und auf den Begriff zu bringen.

WER ERZÄHLEN WILL
muß erst eine Geschichte liebgewinnen.
Darum: Text lesen
Fragen stellen – mit anderen reden – das Helferheft lesen
nicht locker lassen
erkennen, was *mir* an der Geschichte wichtig ist.

WER ERZÄHLEN WILL
muß selbst etwas sehen.
Darum: Geschichte in Bilder einteilen
Personen lebendig werden lassen
Schauplätze sehen
auch Gefühle kann man sehen und die Wirkung von Worten (roter Kopf...).

WER ERZÄHLEN WILL
muß selbst etwas erleben und spüren.
Darum: sich in die Personen hineindenken
ihre Fragen stellen
Ängste und Hoffnung wahrnehmen
mitzittern und sich mitfreuen.

WER ERZÄHLEN WILL
muß die Zuhörer (Kinder) gern haben.
Erzählen heißt: Jemanden eine Freude machen!!!
Darum: alles, was der Freude dient, ist wichtig
Anschaulichkeit (s. o.)
Einfühlung (s. o.)
Kurze Sätze und direkte Rede machen das Zuhören leicht.
Sich Zeit lassen
Eine Sprache, die dem Alter der Kinder entspricht, tut wohl.

WER ERZÄHLEN WILL
muß auch auf Äußerlichkeiten achten.
Darum achten auf:
Sitzordnung
Zahl der Kinder
Alter
Stimmung und Wetter.

WER ERZÄHLEN WILL
muß und darf seiner Geschichte vertrauen.
Darum: erzählt der Erzähler, was ihm wichtig ist – und verzichtet auf nachträgliches Abfragen: Was haben wir gelernt? Was will die Geschichte sagen?

Wer mit den Kindern weiter denken will,
kann auch weiter singen, spielen, ein Bild ansehen . . .
Wer sich in Text und Kinder einfühlt, hat etwas zu erzählen.
Was der Botschaft des Textes dient, ist nicht nur erlaubt, sondern nötig.
Fantasie findet ihre Grenzen nicht nur am Text, sondern auch an den Zuhörern.

WER ERZÄHLEN WILL
muß kein Könner sein.
Er kann anfangen, probieren, wieder probieren.
Dadurch kann es nur immer wieder besser und schöner werden.
Nur: erzählen hat auch etwas mit Fleiß zu tun!

»Erzählen mit Leib und Seele«

Anleitung zu einem Spiel und Fest zu Apostelgeschichte 8,26–39

Hans-Christian Voigtmann

Der Finanzminister ihrer Majestät der Königin von Äthiopien lädt zum Empfang

IDEE: Wir wollten anknüpfen an die Erzählung Walter Hollenwegers. Philippus Frohsinn gab zu, nicht zu wissen, was aus dem Schatzmeister nach seiner Taufe geworden war.

Dieser Frage wollten wir in der Arbeitsgruppe nun »mit Leib und Seele« einmal nachgehen.

Die Arbeitsgruppe setzt nach der Rückkehr des Schatzmeisters nach Äthiopien ein.

Rahmen des gemeinsamen Spiels ist das Fest, zu dem der Schatzmeister unterschiedliche Gruppen und Schichten der Bevölkerung einlädt.

Ein Fest soll gefeiert werden, auf dem er allen, die geladen sind, von seinem Erlebnis, das sein Leben verändert hat, berichten will.

Ablauf der Gruppenarbeit

1. Die Teilnehmer werden bei der Begrüßung in die Spielsituation eingeführt.

2. Die Teilnehmer teilen sich in Gruppen ein und erhalten ihre Rollenbeschreibung. Die Rollenkarten erklären, welche Gruppe sie darstellen, und nennen die Aufgabe der Gruppe bei der Festgestaltung.
Folgende Gruppen sind möglich: jüdische »Gastarbeiter« in Äthiopien; heidnische Bedienstete bei Hof; arme Leute aus der Stadt; Kaufleute, die von der christlichen Gemeinde in Jerusalem gehört haben; der Schatzmeister mit seinen christlichen Freunden.

3. Das Fest wird vorbereitet.

4. Gemeinsames Essen – die Erzählung des Schatzmeisters – das Gespräch bei Tisch.

5. Jede der Gruppen überlegt am Ende des Festes zu einem der folgenden Sätze eine Bewegung, ein kleines Spiel: Wenn mir ein Licht aufgeht, ist das wie . . .
. . . vom Dunkeln ins Helle zu kommen;
. . . von der Einsamkeit in die Gemeinschaft zu gehen;

...von der Kälte in die Wärme zu kommen;
...von der Ablehnung zu Annahme zu gelangen;
...von der Traurigkeit zur Freude zu gehen.

ROLLENKARTEN:

Schatzmeister und seine Freunde

Ihr seid die wenigen verstreuten Christen in Äthiopien und unterschiedlicher Nationalität.
Ihr habt euch zusammengefunden und wollt nun den andern erzählen, wie schön es ist, als Christ zu leben.
Überlegt, wie ihr den andern dic Geschichte des Schatzmeisters nahebringt. Was ist ihm da eigentlich passiert? Wie ist ihm ein Licht aufgegangen? Wie hat sich euer Leben verändert, als ihr Christen wurdet?
Denkt daran, daß ihr nachher nicht nur erzählen werdet. Die andern werden euch Fragen stellen, und ihr werdet euch erklären müssen.

Äthiopische Kaufleute

Ihr seid weit herumgereist und habt auch schon von den Christen in Palästina etwas gehört. Ihr könnt einige Geschichten von dem sog. Jesus von Nazareth erzählen, haarsträubende Sachen und kaum zu glauben. Ihr wißt, daß einige glauben, er sei der Retter der Welt und von den Toten auferstanden.
All das findet ihr recht amüsant, aber unwichtig für das Geschäft. Die meisten Christen sind sowieso arme Leute und uninteressant für euch. Im übrigen haltet ihr euch aus religiösen Fragen heraus. Religion und Geschäft, so meint ihr, muß man gut trennen?
● Bereitet einen altägyptischen Salat. (Rezept siehe nächste Seite)

Arme Leute aus der Stadt

Ihr seid arme Leute und habt oft nicht genug zu essen.
Die Häuser der Reichen kennt ihr sonst nur von fern.
Wie kommt wohl ein so wichtiger Mann dazu, euch einzuladen?
Wie sollt ihr euch bei so reichen Leuten verhalten?
Im übrigen verehrt ihr eure Götter und eure Königin, so wie man es von euch verlangt. Keiner traut sich zu murren.
Was würde es auch ändern.
● Ihr backt das Brot zum Fest.

REZEPTE:

Altägyptischer Salat (3–4 Personen)

1 Salatgurke
1 Becher Joghurt
1 TL Dill
2 TL Zitronensaft
1 Prise Salz
evtl. 3 frische Pfefferminzblätter

Zubereitung: In Würfel geschnittene Gurke mit den übrigen Zutaten gut vermischen, mit Salz und Pfeffer würzen und durchziehen lassen.

Erdnuß-Suppe aus Nigeria (6 Personen)

1 große Tomate
1 große Kartoffel
1 mittelgroße Zwiebel
3 Tassen Wasser
1 Brühwürfel
1 Tasse geschälte ungesalzene Erdnüsse
½ Tasse Milch
2 EL Reis

Zubereitung: Die in kleine Stücke geschnittene Tomate, Kartoffel und Zwiebel mit dem Salz, dem Brühwürfel und dem Wasser 30 Minuten zugedeckt leicht kochen lassen.
Die feingehackten Erdnüsse mit der Milch vermischen und zusammen mit dem Reis in den Topf geben. Gut durchrühren und nochmals bei geringer Hitze 30 Minuten leicht kochen lassen.

Fladen-Brot

250 g Margarine
8 Eigelb
500 g Mehl
½ l Milch
Salz
8 Eiweiß
drei Zwiebeln

Zubereitung: Margarine und Eigelb schaumig rühren, Mehl und Milch abwechselnd zugeben. Steif geschlagenes Eiweiß unterheben, zusammen mit den feingehackten Zwiebeln. Im Waffeleisen backen.

Bedienstete bei Hof

Ihr gehört zu den Gebildeten im Volk und dient eurer Königin ergeben. Da ihr herumgekommen seid in der Welt, seid ihr weltoffen und in religiösen Fragen liberal.
Götterverehrung ist eurer Anschauung nach gut für das einfache Volk, damit es brav bleibt und nicht rebellisch wird; denn auch die Königin wird ja wie eine Göttin verehrt.
Vorsicht ist also bei allen Religionen geboten, wo von Freiheit und Gleichheit geredet wird!
● Gestaltet den Raum für das Fest.

Jüdische »Gastarbeiter«

Ihr stammt aus Palästina und seid fromme Juden. Durch die römische Besatzung, durch politische Unruhen und die Not in Palästina hat es euch nach Äthiopien verschlagen. Ihr verdient euer Geld als Handwerker, Händler und kleine Kaufleute.
Weil ihr lesen und schreiben könnt, habt ihr einen gewissen Einfluß und seid anerkannt.
Ihr steht fest im Glauben an den Gott der Väter, der euer Volk aus der Knechtschaft Ägyptens in die Freiheit geführt hat. Ihr wartet auf den Messias, der erneut Frieden, Gerechtigkeit und Freiheit eurem Volk und allen bringen soll, die mit euch verbunden sind.
● Kocht eine afrikanische Erdnuß-Suppe zum Fest.

Hagar und Ismael

Aus der Erzählstube – Eine Erzählung nach 1. Mose 21,9–21

Gabriele Kammerer

Abraham sitzt vor seinem Zelt im Schatten. Ein Stück weiter spielt ein Junge. Er versucht, mit Pfeil und Bogen Datteln vom Baum zu schießen. Abraham schaut ihm zu. Er ist in Gedanken versunken.

Drinnen im Zelt weint ein kleines Kind. Eine Frau spricht sanft mit ihm. Das Kind beruhigt sich. Es hört auf zu weinen. Abraham lächelt. »Mein Sohn Isaak«, denkt er. »Was war das für eine Freude, als er letztes Jahr geboren wurde! Und Sarah ist seither wie verwandelt. Wir haben ja schon fast nicht mehr geglaubt, daß wir noch Eltern werden könnten – in unserem Alter!«

»Was tut er denn schon wieder!« – Abraham drehte sich um. Neben ihm steht Sarah. Sie hat Isaak auf dem Arm. »Dieser Ismael! Er könnte sich doch auch einmal nützlich machen – das Alter dazu hätte er ja!«

»Sei doch nicht immer so hart mit dem Jungen, Sarah!« –

»Abraham, du machst dir wohl nie Gedanken, wie das mit Ismael weitergehen soll. Wenn unser Isaak größer wird – was geschieht dann mit dem, mit dem Sohn einer Sklavin!«

»Sarah«, sagt Abraham leise, »Sarah, du vergißt eines: Ismael ist doch auch mein Sohn!«

Sarah schluckt: »Ja, ja eben! Weißt du, ich kann mir das gar nicht vorstellen. Soll denn später nicht das alles hier Isaak gehören, deinem Sohn – und meinem Sohn? – Ich habe mir oft Gedanken gemacht, Abraham. Schicke den Ismael weg! Und seine Mutter, Hagar, auch! Es ist das beste so, ja, es geht gar nicht anders. Schicke die beiden fort, Abraham!«

In dieser Nacht schläft Abraham schlecht. Hat Sarah nicht doch recht? Wie soll das weitergehen mit den beiden Söhnen? . . . Aber, soll ich Ismael wirklich –? Nein!! Abraham dreht sich hin und her. Schließlich steht er auf und geht hinaus vors Zelt, an die frische Luft.

Es ist eine Nacht wie damals. Damals, als Gott zu Abraham gesagt hat: »Sieh an den Himmel, Abraham, und zähle die Sterne! So viele Nachkommen will ich dir geben, daß du sie nicht mehr zählen kannst!«

Abraham erinnert sich noch gut daran. Er hat sich gefreut damals. »Gott wird uns ein Kind schenken« – das wußten sie. Und dann haben sie gewartet, Sarah und er. Aber sie wurden älter, und noch immer hatten sie keine Kinder . . .

»Irgendwann haben wir dann gedacht, wir müßten selber etwas tun; wir müßten – Gott nachhelfen! Ja, Sarah hatte die Idee. Und ihre Magd Hagar wurde Mutter – Mutter meines Sohnes Ismael.«

Abraham sieht an den klaren weiten Himmel. »Gott steht zu dem, was er sagt!« denkt er. »Gott hält, was er verspricht. Damals haben wir das nicht so recht geglaubt. Heute wissen wir es. Denn Gott hat uns einen Sohn geschenkt – Sarah und mir: Unseren Isaak. – Aber soll ich deswegen Ismael wegschieben – meinen Ältesten?«

Unruhig geht Abraham hin und her.

Plötzlich bleibt er stehen. Er hört eine bekannte Stimme: »Abraham! Tu, was Sarah dir sagt! Schick Ismael weg! – Aber erschrick nicht, Abraham. Ich werde für Ismael sorgen – wie ein Vater für sein Kind! Vertrau deinen Sohn mir an, Abraham!« Jetzt ist Abraham ruhig. Ja, er will Gott vertrauen! Er dreht sich um und geht zurück ins Zelt.

Früh am anderen Morgen steht Abraham wieder vor seinem Zelt. Er hat Hagar und Ismael noch einen Schlauch mit Wasser gegeben und ein Brot. Mehr kann er nicht für sie tun. Er steht noch lange und sieht den beiden Gestalten nach – bis er sie nicht mehr erkennt.

»Schau, Mutter, der Vogel. Er hat eine gelbe Brust und grüne Flügel! Und da, ein Strauch mit roten Blüten!« Ismael ist fröhlich. Er ist gerne unterwegs. Er entdeckt vieles am Wegrand. Seine Mutter lächelt nur. Hagar ist verwirrt, ratlos.

Unter einem großen Baum machen sie Rast. Sie essen das Brot, trinken von dem Wasser. Dann gehen sie weiter.

Der Weg wird steinig. Ismael redet immer weniger.

»Mutter, es ist so heiß!«

Hagar schaut sich um. Sie sieht keinen Baum, der etwas Schatten geben könnte. Sie sieht auch keinen blühenden Strauch mehr – und keine Vögel. Sie nimmt Ismael an der Hand. Miteinander gehen sie weiter.

»Mutter, ich habe Durst!« Hagar gibt ihrem Sohn den letzten Rest Wasser. Die Sonne sticht. Unter ihren Füßen spürt Hagar heißen Sand.

Ismael stolpert. Er kommt allein nicht mehr hoch. Hagar nimmt ihren großen Sohn auf die Schultern. Er ist ihr fast zu schwer, aber bis zu dem Hügel da vorn schafft sie es. Dort schaut sie sich um – Sand, nichts als Sand, endlos, immer neue Hügel. Hie und da ein dorniger Busch. Die Luft steht still. Kein Windhauch. Hagars Hals ist trocken. Sie kann kaum schlucken. Ismael wimmert.

Hagar schleppt ihren Sohn noch einmal, bis zu einem kahlen, knorrigen Busch. Dort hat er wenigstens ein bißchen Schatten. Dann dreht sie sich um. Ein Stück entfernt wirft sie sich in den Sand.

Sie weiß nicht mehr, was sie tun soll.

Sie weiß nicht mehr, wie sie ihrem Sohn helfen kann.

Sie weiß nicht mehr, wohin sie weitergehen soll.

Hagar weint.

»Hagar!«

Sie blickt auf. Sie schaut sich um. Aber sie sieht nur ihre eigenen Spuren im Sand.

»Hagar! Hab keine Angst! Du brauchst nicht zu verzweifeln! Ich habe gehört, wie dein Sohn weint! Ich werde für euch sorgen! Ich, der Herr, dein Gott! Steh auf, Hagar, steh auf und nimm deinen Sohn an der Hand!«

Hagar steht auf. Sie traut ihren Augen kaum – da vorne – da steht ein Brunnen! Mit ihrer letzten Kraft eilt sie darauf zu. Sie taucht ihre Hand – langsam – über den Rand. Ihre Finger spüren Wasser – frisches, kühles Wasser! Hagar zittert. Schnell füllt sie den leeren Schlauch, schnell läuft sie zurück zu ihrem Sohn. Sie hält seinen Kopf hoch und läßt ihn trinken.

Ismael schlägt die Augen auf. »Trink!« sagt Hagar. »Trink, Ismael, es ist genügend da. Wir müssen nicht verdursten, Ismael! Gott sorgt für uns!!!«

*

Drei Gedanken zu dieser Erzählung

1. Die Erzählung hält sich bewußt nahe am biblischen Text, wegen der Aussagekraft der Geschichte (Bilder: Wüste – Wasser!)

2. Im Gegensatz zu früher erzählten Nacherzählungen dieser Geschichte verschweige ich nicht die Vaterschaft Abrahams. Ismael ist nicht ein »böser Bube«. Das Problem Abrahams ist kein Erziehungs-, sondern ein Glaubensproblem!

3. Die Erzählung ist verknüpft mit der Verheißung aus Genesis 15. Gott steht zu Abraham trotz dessen »Kleinglaubens«. Gott trägt die negativen Folgen des eigenmächtigen Handelns Abrahams. Deshalb ist die Fortsetzung der Geschichte die Bestätigung der Verheißung!

Erzählen mit einer Fantasiereise

Drei Erzählungen aus einer Arbeitsgruppe
mitgeteilt von Hartmut Stratmann

»Erzählen mit einer Fantasiereise« hieß eine Arbeitsgruppe, in der die folgenden drei Erzählungen nach Abschnitten aus der Apostelgeschichte entstanden sind. Es sind Beispiele einer gelungenen zweistündigen Zusammenarbeit von etwa 16 Kindergottesdienst-Mitarbeitern aus ganz Deutschland. Die anschaulichen Ergebnisse wurden »provoziert« und mitgeteilt von Pfarrer Hartmut Stratmann.

Auf der Straße nach Gaza

Zu Apostelgeschichte 8,26–39

Simon, der Schäfer, ist ein stiller Mann. Seit 18 Jahren zieht er mit seinen Schafen durch die Berge in Judäa. Da gibt es nicht viel zu berichten, wenn er zu seiner Frau zurückkehrt. Neulich hat er einmal erzählt, daß die roten Anemonen auf den Berghängen zu blühen beginnen. Und eine Woche später hat er geknurrt, daß die Römer mit ihren marschierenden Truppen Staub aufwirbeln und einem die Freude am trockenen Wetter verderben.

Heute ist das anders. Etwas Aufregendes ist passiert, das erzählt werden muß:

Also, stell dir vor, ich ziehe mit meinen Schafen ganz langsam durch das Tal. Wir kommen immer näher an die Straße von Jerusalem nach Gaza. Du weißt ja: diese Fernstraße, die in ein paar Tagesreisen bis zum Mittelmeer führt. Römer waren nicht zu sehen. Auch sonst war auf der Straße wenig Verkehr. Da höre ich, es war kurz nach Mittag, einen Pferdewagen aus Richtung Jerusalem kommen. Man kann das ja schon am Hufschlag hören. Pferde klingen anders als die Esel oder die Kamele, die unsere Händler haben. Und die Pferde zogen einen Wagen, genauer gesagt eine Kutsche, eine Prachtkutsche. Vorne saß der Kutscher, und hinten war Platz, aber nicht um Feigen oder Mehl oder sonst etwas zu transportieren, sondern nur, damit ein Herr gemütlich reisen konnte. Und die beiden, der Kutscher vorne und der Herr hinten, waren schwarz. Im Gesicht und an den Händen, soviel ich sehen konnte, wohl wirkliche Neger.

Ich weiß es ja nicht genau. Aber ich hatte so den Eindruck, als ob dieser vornehme Herr in der Kutsche ein Politiker sein könnte. Sonst reisen bei uns doch keine schwarzen Herren durchs Land. Ich glaube, er hatte in Jerusalem mit der Regierung etwas zu verhandeln. Und für den Rückweg hat er sich aus

Jerusalem etwas zu Lesen mitgenommen. Ich konnte es genau sehen: eine Buchrolle, ähnlich wie die, aus denen in der Synagoge vorgelesen wird.

Also, er saß da, und er las laut vor sich hin. Aber zufrieden war er nicht. Er las so stockend. Und wenn er einen Satz gelesen hatte, hielt er ratlos inne und schüttelte auch manchmal den Kopf.

Nun hatte ich, was ein Schäfer gar nicht darf, so lange die Kutsche beobachtet, daß ich alles andere aus den Augen verloren hatte. Meinen Schafen war zum Glück nichts passiert. Aber ich war überrascht, als plötzlich von der anderen Seite her ein Mann auftauchte. Den Mann kannte ich aber. Es war nämlich Philippus, der vor ein paar Jahren mit den Jesus-Leuten gegangen war und immer wieder mal in der Gegend auftauchte.

Philippus wartete also am Straßenrand, und die Kutsche kam näher. Ich weiß zwar nicht, wohin er wollte, ob nach rechts oder links. Aber als die Kutsche vorbei war, lief er ein paar Schritte hinterher und hörte zu, was der schwarze Herr in der Buchrolle las. Ich war jetzt auch schon näher an die Straße herangekommen und konnte hören, was geschah.

Philippus läuft also hinter dem Wagen her, hört zu, was gelesen wird, und ruft: »Verstehst du, was du liest?« Irgendwie war der schwarze Herr erleichtert, er befahl seinem Kutscher anzuhalten und antwortete: »Wie kann ich, wenn mich niemand anleitet?« Und dann stellte er sich gar nicht so vornehm an, sondern lud einfach den Philippus zu sich auf den Wagen ein. Ich wußte gar nicht, daß Philippus so reden konnte. Er sagte: »Du liest bei Jesaja: ›Wie ein Schaf, das zur Schlachtung geführt wird, und wie ein Lamm, das vor seinem Scherer verstummt, so tut er seinen Mund nicht auf.‹ Ich kann dir dieses Wort erklären und muß dir von Jesus erzählen. Er ist unser Herr.«

Und Philippus redete. Leider konnte ich nicht zuhören, denn der Wagen fuhr langsam weiter. Aber ich habe ihm noch nachgeschaut. Der schwarze Herr sah nun gar nicht mehr ratlos aus. Er hörte zu, er fragte, irgendwie schien ihm die Rede des Philippus zu gefallen.

Und ich sah, daß unten am Bach die Kutsche anhielt. Philippus stieg aus. Ich dachte: Nun ist die Belehrung zu Ende. Dann stieg aber auch der Schwarze aus. Nur der Kutscher blieb bei den Pferden. Und ob du es glaubst oder nicht, die beiden gehen zum Bach. Sie gehen sogar in den Bach. Und Philippus taucht sogar den schwarzen Herrn unter.

Ich habe das erst gar nicht verstanden. Aber als ich heute den ganzen Tag darüber nachgedacht habe, ist mir eingefallen, daß mir früher mal ein Wanderer von Johannes dem Täufer erzählt hat. Der soll am Jordan genau dasselbe mit den Leuten gemacht haben. Und die Jesus-Leute tun das auch. Sie nennen das »taufen«. Das bedeutet, daß man dann zu Jesus gehört.

Daß ich eine Taufe gesehen habe, habe ich erst später begriffen. Aber eins ist mir gleich aufgefallen: Solch eine Taufe macht den Menschen ja fröhlich. Der Philippus war schon wieder weg, ich weiß nicht wohin, aber der schwarze Herr saß auf seinem Wagen – und er sang lauthals. Obwohl er naß war und obwohl die Reise nicht recht voran ging, platzte er fast vor Freude. Das konnte man deutlich sehen, auch auf diese Entfernung hin. –

Also, mir geht das nicht aus dem Kopf. Wie sich einer so verändern kann. Nur weil er mit den Jesus-Leuten zusammen ist. Und weil er sich taufen läßt. An der Sache muß etwas dran sein. Ich will unbedingt Kontakt mit den Jesus-Leuten aufnehmen, und ich möchte wissen, ob ich dann auch so fröhlich wie dieser schwarze Herr werden kann?

Im Gasthof »Zum Letzten Denar«

Zu Apostelgeschichte 10

Der Gasthof »Zum Letzten Denar« in Caesarea war kein schlechtes Lokal. Keiner konnte sich erinnern, daß es dort in den letzten Jahren Diebstähle, Betrügereien oder Schlägereien gegeben hatte. Trotzdem betreten ihn die jüdischen Einwohner der Stadt nicht. Denn er ist der Treffpunkt der Knechte und Soldaten der Römer. Und mit denen hatte ein Jude eben keinen Umgang; denn erstens erlebten sie jeden Tag, daß die Römer sie unterdrückten, und zweitens glaubten die Juden, daß der Umgang mit den Römern sie unrein mache.

An einem kleinen Tisch im hinteren Teil der Wirtschaft sitzen drei Männer, der Kleidung nach zu urteilen ist einer von ihnen Soldat. Sie unterhalten sich lebhaft:

1. Knecht: Also, jeder von euch weiß, daß ich gerne Knecht beim Hauptmann Cornelius bin. Einen besseren Herrn kann man weit und breit nicht finden. Es ist nur gerecht, daß gerade er der Chef der italienischen Abteilung im Heer geworden ist. Und ich bin auch gerne für ihn die 50 Kilometer nach Joppe gegangen. Ich bin auch gerne mit dem Simon Petrus zurückgekommen. Aber warum das sein sollte, habe ich nicht verstanden. Ich hab' es einfach so auswendig gelernt, wie es mir der Hauptmann gesagt hat: »Mein Herr hat Befehl empfangen von einem heiligen Engel, daß er dich sollte holen lassen.«

2. Knecht: Ich kenne mich mit Engeln auch nicht aus. In Rom hat man darüber nichts gehört. Aber, wenn ich mir das jetzt überlege: So schlecht ist es gar nicht, dem Wort eines Engels zu folgen. Der Weg war ja lang, aber in Joppe haben wir alles ohne Schwierigkeiten gefunden: die Straße am Meer, das Haus des Gerbers Simon und seinen Besuch, den Simon Petrus. Und wenn ich mich nicht täusche, wußte Simon Petrus schon, daß wir kommen. Alles paßte zusammen.

1. Knecht: Mir hat an dem Petrus schon gut gefallen, daß er gastfreundlich ist. Sonst will sich kein Jude zu uns an den Tisch setzen, aber er hat uns ohne Zögern eingeladen, zu essen und die Nacht bei ihm und Simon, dem Gerber, zu verbringen.

2. Knecht: Ich wundere mich, daß die Christen untereinander so zusammenhalten. Den Simon Petrus sollten wir holen, und der wollte auch mitkommen. Aber daß sich gleich noch mehrere »Brüder«, wie er sagte, mit auf diesen langen Weg machen, das hätte ich nicht gedacht. Wer geht schon nur wegen der Freundschaft 50 Kilometer, zwei Tage lang, von Joppe nach Caesarea.

1. Knecht: Die Ankunft in Caesarea war auch ganz anders, als ich es mir vorgestellt habe. Unser Hauptmann hat sich vor Petrus auf die Knie geworfen, als wenn der ein neuer Gott wäre. Aber er ist gar kein Gott, denn er hat ja deutlich gesagt: »Gott hat mir gezeigt, daß ich keinen Menschen meiden oder unrein nennen soll.«

2. Knecht: Dieser Gott, von dem Simon Petrus spricht, muß ja eine unheimliche Kraft und Macht haben. Denn nur seinetwegen bricht doch Simon Petrus mit den Reinheitsgesetzen, auf die hier alle Juden soviel Wert legen. Wenn ich mich nicht täusche, wird dieser Simon Petrus vielleicht bald Gott an seiner Seite, aber sicherlich das jüdische Volk gegen sich haben.

Soldat: Ich glaube, es ist doch ein wenig anders. Erst mal haben wir ja gesehen, daß sich der Hauptmann und seine Familie taufen ließen. Also gehören sie mit auf die Seite des Petrus und der anderen Jesus-Leute. Und dann habe ich aus der ganzen Diskussion soviel verstanden, daß der Gott des Simon Petrus alle Menschen liebt, sogar auch uns Römer. Wenn ich mich nicht täusche, werden es bald sehr viele sein, die mit Simon Petrus und seinen Freunden und unserem Hauptmann und seiner Familie im Glauben an diesen einen Gott fest zusammenhalten.

Thomas schreibt an seine liebe Frau Lena

Zu Apostelgeschichte 9

Liebe Lena,
heute lohnt es sich wirklich, Dir zu schreiben und das Geld für den Boten auszugeben. Stell Dir vor, was uns passiert ist: Ich habe Dir in Jerusalem wegen der Geheimhaltungspflicht ja nur sagen können, daß wir nach Norden gehen und daß alles ganz ungefährlich ist. Jetzt braucht nichts mehr verheimlicht zu werden: Mit Saulus, dem schärfsten Christenfänger im ganzen Land,

sollten wir nach Damaskus, um dort die Anhänger des neuen Glaubens, die Jesus-Leute, zu fangen.

Saulus war der Chef. Er hatte von Anfang an gute Laune. Und wir dachten, wir hätten nichts zu fürchten.

Aber dann kam es ganz anders: Stell Dir vor, Geliebte – aber bekomme keinen zu großen Schrecken –, mit einem Mal war alles durcheinander, ich war stumm vor Schreck, die anderen auch, der Saulus warf sich urplötzlich auf den Boden. Von uns sagte keiner mehr etwas, aber eine Stimme sprach: »Saul, Saul, warum verfolgst du mich?« Saulus fragte zurück: »Wer bist du?« – Wir hätten auch gerne gewußt, mit wem er sprach. Denn zum Beispiel hörten wir den Satz. »Steh auf, gehe nach Damaskus, da hörst du, was zu tun ist!« Wir fanden es dreist, unseren Chef Saulus so in der Gegend herumzuschicken. Aber er gehorchte sofort.

Damit war der Schreck jedoch noch nicht zu Ende. Saulus stand auf und – konnte nichts mehr sehen. Er war verwirrt, tapste unsicher, hielt sich den Kopf fest. Er war blind. Wir mußten ihn an die Hand nehmen und nach Damaskus führen. Ein trauriger Zug. Saulus konnte nichts sehen, aber schon wieder kommandieren: »Ich will in die Gerade Gasse zum Hause des Judas.« Wir brachten ihn hin. Das war ein einfaches Gasthaus.

Saulus sah nach wie vor nichts. Er saß in seinem Zimmer. Wir wollten Ärzte holen, aber er verbot es. Wir wollten, weil er ja Römer ist und man nichts unversucht lassen soll, ein Rauchopfer bringen, aber er wollte nicht. Und er wollte auch nicht essen und nicht trinken.

Ich fass' mich kurz: drei Tage lang kein Arzt, kein Essen, kein Trinken, kein Rauchopfer und keine Besserung. Natürlich auch keine Arbeit für uns, nur Warten. Schrecklich!

Aber heute morgen sah es nach Arbeit aus. Da kam einer – ein Christ – freiwillig zum Saulus. Wir wollten ihn gleich verhaften. Aber das ließ er nicht zu. Er lud diesen Christen vielmehr in sein Zimmer ein. Ich hatte die Wache und bin zur Sicherheit in der Nähe geblieben. Ob Du es glaubst oder nicht, dieser Christ, er hieß Ananias, hatte keine Angst. Er legte dem Saulus einfach die Hände auf und sagte, wenn ich mich recht erinnere: »Du sollst wieder sehen und Gottes Geist empfangen.«

Und der Chef konnte wieder sehen. Das Briefpapier ist fast zu Ende. Ich muß aufhören. Aber stell' Dir vor: Morgen läßt sich der Saulus taufen. Mein Chef läßt sich taufen! Dann bin ich jedenfalls meine Arbeit für den Hohenpriester los. Ich weiß noch nicht, was ich tun soll. Mit einem anderen Christenverfolger zusammenarbeiten? Oder werde ich auch Christ wie mein Chef? Was diese Christen tun, macht schon Eindruck. Schreib mir bitte, wozu Du mir raten würdest. Und glaube mir, ich habe alles, was geschehen ist, in nüchternem Zustand aufgeschrieben.

Dein treuer Thomas

Rahmenerzählung zu einem Bibelwort

JÜRGEN KOERVER

Die im folgenden erzählte Geschichte bildet den Rahmen zu dem Wort Jesu aus der Bergpredigt:

Bittet, so wird euch gegeben; suchet, so werdet ihr finden;
klopfet an, so wird euch aufgetan.
Denn wer da bittet, der empfängt; und wer da sucht, der findet;
und wer da anklopft, dem wird aufgetan.
Wer ist unter euch Menschen, der seinem Sohn, wenn er ihn bittet um Brot, einen Stein biete?
Oder wenn er ihn bittet um einen Fisch, eine Schlange biete?
Wenn nun ihr, die ihr doch böse seid, dennoch euren Kindern gute Gaben geben könnt, wieviel mehr wird euer Vater im Himmel Gutes geben denen, die ihn bitten! (Matth. 7,7–11)

»Vater, ich will ein Schaf«

»Kinder«, sagte Ben-Gabriel (er saß in einer Runde von Männern rings um Jesus), »Kinder sind ja manchmal un-mög-lich mit ihren Wünschen. Sagt doch gestern mein Jüngster, der achtjährige Daniel: ›Papa, ich möchte so ein Schaf mit braunen Flecken für mich allein. Ich werd' allein für es sorgen. Ich tu's selber auf die Weide führen und ihm Wasser geben!‹ – ›Aha‹, sag ich, ›und das tust du jeden Tag?‹ – ›Na klar‹, sagt Daniel. ›Und wer melkt dein Schaf?‹ frag ich. ›Och‹, sagt Daniel, ›das tut doch die Mama sowieso bei den anderen Schafen – da kann sie ja meins mitmelken.‹«

Alle Männer lachen. »So ein Schlitzohr!« rufen sie. »So ein kluges Bürschchen! Ja, so sind die Kinder! Immer große Wünsche! Und wir Erwachsenen dürfen es hinterher ausbaden . . .« Jesus lacht auch. Und dann fragt er: »Und – du hast deinem Daniel das Schaf überlassen?«

Der Vater weiß es besser

»Oh, wo denkst du hin!« sagt Ben-Gabriel lachend. »Das Schaf wäre ja nach drei Tagen verhungert oder verdurstet oder Schaf und Daniel in einem Löwenrachen verschwunden! Ich kenn' doch meinen Daniel! Große Wünsche

– große Pläne – aber eben noch ein Kind: Es ist nur so eine Augenblicksidee ... Wenn dann die eigentliche Arbeit mit so einem Schaf losgeht – dann ist es schnell aus und vorbei ...!«

»Und was hast du nun gemacht?« fragt Jesus gespannt, und auch die anderen Männer sind neugierig.

»Ach«, sagt Ben-Gabriel, »ich hab' zu meinem Daniel gesagt: ›Weißt du, so ein Schaf – was ist schon ein Schaf? Sorg lieber für den Esel Gomor, den mit den hellen Ohrspitzen, der hat's nötig!‹ – ›Oh‹, hat Daniel gesagt, ›für Gomor sorgen? Das tät ich ja noch viiiel lieber!‹«

»Aber, aber!« ruft Ben-Absalom. »So ein kleiner Junge und für einen großen Esel sorgen! Das ist doch eine Überforderung!« – »Aber keineswegs!« lacht Ben-Gabriel: »Der Esel weiß von selbst, wo er Futter und Wasser findet, und melken muß man ihn auch nicht. Also kann mein Daniel ganz leicht für ihn sorgen, wie er es sich gewünscht hat. Und er ist ganz stolz darauf. Er hat zu mir gesagt: ›Du bist große Klasse, Papa! Ich hätte nie gedacht, daß du meine Bitte so anhören tät'st und dann auch noch so groß erfüllen tät'st! Für so' n Esel sorgen (hat er hinzugefügt), das hab' ich dich nämlich eigentlich fragen wollen, aber das hab' ich nicht so richtig gewagt ...!‹ – ›Oh‹, hab' ich gesagt, ›du kannst deinem Papa ruhig immer sagen, was du möchtest. Und dann werd' ich schon sehen, was sich machen läßt.‹ Da war er ganz glücklich und hat mir einen Kuß gegeben.«

Vertrauen

Alle Männer lachen wieder. »Du bist gut, Ben-Gabriel!« rufen sie. »Ja, so muß man's machen. Was meinst du, Rabbi Jesus?« Jesus lächelt immer noch: »Das hast du wirklich gut gemacht, Ben-Gabriel. Du hast dein Kind geduldig angehört und mit ihm seinen Wunsch besprochen – und schließlich sehr geschickt seine Bitte erfüllt. Ich bin überzeugt: Dein kleiner Daniel wird jetzt immer wieder zu dir kommen, wenn er was auf dem Herzen hat. Denn er hat ja Vertrauen zu dir ...«

Ben-Mosche, einer der Männer, mischt sich ein: »Und was ist, Jesus, wenn Ben-Gabriel die Bitte seines Sohnes einmal nicht erfüllen kann oder will? Und das wird ja früher oder später passieren! Dann ist es aus mit dem Vertrauen!«

»Oh, das glaub' ich nicht!« ruft Ben-Gabriel. »Mein Daniel weiß genau, daß ich ihn liebhabe. Und wenn ich mal sagen muß: Die Bitte, Daniel, kann ich dir nicht erfüllen! Dann verliert er doch nicht das Vertrauen! I wo – nach zwei Stunden kommt er wieder und hat was anderes auf dem Herzen. Würde er das tun, wenn er kein Vertrauen hätte?«

Jesus nickt: »Ja, Freunde«, sagt er, »ich versteh' Ben-Gabriel sehr gut. Das Wichtigste ist sicher, daß ihr eure Kinder wirklich liebhabt und daß sie das merken. Dann kann man ihnen durchaus auch mal eine Bitte abschlagen. Denn sie wissen ja: Das tut der Papa, weil er besser weiß, was für mich gut ist. Weil der Papa mich liebhat.«

Mit Gott kann man alles besprechen

»Ja, ja«, sagt Ben-Mosche, »da ist was dran, Rabbi Jesus. Du sprichst so, als hättest du gute Erfahrungen mit deinem Vater gemacht...«

»Hab' ich«, sagt Jesus. »Hab' ich. Genau die Erfahrung hab' ich gemacht: daß mein Vater besser weiß, was gut ist für seinen Jungen. Und darum hab' ich Vertrauen zu ihm, auch wenn er mir einen Wunsch abschlägt.«

»Entschuldige«, fährt Ben-Gabriel dazwischen. »Du sagst: Er weiß – und: ich hab' Vertrauen... du redest von deinem Vater, als lebte er noch. Aber dein Vater Josef ist doch seit mindestens zehn Jahren verstorben.«

Jesus lacht: »Ach, Ben-Gabriel, ich meine doch nicht meinen lieben und guten Vater Josef! Der ist längst tot. Ich spreche von meinem himmlischen Vater – von unserem Vater im Himmel, von Gott. Ihn hab' ich gemeint! Und ihr wißt ja: Ich bespreche alles mit ihm, was ich vorhabe, was ich tun möchte, was ich auf dem Herzen hab. – Tut ihr doch auch, oder?«

Die Männer murmeln irgendwas Bejahendes. Und Ben-Mosche sagt: »Gewiß, wir sprechen unsere Gebete im Gottesdienst und bei Tisch und... und...«

»Nun ja«, sagt Jesus, »das ist gut, und Gott freut sich sicher, wenn ihr... diese Gebete sprecht. Aber ihr könnt ruhig alles mit ihm besprechen: Eure Sorgen mit den Schafen und eure Freude über ein schönes Fest und eure Gedanken über den Nachbarn und den Kummer mit euren Kindern. Ich meine: Mit Gott kann man alles besprechen...«

»Und du glaubst«, fragt einer der Männer, »er hört uns zu, wenn wir diese... diese Kleinigkeiten unseres Lebens vor ihn bringen?«

»Aber sicher!« sagt Jesus, »ihr könnt ihm alles und jedes sagen, auch eure Bitten und Wünsche. – Allerdings«, fährt Jesus fort, »allerdings erwartet nicht, daß Gott euch alles erfüllt, was ihr ihn bittet. Nein, erwartet das nicht! Wer – wie der kleine Daniel – um ein Schaf bittet, der kriegt es eben nicht, weil das für den kleinen Daniel und für das Schaf nicht gut wäre. Er kriegt – einen Esel zu versorgen; denn das ist für beide gerade recht. Versteht ihr?«

Die Männer nicken und lächeln.

Wir verstehen Gott nicht immer

»Seht ihr«, sagt Jesus, »wenn wir Menschen, die wir ja wirklich nicht immer die klügsten sind (ganz zu schweigen davon, daß wir oft böse in unseren Gedanken und Taten sind), wenn wir Menschen schon (wie Ben-Gabriel) unseren Kindern möglichst nur Gutes tun: wieviel mehr wird unser himmlischer Vater nur Gutes für uns im Sinn haben! Traut ihm das zu, Freunde! Er hat uns doch lieb!«

Die Männer nicken wieder. Einige wackeln mit dem Kopf, als wollten sie sagen: Ich weiß nicht – ich weiß nicht...!

Und einer von den Jüngern – der Thaddäus – sagt dann: »Meister, ich kann dir da nicht recht geben! Sieh – vor fünf Jahren wurde mir endlich ein Sohn geboren – wie haben meine Frau und ich uns gefreut! Und dann wurde er krank... und nach zwei Jahren starb der Junge. Wie sehr hab' ich Gott gebeten, ihn gesund werden zu lassen, ihn am Leben zu lassen... inständig und andauernd hab' ich Gott gebeten. Aber der Junge starb. Mein einziger Junge. Wie kannst du sagen. ›Gott hat nur Gutes, nur Heilsames für uns, für mich im Sinn?‹«

Jesus überlegt lange. Dann fragt er vorsichtig: »Wärst du, Thaddäus, wärst du mit mir gegangen, um Gottes Frohe Botschaft zu verkündigen, wenn dein kleiner Junge jetzt am Leben wäre?«

Thaddäus wiegt den Kopf hin und her. Dann sagt er: »Ich glaube nicht. Ja, ich wäre ganz bestimmt nicht mitgegangen. Er wäre jetzt – ja, er wäre jetzt fast so alt wie der kleine Daniel... Er hätte mich gebraucht, ich hätte mich um ihn kümmern müssen, vor allem, weil meine Frau kränklich ist... Nein, ich wäre daheim geblieben. Kleine Jungen brauchen ihren Vater...«

»Könnte es sein«, überlegt Jesus weiter, »daß Gott darum deinen kleinen Jungen zu sich genommen hat, damit du frei bist, mit mir zu gehen und das Reich Gottes anzusagen? Vielleicht war das – das Gute, das Gott für dich im Sinn hatte...??!«

Sechs Worte

»Das ist aber sehr, sehr schwer zu begreifen!« ruft Ben-Mosche dazwischen. »Wer guckt schon immer dahinter, was Gott Gutes für uns im Sinn hat?«

Jesus sagt: »Meistens sehen wir es nicht. Wir sehen bloß: Gott gibt mir nicht, um was ich ihn gebeten habe. Und dann ist man böse über Gott. Stimmt's?!«

»Ja, ja«, sagen die Männer, »so ist es. Ja, wir sind böse, weil Gott nicht tut, was wir wollen. Wir sind traurig und enttäuscht, weil Gott nicht gibt, was wir für wichtig halten.«

»Warst du auch schon mal böse oder traurig oder enttäuscht über deinen himmlischen Vater?« fragt Thaddäus.

Jesus lächelt. »Gewiß, Thaddäus, früher war ich oft... nicht einverstanden. Ich hab' erst allmählich gelernt, daß alle Wünsche und Bitten, die wir vor Gott bringen, immer mit sechs Worten enden müssen. Wenn man diese sechs

Worte kennt und sagt und meint, dann kann man eigentlich nicht mehr böse oder enttäuscht sein, wenn Gott nein sagt. Wenn es ganz anders kommt, als man es sich gewünscht hat.«

»Sechs Worte?!« fragt Ben-Mosche. »Was sind das für sechs Worte, die man sagen soll?« Alle sehen Jesus gespannt an.

»Es sind sehr wichtige Worte«, sagt Jesus. »Sie sind schwierig – nicht auszusprechen, versteht ihr – nein, sie sind schwierig, weil sie einen so klein vor Gott machen ... so klein wie der kleine Daniel vor seinem großen Vater Ben-Gabriel ...«

»Nun, sag schon«, drängt Ben-Gabriel. »Nun sag doch die sechs schwierigen Worte!«

»Diese sechs Worte«, fährt Jesus fort, »kann man nur sagen, wenn man weiß: ›Gott hat mich lieb.‹ Darauf muß man vertrauen, wenn man betet und Gott seine Bitte vorträgt. Die sechs Worte heißen: ›Nicht mein, sondern dein Wille geschehe!‹«

Der Gottesdienst in der Wüste

Erzählung mit »Chor« zu Apostelgeschichte 8,26ff.

JÜRGEN KOERVER

Vorbemerkung:

Bei einer »Erzählung mit Chor« steht der »Erzähler« vor den Zuhörern; der »Chorführer« sitzt unter den Zuhörern. Diesen wird gesagt: Alles, was er – der Chorführer – euch vorspricht, sprecht ihr ihm nach. – Erzähler und Chorführer haben natürlich das Konzept.

Erzähler: Ein Gottesdienst find't meistens statt
in einer Kirche. – Wenn man hat!
Hat man sie nicht, geht's allemal
zum Beispiel im Gemeindesaal.
Auch dient schon mal ein Klassenzimmer –
in einer Scheune ist's schon schlimmer ...
Zur Not nahm hin und wieder auch
ein Kino man mal in Gebrauch.

Kurz: es ist klar: Es hängt ja kaum
der Gottesdienst ab von dem Raum;
vielmehr, es kann an jedem Ort
verkündet werden Gottes Wort.

Wenn allerdings, wie einst geschehen,
von alldem *gar nichts* ist zu sehen,
wenn weder Raum, Stub', Zimmer, Saal –
wenn sozusagen alles kahl:
nur öde Wüste ringsumher
und diese Wüste *menschen*leer –
dann allerdings sagt man zu Recht:
Hier Gottesdienst? Das geht wohl schlecht!
Wer überhaupt, ein jeder fragt,
hat Gottesdienst *hier* angesagt??? –

Ihr ratet's nicht! – Es wird berichtet:
Gott selber hat das angerichtet!
Gott selber hat sich's vorgenommen:
es soll zum Gottesdienst hier kommen!

Er hat's Philippus, dem Pastor,
auf seine Art gesagt ins Ohr:
»Geh in die Wüste, warte dort,
– und dann verkündige mein Wort!
Und klingt's für dich auch noch so dumm:
Geh hin – sag's Evangelium!«

Gehorsam der Philippus geht
und schließlich an dem Wege steht,
der von Jerusalem, der Stadt,
die Richtung Süd, zum Nilfluß hat.
Hier Gottesdienst? Kein Mensch zu sehn!
Doch der Philippus, der bleibt stehn.

Da! – Plötzlich hört man Räderknarren
und schon erscheint entfernt ein Karren.
Und als der Karren näher holpert,
Philippus ihm entgegen stolpert
und hört – traut seinen Ohren nicht! –,
daß auf dem Wagen jemand spricht...

Chorführer: Versteh ich nicht! Versteh ich nicht!

Chorführer: Was mag Jesaja hier wohl meinen?

Chorführer: Versteh ich nicht! – Es ist zum Weinen!

Erzähler: Philippus denkt: Der Mann versteht
nicht, was geschrieben der Prophet?
Nun ja – der Mann hat schwarze Haut,
der so betrübt ins Buch reinschaut.
Kommt offenbar aus fernem Land,
ist mit der Schrift nicht so bekannt.
Nun ja – ich mach mal 'nen Versuch...

Chorführer: Ich werd' nicht schlau aus diesem Buch!

Chorführer: »Zur Schlachtbank ging er ganz geduldig...

Chorführer: Er opfert sich – und ist unschuldig!«?

Erzähler: »Verzeiht!« hört man Philippus sagen
und geht jetzt neben seinem Wagen –
»Mein Herr, verzeiht mein dreistes Wesen:
Verstehen Sie, was Sie da lesen?«

Chorführer: Nein, leider muß ich sagen: Nein!

Chorführer: Verstehst *du* es, dann steige ein!

Chorführer: Erklär du mir: Was soll das sein?

Erzähler: Philippus, derart eingeladen,
besteigt des schwarzen Mannes Wagen
und setzt sich und beginnt zu sagen:
»Nun, lieber Herr aus Afrika,
wir lesen, was geschrieben da
in diesem Buche vom Prophet
und was ihr bisher nicht versteht:
»Er ist als wie ein Schaf geführt zur Schlachtbank.
Wie ein Lamm ganz still vor seinem Scherer ist,
so tat den Mund er nimmer auf.
Gerechtes Urteil ward ihm nicht zuteil.
Und so wurd er dahingerafft aus dieser Welt.«

Chorführer: Ich frag' mich: Was soll das bedeuten?

Chorführer: Spricht er von sich? Von andern Leuten?

Chorführer: Wer ist's, der sich so hingegeben?

Erzähler: Erinnert euch! – wir dachten eben,
daß in der öden Wüstenei
ein Gottesdienst unmöglich sei...
Jetzt sehn wir: Schon hat er begonnen!!!

Philippus hat's nicht lang besonnen.
Er kann dem fremden Mann bekennen:
»Ich muß dir einen Namen nennen,
der über alle Namen ist:
Es ist der Name ›Jesus Christ‹.
Von ihm im Spruch die Rede ist!

Ihn gab uns Gott als Mensch zur Erde,
damit er unser Heiland werde.
Er sagt uns, daß Gott Sünder liebt
und ihnen ihre Schuld vergibt.
Doch – er fand Glauben nicht bei allen.
So ließ er sich's am Schluß gefallen,
ein unrecht Urteil zu erleiden
und dann am Kreuze zu verscheiden.
Doch Gott sagt Ja zu Jesus Christ
und macht, daß er erstanden ist
vom Tod. – So spricht *den* Gott gerecht,
der glaubt an Jesus, Gottes Knecht.«

Chorführer: Auch mich, der ich ein schwarzer Mann?

Chorführer: Auch mich sieht Gott jetzt gnädig an?

Chorführer: Wenn ich ihm glaube – dann auch mich?

Erzähler: Philippus spricht: »Gott meint auch dich!
Auch du darfst Gottes Kind nun sein!

Er lädt durch mich dich herzlich ein,
ein neues Leben zu erreichen!«

Chorführer: Gibt es dafür ein sichtbar Zeichen?

Chorführer: Kannst du mir's zeigen, daß Gott liebt?

Erzähler: Als Zeichen es die Taufe gibt!
Ich tauche dich in Wasser ein
als wie in Gott – und du bist sein!

Zuvor jedoch möcht ich erfahren:
Hast du den Glauben auch, den wahren?
Und was du glaubst – kannst du's bekennen?

Chorführer: Nur Jesus ist der Herr zu nennen!

Erzähler: Der Wüstengottesdienst, er neigt sich
dem Ende zu. Denn alsbald zeigt sich
in 'ner Oase Wasser reichlich.
Und hier geschieht's. Zu dieser Stund
nimmt Gott den Mann in seinen Bund,
verspricht: Ich kenn' dich, Mensch, beim Namen,
bist nun erlöst und mein und Amen!

Ein Segenswunsch, ein kurzer Gruß –
und mit dem Gottesdienst ist Schluß.
Philippus, der Pastor, verschwindet.

Der schwarze Mann allein sich findet
und – so auf sich gestellt – er spricht:

Chorführer: Gott liebt mich. Beßres gibt es nicht.

Chorführer: Ich bleib' bei ihm – so oder so –

Chorführer: Zieh meiner Straße und bin froh!

Erzähler: Der schwarze Mann besteigt den Wagen
fährt heimwärts. – Und wir können sagen:

Der Gottesdienst (wie hierzulande)
verlief – trotz Wüste! – nicht im Sande . . .

Und daß das auch bei uns geschieht,
erbitten wir mit unserm Lied:

Alle:

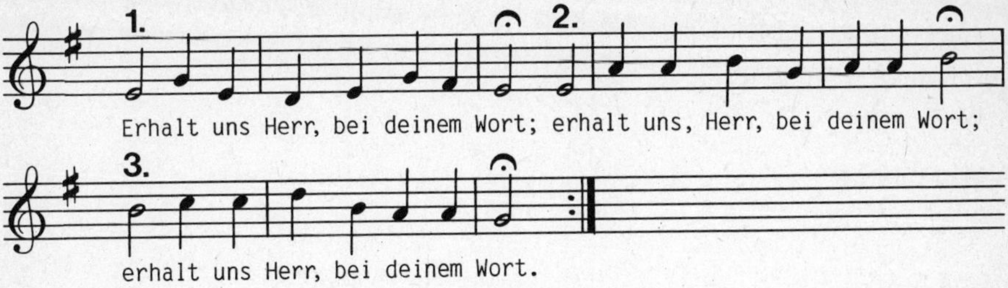

*

Ein Buchhinweis: *Weitere biblische »Erzählungen mit Chor« von Jürgen Koerver finden Sie in dem Buch »Die verlorene Drachme«. Es enthält 14 Spiele und Erzählungen zu Geschichten aus dem Alten und Neuen Testament. Verlag Junge Gemeinde, Stuttgart.*

Erde, kleines Schaukelschiff

Ein Spiellied von LUDGER EDELKÖTTER

2. Erde, großes Menschenschiff,
   Nußschalen klein,
   wer wird durch Gefahren groß,
   unser Lotse sein?

3. Erde, gutes Mutterschiff,
   Arche Fragen-voll,
   sag doch einer, wie und wann,
   alles enden soll?

4. Erde, kleines Schaukelschiff,
   sieh, wer zu dir steigt,
   frag ihn, ob er weiterweiß,
   und die Richtung zeigt.

5. Erde, kleines Schaukelschiff,
   Nußschalen groß,
   treibt durch dunklen
   Weltenraum, der so uferlos.

Text: Wilhelm Willms; Musik: Ludger Edelkötter
Aus: LP bzw. MC 1009 »Biblische Spiellieder zum äthiopischen Misereor-Hungertuch«

Bewegungsvorschlag:

Jeder Mitwirkende oder Mitsingende betrachtet sich als Teil einer Welle. Zuerst einsam wiegt er langsam mit ausgestreckten Armen durch den Raum. Irgendwann wird er eine zweite Welle gefunden haben. Sie berühren sich knapp mit den Händen und gehen in die Mitte.

Dort setzen sie sich, ohne ihre Hände loszulassen, auf den Boden und strecken beide Füße einander so zu, daß sich die Fußsohlen berühren. Sie halten sich nun mit beiden Händen fest und bilden ein kleines Schiff und wiegen sehr, sehr ruhig und langsam hin und her.

Die anderen Wellen schließen sich an, und so entsteht nach und nach ein großes Schiff, ein Schaukelschiff.

VI

Mit Kindern unterwegs: Auf dem Weg gefunden! Ideen und Anregungen

Weg-Geschichten ins Bild gesetzt

Eine Idee des Helferkreises Wenscht, Siegen-Geisweid

HANS PETER ADLER / PETRA VÖGE

Um das Erzählen biblischer Geschichten bildhaft zu unterstützen, sind mancherlei Möglichkeiten bekannt. Eine neue Idee, Kinder den Ablauf einer Geschichte anschaulich miterleben zu lassen, fand der Helferkreis Wenscht der Evangelisch-reformierten Kirchengemeinde Klafeld in Siegen-Geisweid. Die Helfer berichten darüber:

Den »Sandkasten« neu entdeckt

In unserem Kindergottesdienst erzählen wir den Kindern biblische Geschichten. Wir wollen, daß sie sie verstehen und miterleben und daß sie sich ein Bild davon machen können. Deshalb malen oder kleben wir mit ihnen zu den biblischen Geschichten Bilder oder basteln dazu.

Als wir die »Weg-Geschichten« mit Abraham erzählten, wollten wir einmal etwas Neues versuchen. Und wir erinnerten uns an den Sandkasten, in dem wir als Kinder gerne spielten. – Es hat uns und den Kindern Spaß gemacht.

Wir haben also einen »Sandkasten« gebaut und darin mit Sand, Steinen, Moos, Zweigen, Holzklötzchen usw. Landschaften gestaltet, in denen Abraham, Sarah, Lot und andere ihren Weg gegangen sind. Zunächst haben wir, die Helfer, solche Weg-Geschichten für die Kinder ins Bild gesetzt. Dann wollten aber auch die Kinder selbst im »Sandkasten« die Geschichten darstellen und spielen.

Bald stellten wir fest, daß sich außer den Abraham-Geschichten (1. Mose 12: Abrahams Berufung, Abraham in Sichem oder Bethel, Abraham in Ägypten; 1. Mose 13: Abraham und Lot trennen sich; 1. Mose 18: Abraham im Hain Mamre) noch viele andere Weg-Geschichten auf diese Weise darstellen lassen, z. B. auch einige der Josefs-Geschichten (1. Mose 37ff.).

Auch im Neuen Testament finden sich zahlreiche Geschichten, die sich für diese Darstellung eignen, z.B.: Josef und Maria auf dem Weg nach Bethlehem (Luk. 2,4), das Gleichnis vom verlorenen Schaf (Luk. 15,1–7), das Gleichnis vom Vater und den beiden Söhnen (Luk. 15,11ff.), das Gleichnis vom barmherzigen Samaritaner (Luk. 19), die Jünger auf dem Weg nach Emmaus (Luk. 24,13ff.), die Taufe des Kämmerers aus Äthiopien (Apg. 8) oder die Berufung des Paulus (Apg. 9).

Analog zu den Weihnachtskrippen gibt es in Gegenden Mitteldeutschlands Passions- und Ostergärten. So haben wir nach dem Osterspaziergang vor dem Familiengottesdienst Kinder in Gruppen zu viert oder fünft solche Gärten gestalten lassen. Sie haben dabei immer neue Variationen gespielt.

Bastelanleitung für den »Sandkasten«

Einen großen Verpackungskarton (von einem Fernsehapparat) haben wir mit einem Teppichmesser auf eine geeignete Größe geschnitten (siehe Abbildung). Den Karton haben wir dann mit blauer Plastikfolie (Müllsack) ausgeklebt, um ihn vor Feuchtigkeit zu schützen und Wasser darstellen zu können. An der Stelle, wo Gebirge oder ein Berg entstehen sollte, haben wir Styroporplatten hineingelegt und nach Bedarf Sand eingefüllt. Mit großen und kleinen Steinen, Moos, Zweigen und anderen Materialien, wie sie uns die Natur bietet, wurden die Landschaften gestaltet. Holzklötze wurden zu Häusern, und Zelte, Pyramiden und anderes wurde aus Papier gebastelt. Personen haben wir aus Knete geformt oder mit Halma-Spielfiguren dargestellt. Tiere wie Esel, Kamele und Schafe haben wir aus Spielzeugkisten hinzugenommen.

Den bzw. die »Sandkästen« (inzwischen sind es mehrere) und die wiederverwendbaren Materialien bewahren wir auf, um sie bei Gelegenheit wieder hervorzuholen und im Kindergottesdienst und in der Jungschar einzusetzen. – Versucht es auch einmal. Viel Spaß dabei!

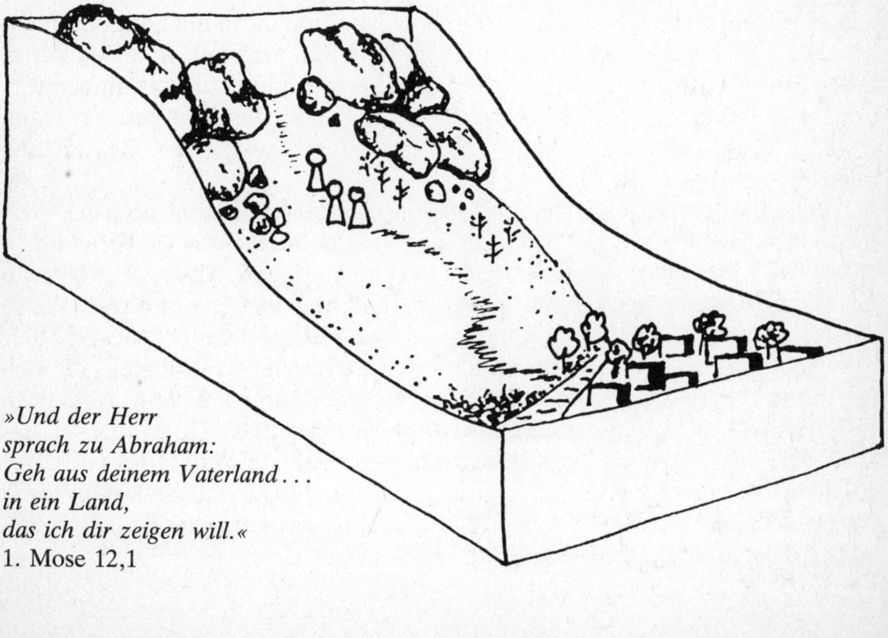

»Und der Herr
sprach zu Abraham:
Geh aus deinem Vaterland ...
in ein Land,
das ich dir zeigen will.«
1. Mose 12,1

Wie wir uns auf den Kindergottesdienst vorbereiten

Ein Beispiel aus dem Helferkreis der Johannes-Kirchengemeinde Lippstadt

Die Vorbereitung der Helfer auf den Kindergottesdienst kann recht unterschiedlich aussehen. Die Mitarbeiter der Johannes-Kirchengemeinde in Lippstadt haben zwei Wege gefunden, mit denen sie in ihrem Helferkreis gute Erfahrungen machten und noch machen. Für sie gilt die Regel: Vorbereitung lohnt sich – für Kinder und *Helfer! Die folgende skizzenhafte Darstellung ihrer Arbeitsweise will das verdeutlichen. Vielleicht können die gefundenen Wege anderen Helferkreisen als Anregung für ihre Vorbereitung dienen.*

A. Anfang durch Helfer

1. a) *Ein Helfer erzählt* die Geschichte so, wie er sie am Sonntag seiner Gruppe erzählt.

b) Es kommen Rückmeldungen aus dem Helferkreis
— was ich gut finde
— was ich anders machen würde (z. B. Verbesserungsvorschlag)

2. a) Die Helfer äußern sich spontan zur Geschichte
— welche Schwierigkeiten habe ich mit der Geschichte
— was spricht mich an; wo komme ich vor
— wie steht die Geschichte in der Bibel?
Ein Textvergleich lohnt.

b) Wir übertragen die Geschichte auf die verschiedenen Altersgruppen
— was ist *mir* wichtig an diesem Text?
— wie kann ich ihn weitergeben?
(Einstieg, Erzählung, Gesprächsanregung)
— wie kann ich den Text veranschaulichen?

Dias	Malen	Hörspiel
Fotos	Basteln	Verklanglichung
Collage	Rollenspiel	Interview

3. a) *Wir suchen gemeinsam aus*
— Lieder (mit Folien für Tageslichtschreiber brauchen wir keine Gesangbücher)

— Psalm (Folie)
— Gebete

b) Wir verteilen die Aufgabe für den Sonntag
— wer besorgt . . . . . . ?
— wer bereitet vor . . . . . . ?
— wer formuliert ein Gebet?
— wer begrüßt?
— wer übernimmt Teile der Liturgie?
— wer übt die neuen Lieder ein?

c) Wir probieren ggf. Bastelideen gemeinsam aus.

B. Anfang durch gemeinsame Arbeit am Text/Thema

1. a) *Wir lesen den Text* laut, abwechselnd leise, jeder für sich.

b) Die Helfer äußern sich spontan zur Geschichte*

* z. B. Passionsgeschichte nach Johannes
Joh. 18,28ff.: Jesus vor Pilatus

— Ich kann mit den Passionsgeschichten wenig anfangen. Ich denke, viele Menschen haben mehr gelitten und leiden heute mehr als Jesus: in Gefängnissen, bei der Folter, in KZ's.
— Was ist das Besondere an Jesu Leiden? Daß ein *Gott* leidet? Das ist mir zu theologisch.
— Mein Religionslehrer hat gesagt, es ist ihm unsympathisch, daß jemand für ihn leidet.
— Wie kann ich den Opfertod Jesu überhaupt erklären? Verstehen Kinder das?
— Sich in Jesu Leiden versenken – wie geht das?
— Wenn ich über Tod und Leiden nachdenke, denke ich auch daran, wie ich *bewußter* leben kann.
— Wir werden sensibler für Leiden anderer.
— Ich kann das Volk verstehen, die Massenhysterie bei »Kreuzige«; wir brauchen nur an Fußball zu denken, an die Menschen im Hitler-Reich, an Massenveranstaltungen heute . . .
— Aber schuldig werden wir auch, wenn wir verführt werden.
— Der Pilatus ist in dem Text gar nicht so gegen Jesus, er denkt eben an seine Karriere; viele Menschen tun das heute auch und nehmen es mit der Wahrheit nicht so genau.

Fortsetzung wie bei **A** – 2. a).

Ein Tauffest im Kindergottesdienst

Erarbeitet und erprobt vom Kindergottesdienst-Helferkreis der Evangelischen Johannes-Kirchengemeinde in Lippstadt

1. Kindergottesdienst als Fest

»Ein Leben ohne Fest ist eine Wanderung ohne Einkehr« (Demokrit); und wenn auch jeder Sonntag etwas Festliches ausstrahlen soll, so wollten wir doch ein besonderes Fest feiern, bei dem ein Kind getauft werden sollte und wir uns an unsere eigene Taufe erinnern ließen.

Ein Fest im Kindergottesdienst, das bedeutet, daß wir mit Kindern und Helfern gemeinsam vorbereiten, überlegen, basteln, malen, gestalten und jeder nach seinen Möglichkeiten etwas beitragen kann und daß wir uns auf ein Thema besinnen und versuchen, im Fest die Gaben Gottes für unser Leben zu entdecken, zu erleben und zu feiern. Bereits zur Vorbereitung haben wir mit Handzetteln, die durch die Schulen verteilt wurden, eingeladen.

2. Zur Vorbereitung des Tauffestes

Dieses besondere Tauffest begann schon am vorhergehenden Sonntag mit dem Verzieren von Taufkerzen. Jedes Kind konnte mit bunten Wachsplättchen weiße Haushaltskerzen schmücken und christliche Symbole, Blumen und andere Verzierungen mit einer Schere oder einem Messer ausschneiden und auf die Kerze bringen.

Außerdem nahm jeder ein farbiges (blau oder orange) Blatt mit nach Hause, auf das er seinen Namen, seinen Taufspruch und das Taufdatum schreiben und evtl. auch etwas malen konnte. Wer noch nicht getauft war, konnte sich einen Wahlspruch aussuchen (siehe rechte Seite oben).

3. Symbolaktion zu Beginn des Gottesdienstes

Aus diesen Blättern wurde auf der Kirchenwand neben dem Altar zu Beginn des Festes ein Taufsymbol gestaltet. Die blauen Zettel ergaben mehrere Wasserlinien, und die orange leuchtenden Zettel wurden in die Umrisse einer großen Hand geklebt.

Das sollte das Angebot Gottes, sein Entgegenkommen für jeden Menschen in der Taufe symbolisieren und jeden Teilnehmer einschließen. Die Taufgäste und Kinder, die neu hinzukamen, konnten zu Beginn des Gottesdienstes ebenfalls ihre Zettel ausfüllen und anheften.

Bei unserem Tauffest wollen wir ein Bild zusammenstellen. Schreibe dazu bitte auf:

Ich heiße

Ich wurde getauft am
Ich wurde noch nicht getauft

in der Kirche in

Mein Taufspruch heißt:

(Wer noch nicht getauft ist oder den Taufspruch nicht feststellen kann, schreibt einen anderen passenden Spruch auf. Den freien Platz auf dem Blatt kannst du ausmalen.)

Ersatzsprüche zur Auswahl

1. Ich bin bei euch alle Tage
   bis ans Ende der Welt.
2. Der Herr ist mein Hirte,
   mir wird nichts mangeln.
3. Fürchte dich nicht,
   ich habe dich erlöst,
   ich habe dich
   bei deinem Namen gerufen,
   du bist mein.
4. Alles Ding währt seine Zeit,
   Gottes Lieb in Ewigkeit.

Hinweis: Diese Blätter, Format DIN A6 (Postkartenformat), auf farbiges Papier kopieren, etwa ein Viertel auf orange und Dreiviertel auf blaues Papier.

Als alle *ihren* Zettel in das Symbol eingefügt hatten, konnten wir beginnen.

In der Begrüßung wurde auf das Thema hingewiesen und auf den Sinn der vorausgegangenen Symbolaktion.

4. Interview mit Taufeltern und Paten

Im Zusammenhang mit der Begrüßung fand auch ein Interview mit den Taufeltern und Paten statt. Diese Eltern hatten ihre Paten nicht wegen eventueller Geschenke ausgesucht, sondern um Begleiter für ihr Kind zu haben, die mithelfen können, daß es ein eigenständiger, unabhängiger Mensch werden möge, der Verständnis für andere Menschen und ihre Probleme hat und sich den Gefühlen der Mitmenschen nicht verschließt. Weiterhin sagten die Eltern, daß sie Paten gewählt hätten, die auch zur Aussage des Taufspruches stehen. (Der Pfarrer muß die Angehörigen natürlich auf das Interview vorbereiten.) – Bei diesem Interview haben alle gerne mitgemacht. Die persönlichen Aussagen machten den Gottesdienst schon zu Beginn sehr lebendig.

5. Gottesdienst-Entwurf

Lied: *»Meinem Gott gehört die Welt«*

Psalm (einzelne und alle): »Geborgen ist mein Leben in Gott«
(aus: »Er gebe uns ein fröhlich Herz«, Seite 64. Verlag Junge Gemeinde, Stuttgart)

»Ehre sei dem Vater . . .«

Gebet

Kanon: »Vater unser im Himmel«

(aus: »Er gebe uns ein fröhlich Herz«, Seite 118. Dieser Kanon ist als Lob und Bekenntnis über lange Zeit fester Bestandteil unserer Liturgie.)

Biblische Geschichte:

Zum Beispiel: »Johannes der Täufer und »Die Taufe Jesu«

(z. T. erzählt nach »Evang. Kinderkirche« 4/1978 mit den dort erwähnten Beispielen, die jeweils durch Katechumenen pantomimisch dargestellt werden).

Lesung zur Taufe

Zur Taufe stellten sich die Angehörigen halbkreisförmig um den Taufstein; die anwesenden Kindern schlossen sich in einem großen, weiten Kreis an.

Tauflied: »Unser Licht und unser Leben«

(aus: »111 Kinderlieder zur Bibel«, Nr. 6. Verlag Christophorus, Freiburg, und Ernst Kaufmann, Lahr)

Anzünden der Kerzen (wer keine verzierte Kerze vom vorhergehenden Sonntag hatte, bekam jetzt eine schlichte weiße!)

Noch einmal wurde das Tauflied gesungen: »Unser Licht und unser Leben«

Taufe – Segen – Gebet

Kanon: »Ich bin bei euch alle Tage«

(aus: Wolfgang Longardt, »Du bist unter uns – Kinder singen und fragen«, Gütersloher Verlagshaus; oder »Evang. Kinderkirche« 2/1981, Seite 154)

Abstellen der Kerzen

Kanon: »Laßt uns miteinander singen, beten, loben den Herrn«

Kurze Polonaise in den Eingangsbereich der Kirche, wo Kuchen und Saft gereicht wurden und man sich unterhalten konnte.

Schlußkreis um den Altar

Dankgebet

Kanon: »Vom Aufgang der Sonne«
(Der Kanon wurde mit Bewegungen untermalt.)

Stegreifspiel im Kindergottesdienst

Ursula und Hans-Jürgen Kinder

»Stegreif« ist ein altes Wort für Steigbügel, die sich rechts und links am Sattelzeug des Pferdes befinden, um den Füßen des Reiters Halt zu geben.

Der Satz: Er spricht »aus dem Stegreif« ist eine sprachliche Wendung aus der Zeit, als die Herren noch zu Pferde reisten. Es soll damit gesagt werden, daß der Betreffende noch gar nicht vom Pferde abgestiegen ist. So, wie er gerade ankommt, beginnt er zu sprechen, ohne große Vorbereitung.

Wenn wir also aus dem Stegreif spielen wollen, müssen wir ohne große Vorbereitungen auskommen. Worte und Bewegungen werden sich erst im Spiel und im Zusammenspiel mit den Partnern ergeben. Drei Dinge müssen aber vorher geklärt sein:

1. Was wird gespielt:
— eine bestimmte Situation,
— eine sich erst entwickelnde Situation,
— eine vorgegebene Geschichte.

2. Wo wird gespielt:

Folgend aus 1. ist vorgegeben, welcher Ort dem Spielgeschehen zugeordnet ist. (In einem Wald muß man anders spielen als in einem Konzertsaal oder in einem Stadion.)

3. Wer bin ich:
— Welche Figur (Person) stelle ich dar?
— Wie ist ihr Umfeld?
— Was ist das Typische an ihr?
— Oder spiele ich mich selbst?

Stegreifspiel ist in fast jedem Fall also auch *Rollenspiel*. Jeder übernimmt eine Rolle.

Zusätzlich sei angemerkt, daß das Wort »Rollenspiel« außerdem eine inzwischen festgelegte methodische Bedeutung erfahren hat. Es bezeichnet eine Spielform, in der mit verteilten Rollen (anders als im Rundgespräch oder in der Diskussion) Themen, Probleme, oft auch Konflikte behandelt und gelöst werden sollen.

Requisiten und Kostüme werden im Stegreifspiel gar nicht oder nur sehr zurückhaltend verwendet. Sie sollen, wenn man sie einsetzt, nur etwas für eine

Person oder eine bestimmte Situation besonders Typisches hervorheben.

Es wird deutlich, daß Stegreifspiel auch immer etwas mit *Pantomime* – dem Spiel des Körpers ohne Worte und Hilfsmittel – zu tun hat.

Wie kann Stegreifspiel im Kindergottesdienst eingesetzt werden?

1. Geschichten spielen

Am häufigsten werden wir Geschichten spielen wollen. Dabei wird es sich sowohl um *biblische* als auch um *Beispiel-Geschichten* handeln.

a) Geschichten, die vorher erzählt, gelesen, besprochen wurden, werden gespielt. Die Spieler versetzen sich in das Geschehen hinein. Durch die eigene Gestaltung erleben sie die Geschichte.

Gleichzeitig ist das Spiel aber auch Interpretation. Die Spieler spielen das, was sie verstanden haben, was sie aus der Erzählung herausgehört haben (auch Kontrolle und Kritik für den Erzähler).

b) Gespielt wird eine Szene als Einstieg in eine Geschichte. Wie in einem Vorspann wird im Spiel die Thematik oder Problematik der zu besprechenden Geschichte aufgezeigt.

c) Biblische Geschichten werden in die Jetztzeit projiziert. Im Spiel wird der Grundgedanke der Geschichte in unser Lebensumfeld gebracht (besonders für Jugendliche vom Pubertätsalter an, die nicht mehr so ungehemmt zum Spiel bereit sind wie jüngere Kinder).

2. Spiele, die zur Verbesserung des Klimas in der Gruppe dienen

Oft können so auch Probleme, die in der Gruppe entstanden sind, aufgearbeitet werden.

a) Kommunikationsspiele:

— Sich von anderen führen lassen, indem zwei Kinder ein drittes, das die Augen geschlossen hält, herumführen und ihm alles erzählen, was sie sehen und wie sie es sehen.

— Affenfelsen, bei dem die Gruppe »Affen« spielt. Ertönt der Ruf »der Tiger kommt«, müssen sich alle auf den »Affenfelsen« retten. Erst nach mehreren Durchgängen werden alle Kinder merken, daß die Rettung nur gelingt, wenn die Stärkeren den Schwächeren und Unbeholfenen helfen und den »Rückzug« decken.

b) Spiele zu Situationen, die die Kinder ängstigen:

»Das Spiel ist das erste Serum, das der Mensch gegen die Angst erfand« (aus »8–13« – Kinder spielen Geschichten, S. 9, Burckhardthaus-Verlag, Gelnhausen). Wir werden merken, daß oft erst im Spiel deutlich wird, wo die Ängste liegen, und daß die Kinder selbst Lösungen finden. Beispiele:

— der dunkle Keller;
— im Nebel;
— Alleinsein am Abend;
— oder ganz aktuell: Radioaktivität.

3. Glaubensinhalte im Spiel erleben

Besonders für kleine Kinder eignen sich Spiellieder als Anregung zur Spontaneität. Es gibt viele Veröffentlichungen von Spielliedern, die z. T. für den Kindergarten erarbeitet wurden, die sich aber auch gut im Kindergottesdienst einsetzen lassen:
— Lieder zur Bibel,
— Gebetslieder
— Lieder zu Festen und Feiern.

4. Zielgerichtete Improvisation

Für ältere Kinder eignet sich diese Form des Spiels, das trotz einiger Vorbereitung doch ein Stegreifspiel bleibt:
— Ein Stichwort, eine Fragestellung wird von der Gruppe thematisch eingegrenzt und entfaltet.
— Jeder steuert einen Gedanken, ein Wort, ein Bild bei.
— Alles wird aufgeschrieben.
— Nun arbeitet die ganze Gruppe oder Kleingruppen die verschiedenen Stichworte in bezug auf das Thema aus:
als Spiel – als Musik – als Collage
als Zusammenklang all dieser Aktivitäten.

Goldene Regeln für Rollenspiele

Dieter Bergholz

1. Sorge für eine lockere und entspannte Atmosphäre.
2. Führe an das Spiel durch Bewegungsübungen, Ratespiele, o. ä. heran.
3. Erzähle die Geschichte oder das Thema so, daß man sich schon beim Erzählen mit Rollen und Figuren identifizieren kann.
4. Verteile die Rollen. Achte darauf, daß alle mitagieren und kein »Publikum« entsteht.
   Verteile die Rollen möglichst so, daß ein sonst »Unterdrückter« nicht auch im Spiel dieses spielen soll.
   Ein Rollentausch wirkt manchmal Wunder.
5. Gib deine Anweisungen auch für Einzelne für alle vernehmbar, daß nicht für einen Teil uninteressante Pausen entstehen.
   Ist die Gruppe zu groß, teile sie und laß beide Untergruppen an der gleichen Vorlage verschiedene Lösungsmöglichkeiten erspielen, die hinterher miteinander vergleichbar sind.
6. Kläre die Rollenspieler auf: a) wer sie sind, b) wo sie sind und c) was sie sollen.
   Schildere den Handlungsablauf in gegliederten Szenen.
7. Wollen die Kinder nicht spielen, laß es sein. Spiel unter Zwang ist kein Spiel mehr. Spielen soll Spaß machen. Versuche vielleicht noch Lockerungsübungen.
8. Unterbrich das laufende Rollenspiel nicht. Korrigiere, wenn sachlich nötig, nur ganz wenig. Die Kinder entscheiden und führen.
9. Spielst du als Leiter selber mit, was durchaus positiv wirkt, dann nur in nebensächlichen Rollen, um deine Leitungsfunktion nicht noch weiter zu stärken. Die Kinder sollen während des Spiels die Entwicklung bestimmen.
10. Gib keine schriftlichen Vorlagen. Keine Dialoge oder Stichworte aufschreiben, damit sich das Spiel frei und in freier Rede entwickeln kann.
11. Sprich mit den Kindern anschließend über das Spiel. Enthalte dich jeder Wertung von »richtig« oder »falsch«. Laß solche Diskussionen auch bei den Kindern nicht aufkommen.
12. Werte das Spiel danach aus, was zu sehen war; wie die Vorlage interpretiert worden ist; ob es andere Lösungsmöglichkeiten gibt; wie man noch anders spielen könnte.

Bleibe in jedem Fall bei der Auswertung innerhalb der Spielebene. Hüte dich vor psychologischen Deutungen, denn dazu bist du nicht ausgebildet!

13. Strapaziere das Medium Rollenspiel nicht. Fünf Sonntage hintereinander gespielt, hat sich das Medium »totgelaufen«.

Einige Hinweise zum Rollenspiel

Miteinander ins Spiel kommen:

Durch den Raum gehen (auf verschiedene Weise)
Seinen Körper entdecken (Arme und Beine in Funktion)
Sich bewegen
Figuren mit Mimik darstellen
Mit Gestik etwas ausdrücken
Verwandlung in verschiedene Rollenfiguren (auch Pflanzen)
Figurentheater (zu Assoziationsworten Figuren bilden und diese »einfrieren«)
und ähnliches.

Schritte zum Rollenspiel:

Vorlage auswählen oder frei entwickeln
Geschichte lesen, besser erzählen
Thema vorstellen

Geschichte in Szenen gliedern
Rollenbiographien klären
Rollen verteilen
Handlungsablauf festlegen (Orte, Zeit ...)

und zu spielen beginnen

Inhaltliche Auswertung

Was haben wir gesehen/erlebt?
Wie ist die Vorlage interpretiert worden?
Welche Erfahrungen haben wir gemacht?
An welcher Stelle und wie möchten wir jetzt weiterspielen?

Rollenspiel wiederholen
vertiefen
anders spielen
Rollen tauschen / andere Rollen dazuerfinden
neues Rollenspiel probieren

Erfahrungsaustausch über das Ausprobierte

Was gespielt werden kann – Beispiele

Der Kämmerer aus Afrika	(Apg. 8,26–40)
Bekehrung des Paulus	(Apg. 9,1–19)
Petrus und Hauptmann Cornelius	(Apg. 10,1f.)
Auf dem Weg nach Emmaus	(Luk. 24,13f.)
Arbeiter im Weinberg	(Matth. 20,1–16)
Der verlorene Sohn	(Luk. 15,11–32)
Zachäus	(Luk. 19,1–10)
Barmherziger Samariter	(Luk. 10)
Verleugnung Petri	(Mark. 14,66–72)
Pharisäer und Zöllner	(Luk. 18,9–14)
Der reiche Kornbauer	(Luk. 12,16–21)
Abraham und Lot	(1. Mose 13,1–13)
Joseph	(1. Mose 37–45)
Jona	

Licht und Schatten	Wir haben uns gestritten
Licht auf meinem Wege	Ein Brief mit einer Nachricht kommt an
Angst	Der Konflikt
Eine Herberge am Abend	

Puppenspiel im Kindergottesdienst

Gerhard Schäfer *und Kindergottesdiensthelfer der Evang.-Luth. Kirchengemeinden in Ehingen am Ries und Schopflohe*

Im Kindergottesdienst können auch die Begabungen des Puppenspielers eingebracht und die Kinder zum Spielen angeregt werden. Es geht nicht ums Vergnügen, nicht um Kasperei, sondern ums Erzählen mit Vergnügen. Erwartungen nach Kasperei können wir im Kindergottesdienst nicht erfüllen. Es geht nicht um Theater, sondern ums Weitersagen der freudigen Nachricht in freudiger Form. Nicht die Puppen und das Theater stehen im Vordergrund, sondern die Gute Nachricht, die wir weitergeben wollen. Die Puppen sind nur Vehikel – sie sollen nicht im Vordergrund stehen.

Erfüllt man die oft vorhandenen Erwartungen nach Kasperei nicht, so lassen sich vom Puppenspiel die vorteilhaften Seiten aufnehmen:

— Die erzählte Geschichte wird anschaulich, bei Kindern wird Aufmerksamkeit gewonnen.
— Die zuhörenden und zuschauenden Kinder können sich leicht mit den handelnden Personen/Puppen identifizieren.

Für mich war die Erfahrung ganz wichtig, daß es den *Kindergottesdiensthelfern* durch die Puppen sehr erleichtert wird, sich in die Personen, die sie darstellen, hineinzuversetzen und deren Fühlen, Hoffen und Reden darzulegen. Der Spieler braucht sich nicht mehr selbst darstellen, die Puppe spielt für ihn. Er leiht ihr nur die Stimme. Er bewegt sie. Er tritt in den Hintergrund, so daß die Puppe das Spiel zu übernehmen scheint. Sie spricht mit seiner Stimme.

Dennoch bleiben die Erzähler präsent. Eine Bühne ist mir zu aufwendig. Der Erzähler soll nicht ganz verschwinden.

— Die *direkte Rede* wird vom Puppenspiel selbst aufgenötigt. Die Dialogisierung der Erzählung wird gefördert. Das Einfühlungsvermögen in die Rollen wird verbessert.
  Eine ganz exakte Gliederung in einzelne Szenen nach Personen und Orten ist zur Vorbereitung unumgänglich.
  Statt zusammenfassender Sätze werden Szenen gespielt (»Und als Paulus auf dem Wege war...«).
— Gefühle, Ängste, Pläne, Hoffnungen werden in Dialoge oder Monologe umgesetzt.
— Gesten ermöglichen Unterstreichungen des Gesagten (nicht zu heftige Bewegungen, keine Übertreibungen).
— Die partnerschaftliche Vorbereitung und Durchführung einer Erzählung wird gefördert.
  Erzählen allein mit zwei Puppen ist wegen des Umziehens der Puppen nicht zu empfehlen.
— Es ist durchaus möglich, gleichzeitig an mehreren Orten die Handlung spielen zu lassen. Die Spannung kann dadurch gesteigert werden (Philippus und der Kämmerer, Paulus und Ananias, Cornelius und Petrus).
  Viel Übung ist dazu aber erforderlich.
— Erfahrene Spieler vermögen auch die Zuhörer in die Erzählung miteinzubeziehen.

Besonders zur Aktivierung des Helferkreises und zur Erzählschulung für Anfänger und Fortgeschrittene setze ich das Erzählen mit Handpuppen ein.

Reizvoll war auch das Auftreten des Postboten in der Kinderbibelwoche »Mensch, Jesus!«

Erzählreihen zu Saul/David/Salomo habe ich im Pfarrgarten im Sommer für die Kinder als Betthupferl angeboten.

Ab und zu holen Helfer Puppen zum Erzählen im Kindergottesdienst.

Zur Marotte soll das Erzählen mit Handpuppen jedoch nicht werden (bei aller Begeisterung dafür), es soll lediglich ein Medium zur Abwechslung für die Kinder sein.

Beim Basteln der Handpuppen kommen Fähigkeiten zum Tragen, die sonst nicht so sehr vorkommen – bildnerisches Gestalten, Nähen ... Eine längere Phase intensiver Zusammenarbeit ist notwendig beim Herstellen und beim Einüben der Erzählungen.

Das Basteln von Handpuppen

Benötigt wird an Material:

1. Papierschnipsel
2. »Glutofix« oder ähnlicher Klebstoff zum Anrühren
3. Styroporkugeln mit 8, 10 oder 12 cm Durchmesser
4. »Wacofin«, Acrylmattfarbe für Bauernmalerei, 50 ml Gläser
5. Pinsel, Eimer und Elektrobohrer
6. Haarplatten (eine Haarplatte reicht für ca. drei Köpfe) oder Wolle

Eine Grundausstattung mit ca. 10 Puppen kostet ca. 30,– DM.

Arbeitsschritte:

1. Einen kleinen Eimer mit Papierschnipseln füllen.
2. Die Schnipsel darin einen oder mehrere Tage einweichen.
3. Gut durchkneten; »Glutofix« daruntermischen.
4. Die Styroporkugeln in Zeigefingerdicke so tief in der Mitte anbohren, daß die Kugeln sicher auf dem Zeigefinger sitzen und nicht beim Bewegen herunterfallen.
5. Den ganzen Kopf oder wenigstens das Gesicht mit der Schnipselmasse ausmodellieren: mindestens Augenbrauen, Nase, Mund und Ohren, eventuell Bart etc.
6. Die modellierten Köpfe gut trocknen lassen – je nach Dicke der aufgetragenen Masse und der Raumtemperatur 1 Tag bis 1 Woche
7. Die Köpfe mit »Wacofin«-Farbe ausmalen.
8. Haartracht und Bart mit Wollresten, Kunstfellresten oder Haarplattenteilen gestalten.
9. Kleider herstellen. Die Wahl der Stoffe und die Ausstattung für die gewünschten Typen festlegen.

Hinweise zur Herstellung und zum Spiel mit Puppen

Das Basteln der ersten Puppen sollte nicht allzuviel Zeit in Anspruch nehmen, die Vorbereitungszeit ist begrenzt (»Die Glocken läuten jeden Sonntag«).

Es ist meines Erachtens auch nicht erforderlich, die Puppen sehr fein durchzugestalten; die Aufmerksamkeit der Kinder soll nicht auf ihr Aussehen gelenkt werden.

Natürlich kann der Ehrgeiz angestachelt sein, möglichst eindrucksvoll gestaltete Köpfe und fein gearbeitete Kleider herzustellen. Aber da werden manche einfach handwerklich überfordert werden.

Puppen brauchen nicht mit vielen kennzeichnenden Attributen versehen zu werden. Ich habe die Erfahrung gemacht, daß Kinder Puppen mit ganz spärlichen Festlegungen bestimmten Personen zuordnen. Je durchgestalteter und festgelegter eine Puppe ist, desto seltener kann sie verwendet werden. Es ist verständlich, die Hauptakteure herauszuputzen, aber das sollte auf jeden Fall genug sein.

Auf eine Bühne kann und sollte in der Kirche verzichtet werden. Einmal verschlingt die Erstellung einer guten Bühne sehr viel Zeit und auch viel Geld, zum anderen verändert das den üblichen Raumcharakter zu sehr. Die Mischung von Spiel und Predigt soll gewahrt bleiben. Der Spieler – Erzähler soll erlebbar und sichtbar bleiben. Puppenspiel in der Kirche ist kein Theater, sondern Zeugnis.

Die Größe der Puppen richtet sich nach den Erfordernissen, hauptsächlich nach der Größe des Raumes und der Größe der Kindergruppe, die zuschaut und zuhört. Ist der Raum und die Gruppe sehr groß, dann wird eine Beleuchtung notwendig, die zum Konzentrieren auf das Spiel hilft. In der Regel wird das in den Kindergottesdiensten nicht gebraucht.

Das Nähen der Kleider geht nach einem einfachen Grundmuster: Den kleinen Finger und den Daumen spreizen, so ergibt sich die Breite (Länge der Ärmel); das Maß vom ersten Glied des Zeigefingers bis zum Ellbogengelenk bestimmt die Länge des Kleides.

Stoffreste werden gerne von Müttern gestiftet. Zum Kleidernähen lassen sich Mütter ebenfalls gewinnen.

Hat man den Kopf nicht sehr individuell ausgeformt, so kann man ihn durch variierende Kleidung mehrfach verwenden.

Die Gestaltung der Haare braucht besondere Überlegung. Nimmt man Wollreste, so läßt sich die Haartracht relativ leicht herstellen. So kann man Zöpfe flechten und recht kunstvolle Frisuren anlegen. Dann läßt sich die Puppe aber nur für eine Rolle einsetzen. Kunstfellreste oder Haarplatten sind das Material für einfache und doch interessante Haartrachten.

Erwägungen zum Spielstoff

Bisher habe ich vor allem alttestamentliche Geschichten (Königsgeschichten) erzählt, mit den Helfern auch Erzählungen aus der Apostelgeschichte. Jesus und Gott-Vater möchte ich jedoch nicht mit Puppen darstellen und erzählen lassen.

Einladungen zum Kindergottesdienst

Beispiele der Johannes-Kirchengemeinde in Lippstadt

Zum Kindergottesdienst sollte immer wieder eingeladen werden, nicht nur einmal im Jahr nach der großen Sommerpause zum Schulanfang, sondern auch zu vielen anderen Gelegenheiten. Anlässe zum Einladen gibt es im Verlaufe eines Kirchenjahres genug, sei es zu einem Familiengottesdienst, Tauffest, einer Kinderbibelwoche oder Kindertreff. Der Einsatz von etwas Mühe und Phantasie lohnt sich.

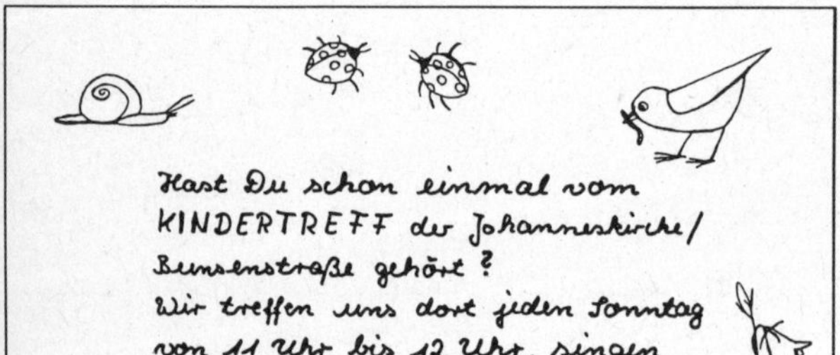

Hast Du schon einmal vom KINDERTREFF der Johanneskirche/ Bunsenstraße gehört?
Wir treffen uns dort jeden Sonntag von 11 Uhr bis 12 Uhr, singen und beten zusammen, hören Geschichten aus der Bibel und malen, spielen oder basteln dazu.
Wir haben viel Spaß miteinander.
Hast Du nicht auch Lust, mal beim Kindertreff mitzumachen?
Komm doch einfach mal – wir freuen uns auf Dich!

Die Kinder,
Helfer und
Pastor Niemeier
vom Kindertreff

Termine:
16.9., 11 Uhr, KINDERTREFF-FAMILIEN-GOTTESDIENST, besonders für Kinder und Eltern
23.9., 11 Uhr, KINDERTREFF
30.9., 9.45 Uhr, FAMILIENGOTTESDIENST zum Erntedankfest
7.10., Ferien – kein KINDERTREFF
14.10., " " "
10.,11 Uhr, KINDERTREFF-FAMILIEN-GOTTESDIENST, besonders für Kinder und Eltern
28.10.,11 Uhr, KINDERTREFF
jeden Sonntag, 11 Uhr, KINDERTREFF

Abbildung links: Einladungsbrief mit einem Überblick (im Rahmen) über die Veranstaltungen im ›Kindertreff‹ über mehrere Wochen.

Abbildung rechte Seite oben: Einladung zu einem bestimmten Kindergottesdienst, bei dem der Name des Kindes eine Rolle spielt.

Abbildung rechte Seite unten: Untere Hälfte einer Einladung zum ersten ›Kindertreff‹ im neuen Jahr mit einem Bilderrätsel. Dazu heißt es: »Für die Kinder, die am Sonntag die richtige Lösung mitbringen, stehen 70 Preise zur Verfügung. – Errate einen Bibelvers, indem Du den ersten Buchstaben jedes Wortes aneinanderreihst.«

Liebe
Kinder,
besonders liebe(r) ....
(setze Deinen Namen ein!)
Am Sonntag, dem
12.1.1986, ist um
11 Uhr in der
Johanneskirche wieder
Kindertreff. Kommst Du
auch? Dann kannst Du
z.B. erfahren, was
Dein Name
bedeutet und
wie das über-
haupt mit
Namen ist.
Wir freuen uns,
wenn Du kommst.
Deine
Kindertreff-Helfer.
Anja - Peter - Heike - Isabell - Arndt - Ute - Kai - Ralf
Erik - Uwe - Karsten - Anke - Frank

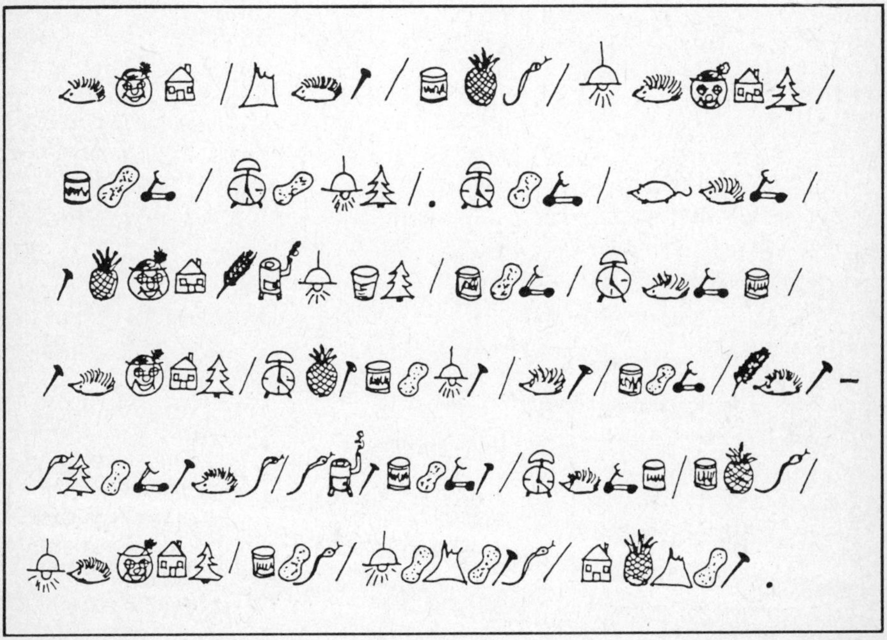

Kindergottesdienst mit einer Elterngruppe

Eine nachdenkens- und nachahmenswerte Anregung aus der Johannes-Kirchengemeinde in Lippstadt

Zu unserem Kindergottesdienst sind Eltern und andere Gemeindeglieder mit eingeladen.

Während der Einzelkatechese bilden sie eine Gesprächsgruppe zur Geschichte oder zum Thema des Sonntags oder zu Fragen, die aus der Gruppe kommen.

Ablauf:

1. Kurze Namensrunde;
2. Thema oder Anliegen aus dem Kreis – sofern das gewünscht wird;
3. Thema oder Text wie in den Kindergruppen.

Da unser Kindergottesdienst im allgemeinen 1 bis 1¼ Stunde dauert, haben wir 30 bis 40 Minuten Zeit für die Katechese. Für die Elterngruppe ist diese Zeit meistens zu kurz, aber wir brechen dann ab, da wir uns hier ganz nach den Kindern und den gewohnten Zeiten für den Kindergottesdienst richten wollen.

Dieses Angebot wird besonders von jungen Eltern angenommen, deren Kinder noch nicht allein zum Kindergottesdienst kommen können.

Wegen der offenen Form und der Gesprächsmöglichkeit nehmen Eltern gern daran teil. Die Teilnehmerzahl schwankt zwischen 2 und 20 Erwachsenen.

VII

Licht auf meinem Weg

Licht auf meinem Weg

Szenen und Eindrücke vom Fest der Gesamttagung

Das Bibelwort 2. Korinther 4,6 leitete auf den Weg des Festes von der Dunkelheit ins Licht.

Licht der Liebe

2. Ein Licht weist den Weg, der zur Hoffnung führt,
erfüllt den Tag, daß es jeder spürt,
Licht der Liebe, Lebenslicht,
Gottes Geist verläßt uns nicht.

3. Ein Licht macht uns froh, wir sind nicht allein.
An jedem Ort wird es bei uns sein.
Licht der Liebe, Lebenslicht,
Gottes Geist verläßt uns nicht.

Text: E. Bücken
Musik: D. Jöcker
Aus MC und Liederheft
»Licht auf meinem Weg«
Menschenkinder Musikverlag,
4400 Münster, Am Hagen 5

Auf dem Weg zum Fest

— ankommen und einstimmen
— vorbereiten und verweilen
— mitmachen und zuschauen

Viele lassen sich ermuntern, sich in vielfältiger Weise auf das Fest einzustimmen. Da wird getanzt und gemalt, Weidenpfeifen werden geschnitzt und Regenbogenschleudern hergestellt. Ein Regenbogen aus Luftballons entsteht. Ein Schminkstand ist dicht umlagert. Viele spielen mit großen Bällen . . .

Um einen Tisch
— singen und erzählen
— teilen und essen
— besinnen und austauschen
— spielen und tanzen

Bunt zusammengewürfelte Tischgruppen entstehen. Tischtücher werden verteilt und mit den Namen der Tischgenossen beschriftet. Unbekannte kommen ins Gespräch. Fremde werden Freunde und feiern miteinander: Das Tischtuch wird bemalt, mit dem einfachen Abendbrot wird der Tisch als Festtafel gedeckt, Brote und Bananen werden geteilt.

Ein Tüchertanz macht vollends deutlich: Es ist Festzeit! Viele dieser Festtücher sind mittlerweile auf die Reise gegangen, von einer Adresse zur anderen. Sie tragen die Erinnerung ins Land: Es ist Festzeit!

Das Licht erleben

— sehen und staunen
— erwarten und empfangen
— spielen und träumen
— tragen und leuchten

Die Lichterpyramide ist entzündet und zum Mittelpunkt der Halle und des Festes geworden.

Licht ist die Mitte. *Er* ist die Mitte. Licht für uns. Licht für die Welt (Johannes 8,12).

Licht breitet sich aus. Mitarbeiterinnen und Mitarbeiter empfangen vom großen Licht viele kleine Lichter (Teelichter in Marmeladegläsern) und geben ihr Licht weiter an andere.

Ein beeindruckendes Zeichen: Licht empfangen von *dem* Licht.

Selbst Lichtträger sein und den hellen Schein des Lichtes weitertragen.

»Ich bin das Licht der Welt – ihr seid das Licht der Welt.« Ein Spannungsbogen, in den jeder mit hineingehört.

Kann man Licht in eine Form bringen? Die Gruppen stellen mit ihren Kerzen »Lichtbilder«, Hoffnungszeichen.

Mit Musik und Tanzen klingt das Fest aus. Mit einem Licht in der Hand geht es nach Hause – durch die Dunkelheit.

Das »Licht der Welt« begleitet uns.

Schlußgottesdienst »Uns ist ein Licht aufgegangen«

Die große Halle ist mit Menschen gefüllt und ganz still.
Auf der Bühne in der Mitte steht einer mit einer kleinen Flöte. Hans-Jürgen Hufeisen bringt seine »Flötentöne nahe.

Der Gottesdienst beginnt mit den ersten Worten der Bibel:
»Am Anfang schuf Gott Himmel und Erde«. Licht entsteht.
Plötzlich ist ein Spieler auf der Bühne:

> *»Ich bin Johannes. Auch mein Bericht beginnt: Am Anfang. Am Anfang war das Wort, das Schöpfungswort Gottes, das Wort: Es werde Licht. Und ich habe herausgefunden, daß Jesus schon von Anbeginn der Welt existierte. Dieses Wort vom Anfang der Welt ist Fleisch geworden. Es wurde ein Mensch.«*

Hans-Jürgen Hufeisen leitete mit einem Flöten-Vorspiel den Schlußgottesdienst ein.

Und da – auf der Bühne entsteht Bewegung. Menschen brechen hervor, entspringen ihrer Hülle, die sie bislang verbarg.

Alle erleben anschaulich – im Spiel des Stuttgarter Theaters der Bilder –, was es heißt: Es werde ein Mensch.

Bilder entstehen, die das gesprochene Wort weiterführen und aufschließen. Tanz und Musik und der Text des Evangelisten Johannes (gespielt und gesprochen von Klaus Stolzmann) verschmelzen zu einem dichten und eindrücklichen Spiel.

Wir sind unterwegs, mit dem Gottesvolk von Ägypten her und mit dem Evangelisten Johannes. Wir sind unterwegs, um zu Menschen zu werden. Unterwegs mit diesem Gott, der selbst ein Mensch geworden ist, der selbst Licht ist und Weg.

Da ist das Volk Israel, das sich auf den Weg macht; das über Finsternis und Zweifel erschrickt, aber in der Feuersäule doch Gottes Gegenwart erfährt.

Da ist der Glaube des Aufbruchs – aber er hält nicht lange vor, in der Wüste wird das Murren groß:

»Ach wären wir doch geblieben
ach wären wir schon tot!
Damals war es besser,
wir hatten unser Brot.«

So gerät das Volk Gottes in Sackgassen und auf Irrwege.
Sie bauen sich das goldene Kalb und tanzen ekstatisch um es herum.
Sie hören nicht auf die Warnung des Johannes:

»Hört auf damit! Laßt euch nicht blenden von diesem trügerischen Licht!
Es führt euch in den Tod. Nur Gottes Licht gibt Leben.
Erinnert euch daran!«

Das »Kalb« ist eine goldene Rakete. Bei dem selbstzerstörerischen Tanz stürzt auch die Rakete in sich zusammen.
Angesichts der Atomkatastrophe von Tschernobyl bekommt diese Geschichte eine brennende Aktualität.

Merken *wir*, daß wir an das Ende unserer Möglichkeiten gelangt sind?
Hören *wir* die Warnung und den Hinweis des Johannes?
In der Halle herrscht betroffene Stille. Alle summen:

Fürchtet euch nicht*

Text und Musik: Hans-Jürgen Hufeisen, Stuttgart

Wie kann es weitergehen mit uns, mit dem Volk Gottes? »Johannes« weist auf Jesus Christus hin, von Gott gesandt als Licht für die Welt. Er macht uns aufmerksam auf das Zeichen des Lebens und Zusage für unser Leben:

»Menschen suchen Zeichen, um die Nähe Gottes zu erkennen. Im 6. Kapitel meines Evangeliums schreibe ich, daß schon Jesus sagte: ›In der Wüste habt ihr Manna gegessen. Das Brot, das mein Vater euch gab, schenkte euch weiteres Leben. So ein Zeichen möchte ich auch setzen. Ich selbst bin das Brot, das der Welt Leben schenkt. Wer zu mir kommt, den wird nicht mehr hungern. Wer an mich glaubt, den wird niemals dürsten. Mein Vater, Gott, schickt mich als Brot und Licht – ein Zeichen des Lebens und der Zusage für euer Leben.‹«

Wir feiern die Nähe Gottes mit den Zeichen Jesu, Brot und Wein. Sie gehen von Hand zu Hand: von »Johannes« zu den Spielern und Helfern, zu allen, die diesen Gottesdienst mitfeiern. Das Abendmahl wird zu einer Stärkung auf dem Weg, ist Wegzehrung.

Zum Schluß ein Zeichen: Licht wird ausgeteilt.
Kerzen und Streichholzschachteln sind längst ein Symbol.
Das Licht weitergeben,
einander zum Segen werden, weil er unser Licht ist,
als Boten des Lichtes der Welt auseinander-gehen und wissen:
Er ist Licht auf meinem Weg.

Uns ist ein Licht aufgegangen*

Text und Musik: Hans-Jürgen Hufeisen, Stuttgart

* Beide Lieder lassen sich gleichzeitig singen.

Verzeichnis der Mitarbeiter

Hans Peter Adler, Pfarrer, Ziegeleistraße 23, 5900 Siegen
Gerhard Bars, Pfarrer, Kurt-Schumacher-Straße 23, 6000 Frankfurt 1
Dieter Bergholz, Pastor, Am Markt 5, 4459 Emlichheim
Eberhard Dieterich, Pfarrer, Adolf-Kröner-Straße 16, 7000 Stuttgart 1
Ludger Edelkötter, Natorp 2, 4406 Drensteinfurt
Prof. Dr. Hans Gärtner, Brüder-Grimm-Straße 14, 8261 Polling
Paul Gerhard Hecker, Salinenstraße 23, 2060 Bad Oldesloe
Volker Horstmeier, Pfarrer, Iserlohner Straße 20, 5840 Schwerte 5 – Villigst
Hans-Jürgen Hufeisen, Danneckerstraße 19 A, 7000 Stuttgart 1
Detlev Jöcker, Am Hagen 5, 4400 Münster-Hiltrup
Elke Kästel, Joh.-Kirschweng-Straße 15, 6633 Wadgassen
Gabriele Kammerer, Brühlstraße 28a, 7444 Beuren
Hans Bernhard Kaufmann, Schreiberstraße 12, 4400 Münster
Ursula und Hans Jürgen Kinder, Pfarrer, Moltkestraße 6, 4730 Ahlen
Jürgen Koerver, Pfarrer, Clarenbachweg 2, 4010 Hilden
Rolf Krenzer, Johannstraße 11, 6340 Dillenburg
Wolfgang Longardt, Iserbarg 1, 2000 Hamburg 56
Prof. Dr. Ferdinand W. Menne, Wiechernstraße 35, 4400 Münster
Horst Niemeyer, Pfarrer, Evang. Johannesgemeinde, Brüderstraße 13, 4780 Lippstadt
Prof. Dr. Karl Ernst Nipkow, Weiherstraße 49, 7400 Tübingen 9
Gerhard Schäfer, Pfarrer, Kirchbergstraße 5, 8861 Ehingen am Ries
Prof. Martin Gotthard Schneider, Hauptstraße 18, 7800 Freiburg
Hartmut Stratmann, Pastor, Pastoratstraße 10, 4650 Gelsenkirchen
Probst Dieter Trautwein, Saalgasse 17, 6000 Frankfurt a. M.
Reinmar Tschirch, Kirchröderstraße 68 A, 3000 Hannover 61
Hans-Christian Voigtmann, Pastor, Saturnring 41a, 3008 Garbsen 1
Petra Vöge, Hofbachstraße 82, 5900 Siegen
Hans-Martin Waltemath, Pfarrer, Christusgemeinde, Windelsbleicher Straße 173, 4800 Bielefeld-Senne
Andreas Weidle, Vikar, Reinsburgstraße 168, 7000 Stuttgart 1
Prof. Dr. Klaus Winkler, Brabeckstraße 78, 3000 Hannover 71